www.ingramcontent.com/pod-product-compliance
Lightning Source LLC
LaVergne TN
LVHW020448070526
838199LV00063B/4884
*9789358722260*

# آئینۂ نقد و نظر

(مضامین)

(مجلہ 'صدائے شبلی' [حیدرآباد] کے شماروں سے منتخب شدہ مضامین)

مرتب:

ڈاکٹر محامد ہلال اعظمی

© Taemeer Publications LLC

**Aina e Naqd-o-Nazr** *(Essays)*

By: Dr Muhamid Hilal Azmi

Edition: February '2024
Publisher :
*Taemeer Publications LLC* (Michigan, USA / Hyderabad, India)

ISBN 978-93-5872-226-0
9 789358 722260

مصنف یا ناشر کی پیشگی اجازت کے بغیر اس کتاب کا کوئی بھی حصہ کسی بھی شکل میں بشمول ویب سائٹ پر اَپ لوڈنگ کے لیے استعمال نہ کیا جائے۔ نیز اس کتاب پر کسی بھی قسم کے تنازع کو نمٹانے کا اختیار صرف حیدرآباد (تلنگانہ) کی عدلیہ کو ہو گا۔

© تعمیر پبلی کیشنز

| | | |
|---|---|---|
| کتاب | : | **آئینۂ نقد و نظر** |
| مرتب | : | **ڈاکٹر محامد ہلال اعظمی** |
| صنف | : | مضامین |
| ناشر | : | تعمیر پبلی کیشنز (حیدرآباد، انڈیا) |
| سالِ اشاعت | : | ۲۰۲۴ء |
| صفحات | : | ۱۱۶ |
| سرورق ڈیزائن | : | تعمیر ویب ڈیزائن |

# فہرست

| | | | |
|---|---|---|---|
| (۱) | اردو صحافت کا ماضی اور حال | ابوہریرہ یوسفی | 7 |
| (۲) | اسناد کی اہمیت | ڈاکٹر غوثیہ بانو | 11 |
| (۳) | نالۂ شب گیر: احتجاج کا نیا انداز | سراج احمد انصاری | 14 |
| (۴) | سازشی تھیوری اور مسلمان | فاروق احمد بھٹ | 19 |
| (۵) | جدید غزل کے موضوعات | بشیر النساء | 23 |
| (۶) | عہد وسطیٰ میں علمی تراجم۔۔۔ | محمد عدنان | 26 |
| (۷) | درد کی ایک غزل: تفہیم و تجزیہ | شازیہ تمکین | 29 |
| (۸) | حکایتوں اور لوک کہانیوں میں حظ و انبساط کا پہلو | بلال احمد میر | 36 |
| (۹) | جامعہ عثمانیہ شعبۂ اردو کے ادبی کارنامے | مہتاب عالم فیضانی | 41 |
| (۱۰) | اصلاحِ مردوزن اور ہومیوپیتھی | رئیس احمد اعظمی | 48 |
| (۱۱) | حیدرآباد کا سماجی نظام | ڈاکٹر غوثیہ بانو | 50 |
| (۱۲) | ہندوستان کے آن لائن اردو اخبارات | ڈاکٹر عبدالقدوس | 52 |
| (۱۳) | محمد علی اثر کی شاعری میں فکروفن کا تنوع | ڈاکٹر نوری خاتون | 56 |
| (۱۴) | عہد وسطیٰ میں تعلیمی سرگرمیاں اور سرسید | آفرین بانو | 64 |
| (۱۵) | پریم چند کے افسانوں میں ہندوستانی تہذیب | نغمہ تبسم | 69 |

| | | | |
|---|---|---|---|
| (۱۶) | اور ہندوستان آزاد ہو گیا | محمد انور داؤدی | 74 |
| (۱۷) | کتابوں کا ذوق | انصار احمد معروفی | 82 |
| (۱۸) | ناموران ہند کو نذیر بنارسی کا خراج عقیدت | ناظر حسین خان | 85 |
| (۱۹) | اقبال اور دبستانِ شبلی | وسیم احمد اعظمی | 92 |
| (۲۰) | حیدرآباد کی چند مشہور خواتین شعرا | اسریٰ تسنیم | 102 |
| (۲۱) | شبلی کی معرکۃ الآرا تصنیف: شعر العجم | شاہد نوخیز اعظمی | 104 |
| (۲۲) | سوشل میڈیا کا صحیح استعمال | ابو ہریرہ یوسفی | 111 |
| (۲۳) | مولانا آزاد کی تحریروں میں عصری معنویت | اسریٰ تسنیم | 114 |

**ابوہریرہ یوسفی**

# اردو صحافت کا ماضی اور حال

## صحافت کی تعریف:

صحافت عربی زبان وادب میں کتاب یا رسالے کو کہا جاتا ہے، اردو زبان کے اعتبار سے فیروز اللغات میں صحافت کا معنیٰ اخباری کاروبار اور اخبار نویسی لکھا ہوا ہے۔صحافت کی مزید تعریف کرتے ہوئے احمد اشفاق لکھتے ہیں:

''صحافت کسی خبر، حادثہ، کوئی اہم پیش رفت یا رونما ہونے والے کسی اہم واقعہ کو تحقیق اور تجزیہ کے ساتھ قارئین تک پہنچانے کے عمل کا نام ہے، بشرطیکہ اس سارے کام میں نہایت ہی ایمانداری اور اخلاص کا عنصر موجود ہو، صحافت نام ہے لوگوں کی رہنمائی کا، صحافت نام ہے تبصروں کے ذریعہ عوام الناس کو روشناس کرانے کا، صحافت عوامی معلومات، رائے عامہ اور تفریحات کی باضابطہ اور مستند اشاعت کا فریضہ ادا کرتی ہے، صحافت انسانی اقدار کے تحفظ کی ضامن اور مظلوم ومجبور عوام کے جذبات واحساسات کی ترجمان ہوتی ہے، صحافت کی قوت دراصل عوام کی قوت ہوتی ہے، کسی تحریک، جماعت یا حکومت کی پالیسی کی کامیابی وناکامی میں صحافت ایک اہم کردار ادا کرتی ہے''۔

(اردو دنیا، نومبر 2016ص56)

## اردو صحافت کی تاریخ:

اردو صحافت کی دوسوسالہ تاریخ رہی ہے۔ اردو صحافت کے آغاز کے سلسلے میں کئی تضاد باتیں لکھی گئی ہیں، کوئی محمد باقر کے سر اس کا سہرا باندھتا ہے، جو پہلے صحافی تھے، جنہوں نے آزادیء ہند کے لئے جام شہادت نوش کیا۔کہا جاتا ہے کہ محمد باقر کے اردو اخبار کی اشاعت کا سلسلہ 1836 سے لے کر 1857 تک جاری رہا۔بعض لوگوں نے یہ بھی لکھا ہے کہ آگرہ اخبار اردو کا سب سے پہلا اخبار ہے، جو 1831 میں اکبرآباد سے شائع ہوا، جبکہ مورخین لکھتے ہیں کہ جام جہاں نما اردو کا پہلا اخبار ہے، جو 1823 کو جاری ہوا۔یوسف کاظم کا دعویٰ ہے کہ مرآۃ الاخبار دراصل اردو کا پہلا اخبار ہے، جس کو 1821 میں کولکاتا سے راجا رام موہن رائے نے جاری کیا۔ایک اور دعویٰ کیا جاتا ہے کہ کاظم علی نے اردو اخبار کے نام سے 1810 میں کولکاتا سے اردو صحافت کا آغاز کیا۔مگر اس حقیقت سے انکار نہیں کیا جاسکتا ہے کہ اردو صحافت کا آغاز حضرت ٹیپو سلطان علیہ الرحمہ نے 1794 میں کیا تھا، ان کے حکم پر ایک سرکاری پریس جاری کیا گیا، جس میں عربی حروف میں ٹائپ کی چھپائی ہوتی تھی، اس کے بعد انہیں کے حکم پر اسی پریس سے اردو زبان کا اخبار بنام فوجی اخبار جاری کیا گیا، اس اخبار کی عوام تک رسائی نہیں تھی، صرف شاہی فوجی افسران اور سپاہیوں میں تقسیم کیا جاتا تھا۔ جہاں عوامی اخبار کا تعلق ہے، اس کے بارے میں ڈاکٹر سید فاضل حسین پرویز لکھتے ہیں:

''جام جہاں نما کو اردو اولین اخبار کی سند دی جاتی ہے، جس کے ناشر ہری دت اور ایڈیٹر سدا سکھ لعل تھے۔ جام جہاں نما کی مقبولیت اور اس کے مضامین سے پیدا ہونے والے جوش اور ولولہ کے پیش نظر برطانوی حکومت کے اس وقت کے چیف

سکریٹری ولیم ورلڈ وتھ بیلے نے ایک خفیہ فائل تیار کی تھی، جس میں جام جہاں نما پر کنٹرول کی ہدایت تھی۔ جام جہاں نما ہی کی وجہ سے1823 میں پہلا پریس ایکٹ رائج ہوا''۔

## تحریک آزادی میں اردو صحافت کا کردار:

ویسے جنگ آزادی سے پہلے ہی اردو صحافت کا بول بالا ہو چکا تھا۔اردو صحافت نے انگریزی حکومت کے خلاف قلمی جہاد کیا، انگریز کی ظالمانہ پالیسی سے اردو صحافت نے عوام کو خوب روشناس کرایا، انگریز کے خلاف بے باک مضامین اخبارات میں برابر چھپتے رہے، جس کی وجہ سے عوام میں انقلاب اور جنگ آزادی کا جذبہ سر چڑھ کر بولنے لگا، اردو صحافت نے بلا مذہب وملت کے ہندوستانی عوام میں انقلاب کی ایک نئی روح پھونک دی، اسی جذبے نے 1857 میں انگریزوں کے خلاف معرکے پر مجبور کیا اور انگریز عوامی انقلاب کا ذمہ دار اردو اخبارات کو ٹھہراتے تھے، اسی وجہ سے انہوں نے کئی اخبار کو نہ صرف کالعدم قرار دیا، بلکہ صحافیوں کو شدید سزا دی گئی، گرفتاری کے وارنٹ جاری کئے گئے، مقدمہ چلایا گیا، کئی اخبارات کی ضمانتیں طلب کی گئیں، ان کی جائدادیں ضبط کی گئیں اور مکانوں پر قبضے بھی کئے گئے، حتی کہ کئی صحافیوں کو اس کی پاداش میں پھانسی دی گئی، اس کے باوجود اردو صحافت کی آزادی کی جدوجہد برابر جاری رہی، عوام کو حب الوطنی اور آزادی کا جذبہ دلاتے رہے۔انہیں باتوں کو سامنے رکھتے ہوئے پروفیسر ارتضی کریم رقمطراز ہیں:

''ماضی میں صحافت کی ایک درخشاں اور زریں تاریخ رہی ہے۔صحافت نے جمہوری حقوق، مساوات، امن، سیکولرزم، اتحاد، یگانگت اور یکجہتی کے لئے جو کردار ادا کیا ہے، وہ ناقابل فراموش ہے، ہندوستان کی تحریک آزادی میں بھی صحافت کا بہت فعال انقلابی کردار رہا ہے، اردو صحافت نہ ہوتی تو ہندوستان کی آزادی کا سورج دیکھنا نصیب نہ ہوتا، ماضی کے زیادہ تر صحافیوں نے فرنگیوں کے خلاف جو محاذ کھولا تھا، اس کا ہندوستانی عوام کے شعور پر بہت گہرا اثر پڑا، آزادی اور انقلاب کے جذبے کو بیدار کرنے میں سب سے اہم رول اردو صحافت ہی کا رہا ہے''۔(ہماری بات، اردو دنیا، دسمبر2015)

## صحافت کی اہمیت وافادیت:

اردو صحافت شروع ہی سے اہمیت وافادیت کی قابل رہی ہے اور آج اس کی اہمیت اس قدر مزید ہوگئی ہے کہ ہندوستان میں صحافت کو جمہوریت کا چوتھا ستون کہا جاتا ہے، اس لئے کہ صحافت کے ذریعہ بلند ہونے والی آواز حکومت تک پہنچتی ہے، جس کا اثر حکومت پر پڑتا ہے۔صحافت عوام کی آواز ہوتی ہے، یہی وجہ ہے کہ حکومت اور عوامی ادارے غیر جانب دارانہ صحافت کے احترام پر مجبور ہوتے ہیں، اسی طرح صحافت کسی حکومت، جماعت اور تحریک کی غلط پالیسی پر نظر رکھتی ہے، اس کے غیر دانشمندانہ کارناموں کو بے نقاب کرتی ہے۔مذہبی لحاظ سے بھی صحافت اپنا اہم کردار ادا کر رہی ہے، ایک صالح معاشرہ کے لئے صحافت کی خدمات کافی اہم ہیں۔

## اردو صحافت کا موجودہ معیار:

اگر تنقیدی نظر سے دیکھا جائے تو فی زمانہ اردو صحافت کا معیار کم ہو رہا ہے، جہاں دن بدن اردو اخبارات کی تعداد میں اضافہ ہو رہا ہے، وہیں صحافت کا معیار کچھ نہ کچھ زوال کی طرف بڑھ رہا ہے، دور جدید میں بہت ایسے اخبارات نکل رہے ہیں، جو گمنام ہیں، وہ اتنے کم تعداد میں چھپ رہے ہیں کہ عوام کو ان اخبارات کے نام تک معلوم نہیں ہیں، ایسے اخبارات صرف اشتہار کی خاطر موٹی رقومات کی لالچ میں نکل رہے ہیں اور ایسے اخبارات صرف مشتہرین اور سرکاری اداروں کو ہی دیا جاتا ہے، ایسے اخبارات کے لئے ملازم بھی نہیں رکھے جاتے ہیں، بلکہ مالکِ اخبار ایک دو کا سہارا لے کر پورا اخبار بھی تیار کر لیتا ہے اس لئے کہ اب پوری دنیا کی پل پل

کی اردو خبریں انٹرنیٹ پر دستیاب ہیں، وہاں سے کاپی کے ذریعہ چند گھنٹوں میں ایک ہی آدمی پورا اخبار تیار کر لیتا ہے، اب اردو کے ایسے سافٹ ویئر بھی آگئے ہیں کہ اب کمپیوزنگ کی بھی ضرورت نہیں پڑتی ہے، صرف کاپی پیسٹ سے کام چلایا جاتا ہے، ایسے اخبارات میں غلطیاں بے شمار پائی جاتی ہیں۔ اب نامہ نگاروں کی تعداد بھی کم ہو رہی ہے، ان کی جگہ انٹرنیٹ نے لے لیا ہے، یہی وجہ ہے کہ بیشتر اخبارات میں خبریں ایک جیسی رہتی ہیں، کچھ علاقائی خبروں میں تبدیلی رہتی ہے، لیکن عالمی اور کھیل کی خبریں تقریباً ہر اخبار سے ٹکراتی ہیں، بلکہ بسا اوقات عنوان اور سرخی بھی۔ اسی وجہ سے ایک قاری اخبار کی نگاہ میں دوسرا اخبار معیاری محسوس نہیں ہوتا ہے، جب سبھی اخبارات کی خبریں متصادم ہوں گی تو ایک ساتھ دو تین اخبارات خریدنا پیسے کو ضیاع کرنے جیسا ہوگا، اسی لئے اب بہت کم ایسے لوگ ہیں جو ایک ساتھ متعدد اخبارات کو خریدتے ہیں، حالانکہ اگر ایڈیٹران چاہیں تو خبروں میں تبدیلی کر کے دوسرے اخبار سے جدا کر سکتے ہیں، لیکن ایسا نہیں کیا جاتا ہے، زیادہ تر انٹرنیٹ کی بدولت کاپی پیسٹ پر ہی اکتفا کیا جاتا ہے۔

اردو اخبارات کے معیاری نہ ہونے کی وجہ یہ بھی ہے کہ اب تربیت یافتہ صحافیوں کی کمی ہے، زیادہ تر ایسے صحافیوں کو کم تنخواہ پر رکھا جاتا ہے، جن کو صحیح طریقے سے خبر بھی بنانی نہیں آتی، رہی بات مضبوط صحافیوں کی کم یابی، تو ان کو خاطر خواہ اجرت نہیں مل پاتی ہے، وہ مجبوراً دوسرے پیشے کو اختیار کر لیتے ہیں، اسی وجہ سے اردو تعلیم یافتہ طبقے کی صحافت سے توجہ دور ہو رہی ہے اور دن بدن اردو اخبارات تجربہ کار صحافیوں سے محروم ہو رہے ہیں۔

## صحافت کا غلط استعمال:

کچھ لوگ اپنی سیاست کے لئے صحافت کا بھی استعمال کر رہے ہیں، چنانچہ کئی ایسی پارٹیاں ہیں، جو اپنا ذاتی اخبار نکالتی ہیں، جس کے ذریعہ اپنی پارٹی کا قد لمبا کرنے کی کوشش کی جاتی ہے، ایسے اخبارات میں اپنی پارٹی کے متعلق خبریں زیادہ رہتی ہیں اور مخالف پارٹی کے تعمیری و تعریفی کارناموں پر مشتمل خبروں کو جگہ نہیں دی جاتی ہے، بلکہ اس کی ہجو میں خبروں کو ترجیح دی جاتی ہے، ایسے اخبارات میں بطور صحافی کارکنان کو آزادی نہیں ہوتی ہے، ان کی سوچ و فکر اور قلم ہمیشہ پارٹی کی غلام رہتی ہے۔

آج کل اردو صحافت میں مذہبی و مسلکی تعصب بھی جنم لینے لگا ہے، کئی اخبارات اس بیماری کا شکار ہیں، کسی ایک مکتبہ فکر کی معمولی خامیوں کو بڑھا چڑھا کر صفحہ اول پر جگہ دے دی جاتی ہے، سخت اور نامناسب الفاظ کے ذریعہ اس مسلک کو داغدار اور اس کے حامیوں کو مجروح کرنے کی کوشش کی جاتی ہے، موجودہ زمانے میں ایسے کئی واقعات درپیش آچکے ہیں، نتیجہ یہ ہوتا ہے کہ اس اخبار کے خلاف احتجاج ہوتا ہے، بلکہ کاپیاں بھی جلائی جا چکی ہیں، صحافیوں کے خلاف نفرت کا اظہار بھی ہوتا ہے۔ بعض مرتبہ جعلی خبریں بھی پیش کر دی جاتی ہیں، کسی کے مثبت بیان کو منفی لکھ دیا جاتا ہے، یہی وجہ ہے کہ بعض اردو اخبارات سے لوگوں کا اعتماد اٹھ رہا ہے اور یقیناً اس عمل سے اردو صحافت کی پاکیزگی داغدار ہوگی۔ صحافت کے اسی مسائل پر نظر رکھتے ہوئے حقانی القاسمی لکھتے ہیں:

”صحافت میں اخلاقیات کی جگہ اب صارفیت نے جگہ لے لی ہے، جس کی وجہ سے صحافت کا انسانی چہرہ مسخ ہو گیا ہے، آزاد اور شفاف صحافتی قدروں کی خلاف ورزی عام ہے، لوگ کہنے لگے ہیں کہ صحافت اب خبروں کی تجارت بن گئی ہے اور تجارتی مفادات کا تحفظ ہی صحافت کا مقصد اولین بن گیا ہے“۔

## جدید ٹکنالوجی اور اردو صحافت:

جدید سائنسی ایجادات کی بدولت برقی صحافت کا دائرہ وسیع ہو رہا ہے، جدید ٹکنالوجی کی آمد سے اردو صحافت نے بھی کافی ترقی کی منزلیں طے کی ہیں۔ سب سے پہلے روزنامہ

سیاست حیدرآباد نے انٹرنیٹ ایڈیشن شائع کیا اور آج ہندوستان کے تقریباً ہر اردو اخبارات انٹرنیٹ پر شائع ہورہے ہیں، لیکن یہ سب کے سب تصویری شکل میں پورے صفحات انٹرنیٹ پر اپلوڈ کر دیئے جاتے ہیں، جس کو پڑھنے میں دقت ہوتی ہے، اگر یونی کوڈ اردو کے ذریعہ شائع کئے جائیں تو جہاں اس کی اہمیت دوبالا ہوجائے گی، وہیں پڑھنے میں بھی آسانی ہوگی۔ اس کے علاوہ آن لائن اردو اخبارات بھی کثرت سے نیٹ پر شائع ہوتے ہیں، جن میں بطور خاص روزنامہ خوشبو منو، یواین اے نیوز، بصریت آن لائن، فکر وخبر، ملت ٹائمز، اردو نیٹ جاپان، عالمی اردو اخبار، ای زمانہ اردو، القمر آن لائن قابل ذکر ہیں۔

مذکورہ آن لائن اخبارات آسانی سے انٹرنیٹ پر پڑھے جاسکتے ہیں، اس لئے یہ سبھی یونی کوڈ اردو کے ذریعہ شائع ہوتے ہیں، ان میں اکثر اخبارات کے اپلی کیشن بھی آگئے ہیں، جس کو اب ہم اسمارٹ فون میں ایک اپلی کیشن کے ذریعہ ایک مکمل اردو اخبار کا مطالعہ کرسکتے ہیں، یہ تمام اخبارات سوشل میڈیا سے بھی مربوط ہیں، لیکن ہمارے ہندوستان کے مشہور اخبارات سوشل میڈیا پر زیادہ متحرک نہیں ہیں، اور جو موجود ہیں تو وہ پابندی سے سوشل میڈیا پر شائع نہیں کئے جاتے ہیں، اگر کئے بھی جاتے ہیں تو اسی بڑے صفحات کو تصویری شکل میں اپلوڈ کردیئے جاتے ہیں، جس کو آسانی سے پڑھا بھی نہیں جاسکتا، جبکہ پاکستان کے سبھی اردو اخبارات، جہاں گوگل پر یونی کوڈ اردو کے ذریعہ شائع ہوتے ہیں، وہیں سوشل میڈیا پر بھی برابر پوسٹ کیئے جاتے ہیں، اس لئے ہندوستانی اردو اخبارات کو سب سے پہلے گوگل پر تصویری اردو کے بجائے یونی کوڈ کے ذریعہ دینا چاہئے، اور اسی طرح سوشل میڈیا پر بھی، تاکہ اردو صحافت جدید ٹکنالوجی سے مزید ہم آہنگ ہو اور جب ایسا ہوگا تو اس کا وقار بھی بلند ہوگا، اس لئے ضرورت اس بات کی ہے کہ ہم برقیاتی ٹکنالوجی کے ذریعہ اردو صحافت کو فروغ دیں تاکہ اس جدید ٹکنالوجی کے دور میں دوسری زبانوں کی صحافت کی طرح اردو صحافت کا بھی وقار اور معیار بلند ہو اور اردو ورقی صحافت کو برقی صحافت سے مربوط کرنے کی اشد ضرورت ہے۔

**ڈاکٹر غوثیہ بانو**

# اسناد کی اہمیت

خلیفہ وقت سے بادشاہت کی سند حاصل کرنا حکمراں ضروری خیال کرتے تھے۔ اس سے ان کی حیثیت باضابطہ اور قانونی ہو جاتی تھی۔ مغل شہنشاہ خود کو خلیفہ متصور کرتے تھے۔ لیکن متعدد حکمرانوں نے خلیفہ وقت سے اس کی توثیق حاصل کی تھی۔ سلطان التمش اور محمد غزنوی نے اپنی تخت نشینی کی توثیق بغداد کے عباسی خلفا سے کرائی تھی اور محمد بن تغلق فیروز شاہ تغلق نے مصر کے عباسی خلفا سے سند حاصل کی تھی۔

میسور کے حکمراں ٹیپو سلطان نے مغل شہنشاہ شاہ عالم کے دربار سے سند حاصل نہ ہونے پر قسطنطنیہ کے عثمانی خلیفہ سے سند حاصل کرنے کا فیصلہ کیا اور اپنا سفارتی مشن روانہ کیا۔ ٹیپو سلطان کو سلطان ترکی سے ''سند شاہی'' عطا کی گئی، جس کی رو سے انھیں خود مختار بادشاہ کا لقب اختیار کرنے، اپنا سکہ جاری کرنے اور اپنے نام کا خطبہ پڑھوانے کا حق حاصل ہو گیا تھا۔[1]

میر قمر الدین علی خان نظام الملک کو محمد شاہ شاہ دہلی کی جانب سے ''آصف جاہ'' کا خطاب اور دکن کی صوبہ داری عطا کی گئی تھی۔ خطابات اور مناصب کی روایت کو مغل شہنشاہی کے بعد ہندوستان پر حکمراں برطانوی شہنشاہیت نے قائم رکھا۔ حکومت برطانیہ کی توثیق دیسی ریاستوں کے لیے ضروری تھی۔ اگر یہ نہ ہو تو ریاست کو ضبط کرنے کا اچھا موقع فراہم ہو جایا کرتا تھا۔ سند اس بات کی ضمانت نہیں تھی کہ ریاست محفوظ ہو گئی ہو۔ ۱۸۵۷ء میں ضبط شدہ واجد علی شاہ کی حکومت اودھ ایک منظور شدہ حکومت تھی۔ اس کے باوجود حکمراں اور حکمرانی کے لیے اس وقت حکومت برطانیہ کے نمائندے کا اس کی سند نشینی کو قبول کرنا اس کی بادشاہت کا جواز فراہم کرنا تھا۔ میر عثمان علی خان کی ۲۹/ اگست ۱۹۱۱ء کی سند نشینی پر مبارک باد اور ان کے والد کے انتقال پر تعزیت ادا کرتے ہوئے وائسرائے ہند گورنر جنرل براؤن ہارڈنگ (Baron Harding) نے ۲۸/ ستمبر ۱۹۱۱ء کو ایک خط لکھا۔

اس خط سے حکومت برطانیہ کے آصف سادس اور آصف سابع کے تعلقات واضح ہوتے ہیں۔

آصف جاہی سلطنت کے بانی میر قمر الدین نظام الملک آصف جاہ اول سے وابستہ ایک روایت سے متعلق مورخین کا خیال ہے کہ وہ جب دکن کا رخ کرنے لگے تو انھوں نے ایک بزرگ شاہ عنایت سے دعا کی درخواست کی جس پر شاہ صاحب نے انھیں سات کلچے عنایت فرمائے اور سات پشتوں تک ان کی بادشاہت کی خوش خبری سنائی۔ آصف جاہ نے دعاؤں کے فیض کی یاد میں حیدر آباد میں ''بازار شاہ عنایت گنج'' بنوایا۔ جس کی آمدنی سے شاہ عنایتؒ کے خانوادے کی اولاد مستفید ہوتی رہیں۔ ان کلچوں سے متعلق نواب سرور جنگ نے اپنی سوانح میں لکھا ہے کہ ''شاہ عنایت کے کلچے شاہی خزانے میں محفوظ تھے اور آصف جاہ سادس میر محبوب علی خان جب کبھی سفر کے لیے باہر تشریف لے جاتے تھے تو اس وقت یہ ''کلچے'' نکالے جاتے تھے۔''

دوسری روایت کے مطابق بعض مورخین نے حضرت نظام الدینؒ اورنگ آبادی اور بعض نے شاہ عنایت اور ڈی۔ ایف۔ کراکا نے اپنی کتاب ''دی فیبولس مغل'' میں ایک بزرگ لکھا ہے۔ جن سے یہ واقعہ منسوب کیا جاتا ہے کہ انھوں نے آصف جاہ اول کو اپنے دسترخوان پر کھانے کے لیے کہا، انھوں نے سات کلچے کھائے۔ جس پر انھیں سات پشتوں تک

بادشاہت کی بشارت دی گئی۔۲

۴/ ذی الحجہ۱۳۳۲ھ م ۲۶/ اکتوبر ۱۹۱۴ء کے ایک فرمان میں کلچے سے متعلق روایت کی جانب اشارہ کیا گیا ہے۔ لیکن اس فرمان سے بزرگ کا نام واضح نہیں ہوسکا اور ''عنایتی کلچہ'' کے الفاظ سے یہاں مراد عنایت کردہ یا بزرگ عنایت شاہ کی جانب سے عطا کردہ واضح نہیں ہو پایا۔

۱۹۱۴ء کا زمانہ پہلی جنگ عظیم کی شروعات کا وقت تھا۔ ہندوستان میں سودیشی تحریک کا زور تھا۔ انتہا پسند جماعتوں (Extremist) کو قائم کیا جارہا تھا۔ انگریزی تعلیم یافتہ ہندوستانیوں میں آزادی اور قومیت کا جذبہ پروان چڑھ رہا تھا برطانوی حکومت کے خلاف بڑھتی بے اطمینانی کے باوجود ہندوستانی لیڈروں کی ایماء پر لاکھوں ہندوستانی فوج میں بھرتی ہوئے۔۳

اس موقع پر اپنی تخت نشینی کے کچھ عرصہ بعد ہی اس عالمی جنگ کے موقع پر اپنی ریاست کی رعایا سے اپیل کرتے ہوئے آصف سابع حکومت برطانیہ کو بہترین دوست اور حمایت ونگہداشت کرنے والی قرار دیتے ہیں۔ جس کی استقلال و وفاداری کے ساتھ اطاعت کو وہ ضروری خیال کرتے ہیں اور وہ خود اپنی ریاست کی قوت و دولت کو برطانیہ عظمی کی حمایت میں صرف کرنے میں آمادہ ہے۔

اس فرمان میں ایک نئے حکمراں کے لہجے کا تحکم بالکل واضح ہے۔ حالات پر قابو، ریاست کی قوت، رعایا کا اعتماد تمام چیزیں برسر اقتدار طاقت کے ہاتھوں میں ہے۔ جو فیصلہ کرنے کا اختیار رکھتا ہے اور اسے ماننا واجب ولازم جانتا ہے۔ لیکن یہ صورت حال دوسری جنگ عظیم تک یکسر تبدیل ہوگئی۔ اس دور کے فرامین سے ہمیں اس کا اندازہ لگانا مشکل امر نہیں ہے۔

جنگ میں شرکت کرنے والے مختلف محکمہ جات کے ملازمین کی رخصت منظور کی گئی ساتھ ہی نصف تنخواہ دیے جانے کا حکم دیا گیا۔ ۵/ صفر المظفر ۱۳۳۳ھ کی ایک عرضداشت پر حکم دیتے ہوئے ایک فرمان جاری کیا گیا جس میں مہتمم آبپاشی ضلع نلگنڈہ کے ''مسٹر ہرسٹ اٹلی'' کی رخصت فوج میں بہ حیثیت والنٹیر شریک ہونے کے لیے منظور کی گئی ساتھ ہی زمانہ شرکت جنگ کے بابتہ نصف تنخواہ دینے کا حکم صادر کیا گیا۔

۲۴/ ستمبر ۱۹۲۱ء کے ایک اور فرمان سے آصف سابع کی حکومت پر گرفت اور ریاست کے لیے طویل منصوبہ بندی کی کوشش صاف نظر آتی ہے۔ یہ فرمان صیغہ فینانس کی اس عرضداشت کے حکم میں جاری کیا گیا جو نظامت جنگ نے ارکان باب حکومت کی رائے کے ساتھ پیش کی ہے۔ اس میں سرکاری ضرورتوں کے لیے پبلک سے باجرائی پرامیسری نوٹس قرضہ سودی چھ فی صد لینے کی نسبت درخواست کی گئی ہے۔ جس پر حکم دیتے ہوئے کہا گیا کہ یہ قرض حسب شرائط لیا جائے اور اس قرضہ کو تیس یا بیس سال بعد ادا کرنے کے لیے ہر سال کے موازنہ (بجٹ) میں رقم پس انداز ہوگی، جس کی اطلاع دی جاتی رہے۔

میر محبوب علی خان کے دور حکومت میں ملک کی حکومت کو بہتر طریقے پر کارکرد رکھنے کے لیے سرکاری عہدہ داروں اور غیر سرکاری اراکین کے اشتراک سے ایک وضع قوانین مجلس ۱۸۹۳ء میں قائم کی گئی جس کے ذمہ مشورہ اور بحث کے بعد قوانین وضع کرنے کے بعد اسے آصف سادس کی منظوری کے بعد نافذ کیا جائے۔۴ ۱۹۱۹ء کے گورنمنٹ آف انڈیا ایکٹ کے تحت ہندوستان کے نظام حکومت میں اہم تبدیلیاں کی گئیں۔ صوبوں کے نظام حکومت میں بنیادی تبدیلی کی گئی حکومت کے بعض منتخبہ وزیروں کو بعض محکمے سپرد کیے گئے۔ یہ وزراء مجلس قانون ساز (Legislative Council) کے روبرو اپنی پالیسی اور کاموں کے لیے جوابدہ وذمہ دار ہوتے تھے۔ گورنر کی ایگزیکیٹو کونسل کے دیگر ممبران کو اہم محکمے مالیات

پولیس (Finance Law & Order) وغیرہ سپرد کیے جاتے جس کے لیے وہ کونسل کے سامنے جواب دہ نہ ہوتے اس طرح صوبوں میں ایک ذمہ دار دوعملی (Dyarchy) حکومت شروع ہوئی۔ ۵

ریاست حیدرآباد میں ۱۷/ نومبر ۱۹۱۹ء کو جدید دستور اساسی کے نفاذ کے ساتھ ایک فرمان کے ذریعہ ''باب حکومت'' کی تاسیس عمل میں آئی۔ باب حکومت میں ایک شاہی خاندان کے رکن کے علاوہ سینیئر اور تجربہ کار عہدہ دار ہوتے، اس میں مسلم، ہندو، پارسی اور انگریز بھی شامل ہوتے۔ اراکین باب حکومت (جنھیں صدرالمہام کہا جاتا) کا تقرر رئیس وقت کی مرضی اور باب حکومت کے صدر اعظم کی رائے سے ہوتا۔ یہ اراکین رئیس وقت کے روبرو ذمہ دار ہوتے۔ باب حکومت کی تمام کارروائیوں کے لیے صدر اعظم کی حیثیت صدر کی تھی جن کی اجازت سے صدرالمہام فیصلوں کے مختار ہوتے۔ چیف سیکریٹری جملہ وزارتوں سے پیش ہونے والی کارروائیوں کو باب حکومت میں پیش کرنے کا ذمہ دار ہوتا تھا۔ ۶ اراکین کونسل کے انتخاب کے علاوہ ان کی تنخواہ اور وظیفہ مقرر کرنے کا اختیار مکمل طور پر آصف سابع کو حاصل تھا جسے وہ کسی قاعدہ سے محدود نہیں کرنا چاہتے تھے۔

صیغۂ فینانس کی ۲۳/ ذی قعدہ ۱۳۴۵ھ کی ایک عرضداشت جو تلاوت جنگ (رکن کونسل) کے وظیفہ سے متعلق ہے۔ اس پر حکم صادر کرتے ہوئے کہا گیا ہے کہ تلاوت جنگ کو جملہ ایک ہزار روپے کا وظیفہ تاریخ علاحدگی سے دیا جائے۔ ارکان کونسل کی تنخواہ اور وظیفہ کا تصفیہ ہر وقت پورے طور سے میرے اختیار میں رہا ہے۔ یہ اختیار کوئی نظیر یا قاعدہ سے محدود نہیں ہوسکتا۔ (۲۷/ ذی قعدہ ۱۳۴۵ھ م ۲۱/ مئی ۱۹۲۷ء)

وہ ارکان کونسل کی تنخواہ و وظیفہ کے معاملہ کو اپنے کنٹرول میں رکھنا چاہتے تھے۔ لیکن شخصی حکومت کے بجائے کونسل کے مشوروں سے کارکرد حکومت کو ترجیح دیتے تھے۔

ڈاکٹر سراج احمد انصاری

# 'نالۂ شب گیر': احتجاج کا نیا انداز

اکیسویں صدی کے ۲۰۱۴ میں شائع ناول 'نالۂ شب گیر' میں تانیثی احتجاج کی کہانی مرقوم ہے یہ کہانی ایک ایسی عورت پر منحصر ہے جو ظلم و جبر اور استحصال کے آگے سر نہیں جھکاتی ہے بلکہ اس سے ہمت سے مقابلہ کرتی ہے۔ مشرف عالم ذوقی نے سماج میں ہو رہی تبدیلی کو محسوس کیا ہے اور اسے ناول کے قالب میں ڈھالنے کی کوشش کی ہے۔ اس میں عورتوں پر ہونے والی ظلم و زیادتی، استحصال، ایک لڑکی کا اپنی شرطوں پر زندگی گزارنا اور تبدیل ہوتی تہذیب کو پیش کیا گیا ہے۔ اس میں واقعات دلچسپ، پلاٹ باترتیب اور مربوط، کردار زندہ اور مثالی، متوسط طبقہ اور تعلیم یافتہ ماحول، نیچرل اور موزوں مکالمہ اور غم و نشاط دونوں طرح کی جذبات موجود ہیں۔ یہ ہر اس لڑکی سے منسوب ہے جو باغی ہے اور اپنی شرطوں پر زندہ رہنا چاہتی ہے۔ نام، نعمان شوق کے شعر کوئی تو نالۂ شب پہ باہر نکلے......کوئی تو جاگ رہا ہوگا دیوانے کے سوا۔ سے موسوم ہے۔ اس سے قبل ذوقی کے ایک اہم ناول کا نام ''لے سانس بھی آہستہ'' میر کے شعر لے سانس بھی آہستہ کہ نازک ہے بہت کام......آفاق کی اس کارگہہ شیشہ گری کا۔ سے ماخوذ ہے۔ متذکرہ بالا دونوں ناول اردو ادب میں منفرد مقام اور نئے تجربے کی حیثیت رکھتے ہیں۔

ناول زندگی کے تجربات پیش کرنے کے ساتھ سماج کو آئینہ دکھاتے ہیں۔ ناول نگار کے تجربات و مشاہدات ہی ناول کا اصل مواد ہوتے ہیں۔ مصنف جو کچھ دیکھتا اور محسوس کرتا ہے اسے ناول کے قالب میں ڈھال دیتا ہے۔ اس کے مطالعات و مشاہدات جتنا عمیق ہونگے، ناول کی معنویت میں بھی اسی قدر گہرائی و گیرائی ہوگی۔ انفارمیشن ٹکنالوجی نے پوری دنیا کو ایک گلوب کی مانند بنا دیا ہے۔ ایک جگہ بیٹھ کر پوری دنیا کا مشاہدہ کرنا آسان ہو گیا ہے۔ ایک جگہ کی ادب و ثقافت دوسرے ممالک کی تہذیب و معاشرت پر بڑی تیزی سے اثر انداز ہو رہے ہیں۔ اردو ادب میں بھی آئے دن نئے موضوعات شامل ہو رہے ہیں، جن کے چند گوشوں کو مشرف عالم ذوقی نے اپنے ناول ''نالۂ شب گیر'' میں پیش کیا ہے۔

ذوقی نے زندگی کے مختلف پہلوؤں پر روشنی ڈالی ہے۔ ناول کا اہم حصہ لڑکیوں کے استحصال سے تعلق رکھتا ہے۔ ایک مہذب خاندان، جہاں لوگ نمازی، معاشرے میں عزت، گھر میں پردہ اور پرہیزگاری کی شہرت ہے۔ وہاں لڑکیوں کی تعلیم اور گھر سے باہر قدم نکالنے پر پابندی ہوتی ہے۔ خاندان والوں کو یہ خوف ہوتا ہے کہ گھر کی عزت نیلام اور بزرگوں کی شان میں کمی نہ لاحق ہو جائے۔ لیکن گھر اور پردے کے اندر کس طرح ان کا استحصال ہوتا ہے اس کو بیرونی دنیا نہیں جانتی۔ اور کبھی علم ہوتے ہوئے بھی لوگ ایسی باتوں کو مخفی رکھنا بہتر سمجھتے ہیں۔ ایک حساس مصنف، جس کی نظر نہ صرف پردے کے باہر جاتی ہے بلکہ اندر کی چیزوں کا بھی مشاہدہ کر لیتا ہے۔ ایک اقتباس ملاحظہ فرمائیں:

> ''جونا گڑھ کا ایک بڑا سا حویلی نما مکان......ایک ابو تھے۔ انتہائی سخت، نمازی، پرہیزگار۔ غصہ آتا تھا تو صرف اماں پر۔ اور اماں پر آئے غصے کے لئے انہیں

کسی وجہ کی ضرورت نہیں تھی۔ گھر میں پردے کا رواج تھا۔ باہر جانے پر پابندی تھی۔ لیکن رشتے داروں کی فوج تھی، آئے دن جن کا حملہ ہوتا رہتا تھا...... اب تو شکلیں بھی بھولنے لگی ہوں۔ اجو ماموں، گبرو دادا، چینو چاچا...... سبحان بھائی، تخنتے والے عمران چاچا...... سفید داڑھی والے ابو چاچا...... زیادہ تر داڑھیوں والے بلکہ خوفناک داڑھیوں والے بزرگ...... یہ حویلی ہماری تھی تو ان کی بھی تھی...... میری عمر ہی کیا تھی۔ مگر میں جیسے مرغی کے دربے میں ہاتھ بڑھا کر کسی مرغی کو اپنے ہاتھوں میں دبوچ لیتی، ایسے ہی یہ لوگ پیار کے بہانے مجھے بھی دبوچ لیتے۔ کیوں دبوچتے، یہ بات میری سمجھ میں پہلے نہیں آئی تھی۔

پھر مرغیوں کی کڑکڑاہٹ کے ساتھ ننھی معصوم آوازیں لنگیوں اور پاجاموں کی سرسراہٹ میں کھو جاتیں۔

ماموں چھوڑو نا...... جانے دو نا......

ابو چاچا...... کیا کرتے ہو...... جانے دو...... نا......

گبرو دادا...... میں اماں سے کہہ دوں گی...... تم بہت گندے ہو......

چھوڑو نا......

دکھ رہا ہے......

جانے دو......

یہ بچوں سے پیار کے کھیل تھے جو ابو اور اماں کے سامنے بھی کیے جاتے تو بچوں کا لاڈ اور پیار نظر آتا۔'' [1]

اس موضوع کو ایک فلم ''ہائیوے'' میں بھی پیش کیا گیا ہے جس میں لڑکی ایک امیر خاندان سے تعلق رکھتی ہے۔ کسی رنجش کی بنا پر ہیرو اس لڑکی کو اغوا کرنے کے بعد بہت دنوں تک اپنے ساتھ رکھتا ہے۔ اس کا مقصد پیسے حاصل کرنا ہوتا ہے نہ کہ لڑکی کے ساتھ بدسلوکی کرنا۔ آہستہ آہستہ لڑکی کو اغوا کرنے والے شخص سے محبت ہو جاتی ہے۔ وہ اس کو گھر جانے کی ضد کرتا ہے لیکن وہ واپس جانے کو تیار نہیں ہوتی ہے۔ وہ کہتی ہے کہ اس گھر میں میں پھر سے مرنے نہیں جانا چاہتی۔ لوگ اس گھر میں لاڈ، پیار، کے ذریعہ استحصال کرتے ہیں۔ وہاں رہنے والے، انسان نہیں، حیوان ہیں حیوان! ۔ وہ اپنے کسی پاپا کے ملنے والے کا ذکر کرتی ہے جو اس کے گھر آیا کرتے تھے، ٹافیاں لاتے، ٹافیاں کھلا کر باتھروم میں لے جاتے، چلانے پر منھ دبا دیتے اور کہتے 'کسی سے نہیں کہنا'۔ اس بات کی شکایت وہ اپنی ماں سے کرتی تو وہ بھی کسی سے نہ کہنے کا حکم دیتی۔

مقالہ تحریر کرتے وقت یو۔ٹیوب پر لتا حیا کی ایک نظم سنا جس میں ایک بند اس موضوع سے تعلق رکھتا تھا۔ مثال ملاحظہ فرمائیں:

''اِک بچی گھر میں اپنے محفوظ نہیں رہ پائے گی
بھول گئے ہم ہندوستانی ہر تعلیم شرافت کی
سیکھ رہے ہیں مغرب کی ہم a,b,c,d,e,f,g
اب نہ کوئی شرم رہی رشتوں میں اور نہ مریادہ
بیٹی کو لوٹے والد اور پوتی کو لوٹے دادا
اور بہن پر بھائی کی نظروں کے چلتے وار ہیں
اس ساری بے شرمی کے ہم خود بھی ذمہ دار ہیں'' [2]

جب لتا حیا ان اشعار کو پیش کر رہی تھیں تو لوگ معمول کے مطابق حظ حاصل کر رہے تھے۔ شاید کسی کو اس بات کی فکر تھی یا نہ تھی کہ اگر ہمارے معاشرے میں ایسی چیزیں موجود ہیں یا پیدا ہو رہی ہیں تو ہمارے سماج کے لیے کتنا خطرناک ثابت ہو سکتا ہے۔

بالا تین مثالوں کو پیش کر کے تقابلی مطالعہ پیش کرنا مقصد نہیں تاہم یہ بتانا تھا کہ مصنف نے جس موضوع کو بروئے کار لایا ہے ایسی باتیں ادب میں ہونے لگی ہیں۔ لیکن یہاں یہ وضاحت ضروری سمجھتا ہوں کہ اردو ادب میں قدرِ اس قسم کے ناولوں یا اس قسم کی کہانیوں پر مبنی ناولوں کو اردو ادب میں مشکوک نگاہوں سے دیکھا جاتا ہے۔ کیوں کہ ابھی تک مسلم معاشرہ اس

ناپاکی سے محفوظ ہے۔ یکا دوکا واقعات اگر رونماں ہوتے بھی ہیں تو وہ علم کی ناشناسی کی وجہ سے۔ اس لیے نالۂ شب گیر کی کہانی کو اچھا تصور نہیں کیا جاتا۔ تاہم یہ بھی واضح ہے کہ ناول نگار کسی مخصوص معاشرے کو نہیں دیکھتا بلکہ اس کی نظر میں ہر طبقہ اور تہذیب کے لوگ ہوتے ہیں۔ ناول میں مظلومہ، ظلم و زیادتی اور استحصال کا شکار ہو کر خاموش نہیں رہتی بلکہ سماج اور معاشرے سے بغاوت کرتی ہے۔ جھوٹی تہذیب اور پردے کو چاک کر کے باہر نکلتی ہے، اپنی تعلیم کے لیے جدوجہد کرتی ہے اور ہونے والے جبر کے آگے سرخم کرنے کے بجائے خود کے اندر لڑنے کی قوت پیدا کرتی ہے۔

ناول کی ابتدا صوفیا مشتاق سے ہوتی ہے لیکن اس سے قبل مصنف کچھ کراس لائنیں کھینچتا ہے اور وقت کے فلسفے کو پیش کرتا ہے۔ اس کے مطابق ہر چیز، ہر لمحہ تغیر پزیر ہے۔ نگاہوں نے ابھی جن اشیاء کو دیکھا ہے یہ ممکن ہے کہ چند لمحے بعد ان کی شکلیں تبدیل ہو جائیں۔ با الفاظ دیگر کسی صحرا سے گزرتے وقت آپ کی نظر کسی مکان پر پڑی ہو ممکن ہے لوٹیں تو وہاں ایک پورا شہر آباد ہو۔ اقتباس:

> ''لکھتے ہوئے احساس ہوا، یہاں ہر لمحہ ایک نئی دنیا بن جاتی ہے اور اوپر جو کچھ لکھا، وہ سب ماضی کا حصہ، بیکار یا واہیات ثابت ہو چکا ہوتا ہے۔ میری اس بات کو اس طرح سمجھیں کہ ابھی ایک زمین کے، ایک خالی حصہ کو کراس کرتے ہوئے ہم آگے بڑھتے ہیں اور واپس آتے ہیں تو یہاں ایک نیا شہر آباد رہتا ہے۔''[۳]

جس فلسفے کو مصنف نے پیش کیا ہے اسے فطری طور پر ناول میں برتنے کی کوشش کی ہے۔ ناول میں ایک کردار مصنف کا بھی ہے جو ہر جگہ موجود ہوتا ہے۔ مصنف کی پہلی ملاقات جس شخص سے ہوتی ہے اس کے عادات و اطوار کچھ اور ہوتے ہیں لیکن دوسری ملاقات میں اس کے حالات، نام وغیرہ سب کچھ تبدیل نظر آتے ہیں۔

ناول کا قصہ صوفیا مشتاق سے شروع ہوتا ہے۔ وہ دیواروں پر آویزاں بڑے بڑے کیڑوں کا ذکر کرتی ہے۔ وہ اس کے کمرے میں آتے ہیں اور اس کی گردن سے خون چوستے ہیں۔ صوفیا، والدین کے انتقال کے بعد اپنی بہن اور بہنوئی کے پاس رہتی ہے۔ یہاں بھی وہ محفوظ نہیں رہ پاتی، اپنے بہنوئی کی بدنظری کا شکار ہو جاتی ہے۔ جب اس کی گفتگو مصنف سے ہوتی ہے تو وہ کہتی ہے کہ 'انسان سے بڑا جانور کون ہے صاحب۔' اس بات کی پیش نظر یہ کہا جا سکتا ہے کہ ذوقی نے اس طرح کی سماجی برائیوں سے متاثر ہو کر ناول کا تانا بانا تیار کیا ہے۔ دراصل انسانوں کی جنسی بھوک اتنی بڑھ گئی ہے کہ اس کی شکل جانور اور کیڑوں میں تبدیل ہوتی جا رہی ہے۔

صوفیا مشتاق کے ذریعہ ایک بڑی برائی کو پیش کیا گیا ہے جو جہیز کی شکل میں ہمارے معاشرے میں موجود ہے۔ صوفیہ مشتاق پڑھی لکھی ایک خوبصورت لڑکی ہے۔ لیکن اس کی شادی نہیں ہو پاتی کیوں کہ اس کے بے روزگار بھائی کے پاس لڑکے والے کو دینے کے لیے پیسا نہیں ہے۔ آخر کار اس کے گھر والے اس کی عقد کرنے میں ناکام ہو جاتے ہیں۔ وہ ان کے اوپر بوجھ بننے کے اندیشے سے کہیں چلی جاتی ہے۔ یہ خرابی ہمارے سماج کو دیمک کی طرح چاٹ رہی ہے۔ دیگر ناولوں کی طرح اس میں بھی مرکزی اور ذیلی کردار ہیں۔ صوفیا مشتاق، ناہید ناز، کمال یوسف اور مصنف وغیرہ۔ اس کے علاوہ کچھ ضمنی کردار بھی ہیں۔

کچھ عرصہ قبل دہلی میں ایک زنا کا واقعہ سامنے آیا تھا۔ جس پر پوری ہندوستانی عوام نے ایک ساتھ لبیک کہا تھا۔ جامعات میں طلبہ و طالبات کے ذریعہ احتجاج عمل میں آیا تھا۔ ملک کے کونے کونے سے لوگ رام لیلا میدان میں اکٹھا ہو کر ظلم و جبر کے خلاف نعرے بلند کیے تھے۔ پردے میں رہنے والی عورتیں گلیوں اور سڑکوں پر اتر آئی تھیں۔ اسی کڑی میں ناہید اور کمال نینی تال سے احتجاج کے لیے دہلی آئے ہوئے ہیں

۔احتجاج کئی دن چلتا ہے اور وہ مسلسل اس میں شریک ہوتے رہتے ہیں۔کمال بچے کی طبیعت سے پریشان ہوتا ہے،اس کی رائے ہے کہ انھیں گھر واپس چلے جانا چاہیے لیکن ناہید اس طرح احتجاج میں کھوگئی ہے کہ اسے خود کے بچے کا بھی خیال نہیں ہوتا ۔وہ اپنے احتجاج سے مظلومہ کو انصاف دلا کر واپس جانا چاہتی ہے۔اس کی نظر میں تمام مرد ظالم ہیں اور عورت مظلوم طبقے سے تعلق رکھتی ہے۔چاہے وہ مرد اس کا باپ بھائی یا شوہر ہی کیوں نہ ہو۔اقتباس:

''کئی روز ہوگئے ۔ ہماری وجہ سے بچہ بیمار ہوسکتا ہے،
'ایک پوری نسل بیماری ہو چکی ہے۔' ناہید نے تیور سے کہا۔
'لیکن یہ ہمارا بچہ ہے۔'
'وہ بھی کسی کی بچی تھی۔'
'میں نے یہ تو نہیں کہا۔'
'تم نے یہی کہا۔تم مردوں میں ہمارے معاملے میں ذرا بھی صبر نہیں— وہ غصہ میں تھی—
'پہلی بار ایک بڑی آواز ہماری حمایت میں اٹھی ہے تو تم اپنے قدم پیچھے کھینچ رہے ہو۔'' ۴

آہستہ آہستہ ناہید کا غصہ بڑھتا چلا جاتا ہے۔اس کے دل میں مردوں کی خاطر ایک آگ سی پیدا ہو جاتی ہے۔وہ اپنی شرطوں پر جینے لگتی ہے۔جو کچھ اسے اچھا لگتا ہے وہ اسے پورا کرنا چاہتی ہے۔وقتاً فوقتاً وہ اپنے شوہر سے عورتوں کی حرکات و سکنات اختیار کرنے کی ضد کرتی ہے۔وہ اسے اپنے شوہر کی شکل میں قبول نہیں کرنا چاہتی۔وہ کہتی ہے،اقتباس:

''وہ شوہر نہیں ہے۔ خدا کے لیے انہیں شوہر نہ کہیے...... وہ میری بیوی ہیں......' ناہید نے کھلکھلا کر جواب دیا۔اور اب میری حراست میں ہیں۔'' ۵

دوسرے جانب کمال یوسف کو محبت کے جذبے کے ساتھ پیش کیا گیا ہے۔ناہید کی نازیبہ حرکات جو عام زندگی میں ایک مرد برداشت نہیں کرسکتا، وہ اسے بہ خوشی قبول کرتا ہے۔ اس بات سے اندازہ لگایا جاسکتا ہے کہ ناول نگار نے یہ بتانے کی کوشش میں ہے کہ ہر مرد عورت کو اذیت نہیں دیتا۔لیکن کچھ لوگ اسے صرف ایک نظر سے دیکھنا پسند کرتے ہیں جو ہمارے معاشرے کے لیے درست نہیں ہے۔

ناہید ناز اس عورت کی علامت ہے جو پوری دنیا کو بدل دینا چاہتی ہے۔وہ عورتوں کو مردوں کی ظلم و زیادتی سے آزاد کرانا چاہتی ہے۔جس جگہ بھی عورتوں کے تعلق سے غلط باتیں تحریر ہیں اس کے معنی و مطالب کو مردوں سے منسلک ہونا دیکھنا چاہتی ہے۔وہ نہیں چاہتی کی کسی بھی عورت کا نام سن کر کسی مرد کے ذہن میں گندے خیالات ابھریں۔جب کمال یوسف اسے ایک ڈکشنری کا پروجیکٹ دیتا ہے تو ایسے تمام الفاظ کے معنی و مطالب تبدیل کر دیتی ہے جن سے عورتوں کی عزت پر حرف آتا ہے۔ اقتباس:

''جیسے آوارہ......اس نے آوارہ کے آگے لکھا......
بدچلن مرد۔مردوں کے
چال چلن عام طور پر خراب ہوتے ہیں۔
فاسشہ......بدکار مرد......
حرام کار......بدکار مرد......
حرامی......بدذات مرد......
مطعون......بدنام زمانہ مرد......
طوائف......ناچنے گانے والا مرد......'' ۶

اس طرح کی تبدیلی ہمارے سماج میں رونما ہو رہی ہے۔لڑکیاں تعلیم کی طرف رجوع ہو رہی ہیں۔وہ اب کسی قید و بند کی زندگی نہیں گزارنا چاہتیں، والدین کے اصولوں پر چلنے کے بجائے وہ اپنا راستہ خود بنانا چاہتی ہیں۔انھوں نے محبت اور ظلم میں فرق کرنا سیکھ لیا ہے۔اور یہ معاشرے کے لیے ایک خوش آئند بات ہے۔آج کے والدین کو بھی چاہیے کہ لڑکوں اور

لڑکیوں میں کسی قسم کی تفریق نہ کریں بلکہ دونوں کو برابری کا حق دیں۔اگر لڑکا ڈاکٹر بن سکتا ہے تو لڑکی کیوں نہیں؟

ذوقی نے دو ایسے نسوانی کردار کو پیش کیا ہے جو ایک محبت اور دوسری نفر کی علامت ہے۔ایک بے پناہ محبت کرتی ہے اور دوسری مرد کو نفرت کی نگاہ سے دیکھتی ہے۔ایک اس کی جدائی میں پاگل ہو جاتی ہے اور دوسری جدائی کے نام پر افسوس تک نہیں کرتی۔ دونوں ایک دوسرے کی ضد ہیں۔ یہاں شاید مصنف ہمیں یہ سمجھانے کی کوشش کر رہا ہے کہ تمام تر تحریک نسواں کے باوجود ہمارے معاشرے میں ایسی لڑکیاں ہیں جو مردوں سے محبت کرتی ہیں۔ان پہلوؤں کی پیش نظر یہ بات بڑے اعتماد سے کہی جاسکتی ہے کہ ناول نگار نے زندگی کی تمام تر حقیقتوں سے روبرو کرنے کی کوشش کی ہے۔

اس گلوبل گاؤں میں ایک طرح کی اور تبدیلی آ رہی ہے جس میں چند لوگوں کو چھوڑ دیں تو لوگ ہندو، مسلم، سکھ، عیسائی وغیرہ سے زیادہ انسان بننے کی خواہش رکھتے ہیں۔ناول میں ایک اہم کردار ناگارجن اور ان کی بیوی کا ہے جو ایک ہندو خاندان سے تعلق رکھتے ہیں لیکن ایک مسلم لڑکی کو بڑی محبت کے ساتھ اپنی بیٹی بنا کر پناہ دیتے ہیں۔ایک مظلوم لڑکی کی حفاظت کے لیے ہندو یا مسلم ہونے کے بجائے ایک انسان ہونا کافی ہے۔جب انھیں یہ خبر ہوتی ہے کہ نو آمد لڑکی مسلم ہے تو اسے گھر سے بے دخل کرنے کے بجائے اس سے قرآن کی آئتیں سنتے ہیں۔جب کی دونوں میاں بیوی خیال سے مذہبی ہونے کے ساتھ ہر دن گیتا اور راماین کا پاٹھ کرتے ہیں۔ بدلتی تہذیب میں لوگوں کے نظریات تبدیل ہو رہے ہیں، دقیانوسی باتوں میں یقین رکھنا پسند نہیں کرتے۔اب کوئی سیاسی لیڈر آسانی سے مذہب کے نام پر لوگوں میں نااتفاقی یا بغاوت پیدا کرنے میں کامیاب نہیں ہوسکتا۔

متذکرہ بالا دلائل کی پیش نظر یہ بات بڑے وثوق سے کہی جاسکتی ہے کہ مشرف عالم ذوقی کا ناول 'نالۂ شب گیر' ایک بہترین معاشرتی اور تہذیبی ناول ہے۔جس طرح ہمارے معاشرے اور تہذیب وثقافت میں توازن باقی ہے اسی طرح ناول میں بھی اعتدال قایم رکھا گیا ہے۔'لے سانس بھی آہستہ' کی طرح یہ بھی ایک نیا اور اہم موضوع ہے جس سے اردو ادب کو ذوقی نے متعارف کرایا ہے۔

حواشی:

ا۔نالۂ شب گیر،مشرف عالم ذوقی،۱۶۰

۳۔ایضاً،۲۳(۴)۔ایضاً،۹۰(۵)۔ایضاً،۸۲(۲)۔ایضاً،۳۰۹

**ڈاکٹر فاروق احمد بھٹ**
اسسٹنٹ پروفیسر گورنمنٹ ڈگری کالج بوائز کپواڑہ کشمیر

# سازشی تھیوری اور مسلمان

لفظ سازش اپنے اندر سحر کی طاقت رکھتا ہے جب ہم سازش کا لفظ استعمال کرتے ہیں تو اس کے اندر عمومی طور پر دو طرح کے رجحانات ہوتے ہیں۔ پہلا تہذیبی سازش اور دوسرا سیاسی سازش۔تہذیبی سازش میں ہم اکثر مخالف تہذیب یا مسلط تہذیب کو نشانہ بناتے ہیں۔ ہمارے یہاں اکثر مخالف تہذیب میں مغربی تہذیب کو لیا جاتا ہے اس لیے ہم اس کو نشانہ بنانے کے لیے کسی بھی طرح کا واقعہ یا بیان جو اس کے منفی پہلو کی طرف اشارہ کرے اسے مثال بنا کر طعن و تشنیع کا نشانہ بناتے ہیں اس کے برعکس جب ہم کہتے ہیں کہ ہماری تہذیب میں یہ یہ اچھائیاں ہیں تو ہمارے نزدیک عربی یا ایرانی تہذیب ہوتی ہیں جس کو ہم اپنی تہذیب کے طور پر لیتے ہیں یہی صورت حال تب ہوتی ہے جب ہم مشرقی تہذیب کہتے ہے تو ہمارے سامنے مشرق تہذیب سے مراد عربی یا ایرانی تہذیب ہوتی ہے جبکہ اسی مشرق تہذیب میں چین کی تہذیب بھی موجود ہیں لیکن ہم مذہبی تقدسیت میں عربی اور ایرانی تہذیب کو ہی مشرقی تہذیب سمجھتے ہیں اس لیے جب ہم کہتے ہیں ہماری تہذیب ہمارا معاشرہ تو اس ''ہماری'' سے مراد یہی دو تہذیبیں یا ان دونوں کے مشترکہ اختلاط سے بننے والی تہذیب جسکو ہند المانی تہذیب بھی کہتے ہیں مراد ہوتی ہے۔جب ہم رشتوں کی تقدسیت، بے راہ روی، مذہب بیزاری،عقائد سے روگردانی وغیرہ کا رونا روتے ہیں تو ان سب کو مغربی تہذیب اور معاشرے سے جوڑتے ہیں،اسی طرح مسلم ممالک میں جو بے چینی، بے یقینی،خون خرابہ،تشدد بدامنی وغیرہ جیسے واقعات رونما ہو رہے ہیں اس کو بھی مغربی تہذیب کی سیاسی یا مذہبی سازش کہتے ہیں اور اگر بالفرض مغربی تہذیب یا سیاست میں کچھ اچھائیاں مل جاتی ہیں تو ہم کہتے ہیں کہ اس کو انہوں نے ہماری تہذیب سے لیا ہے غرض ساری خرابیاں مغربی تہذیب میں اور ساری اچھائیاں ہماری (ایرانی وعربی) تہذیب میں نظر آتی ہیں۔مذہب سے روگردانی، پرانی روایت سے بغاوت،اپنے سیاسی ومعاشی نظام سے غیر مطمئن، کیا یہ سب مغربی تہذیب کی سیاسی سازش ہیں یا پھر حالات اور وقت کا بدلاو۔

تاریخ کا مطالعہ ہمیں یہ بتاتا ہے جس تہذیب کو ہم آج مسلم تہذیب کہتے ہیں اس تہذیب سے پہلے بھی دنیا میں بہت سی ترقی یافتہ تہذیبیں تھیں جن میں سمیری تہذیب، رومن تہذیب، بابل، ہڑپہ، مہنجوداڑو وغیرہ قابل ذکر ہیں ہر ترقی یافتہ تہذیب نے اپنے دور میں دوسری تہذیبوں کو متاثر کیا ہے اور ایسی ہی صورت حال مسلم تہذیب کو بھی پیش آئی اپنے عروج کے زمانے میں اس نے بھی دوسری تہذیبوں کو نہ صرف متاثر کیا ہے بلکہ دوسری تہذیبوں سے استفادہ بھی کیا ہے۔

تاریخ اس بات کی شاہد ہے کہ کسی بھی تہذیب خواہ وہ سیاسی ہو یا علمی اس کو جب بھی موقعہ ملا اس نے اپنی برتری کو ثابت کرنے کے لئے اپنے دور کے سیاسی، سماجی، لسانی، معاشی اور نفسیاتی عوامل کو متاثر کیا ہے یا ایسی ہی صورت حال دور حاضر میں ہمارے سامنے ہے،ہمیں جس تہذیب سے واسطہ پڑا ہے اس تہذیب کی گہری واقفیت کے ساتھ ساتھ ہمیں تہذیبی تاریخ کی بھی واقفیت ہونی چاہے اور یہ واقفیت سطحی نہ ہو بلکہ

گہرے فہم وادراک کے ساتھ گہری بصیرت ہونی چاہئے تاکہ اس صورت حال کا صحیح تجزیہ ہو سکے۔

اٹھارویں اور انیسویں صدی میں ہم زوال کی کی طرف تیزی سے گامزن ہوئے۔ ہماری کیفیت بھی ایسی ہوگئی جیسے پاپائیت کے دور میں مغرب کی ہوئی تھی ہماری فکر ونظر میں خود ساختہ مذہب کو اسی طرح دخیل کیا گیا کہ فرد کا ذاتی فہم و ادراک جمود کا شکار ہوا اور ہم تقلید جامد بن کے رہ گئے۔ انسانی فکر ونظر کا ایسا دورانیہ قوموں کے لئے نہایت نازک ہوتا ہے اس دورانیہ میں اگر قوم کے اہل دانش نے تفکر اور تدبر سے کام لیں تو یہ کربناک صورت حال فکر کی مثبت راہوں کی طرف ہماری رہنمائی کرتی ہیں۔ اٹھارہویں اور انیسویں صدی میں خیر الدین پاشا، جمال الدین افغانی، سرسید اور شبلی جیسے مدبروں نے ایسے دورانیہ میں فہم وادراک کے دریچوں کو کھولنے کی کوشش کی ان چاروں کی فکر کا مشترکہ رجحان آزادی اظہار تھا جس کی بازگشت بعد میں اقبال کے فلسفے میں بھی دکھائی دیتی ہے۔ چنانچہ اقبال اپنے خطبہ ''اسلام کے نظام میں حرکت کے اصول'' میں فرماتے ہیں:۔

''کسی قوم کی تقدیر کا انحصار اس بات پر نہیں کہ اسے کسی نہ کسی اصول کے تحت مستقل طور پر منظم رکھا جائے، بلکہ اس بات پر ہے کہ قوم کس قسم کے قابل اور طاقتور انفرادی شخصیتیں پیدا کر سکنے کی اہل ہے ایسے معاشرے میں جہاں محض تنظیم پر ہی زور دیا جائے فرد کی اہمیت کلی بور پر ختم ہوتی ہے فرد اپنے گرد نواح کے معاشرتی فکر کی دولت تو حاصل کر لیتا ہے مگر وہ اپنی فطری اجتہادی روح گنوا بیٹھتا ہے پس اپنی گذشتہ تاریخ کا جھوٹا احترام اور اس کا مصنوعی احیاء کسی قوم کے ذوال کو روک نہیں سکتا۔'' (ص۱۸۲، خطبات اقبال از جاوید اقبال)

جب کوئی طاقتور تہذیب زوال کی طرف گامزن ہوتی ہے تو اس کی جگہ نئی تہذیب لے لیتی ہے اس دورانیے میں زوال یافتہ تہذیب کی نفسیات میں شازشی تھیوریوں کی ایک نفسیات پیدا ہوتی ہے، جہاں وہ اپنے زوال اور خامیوں کو دوسری تہذیب یا مدمقابل تہذیب کا کہہ کر خود کی خامیوں سے چشم پوشی کرتی ہے۔ شازشیوں کی یہ تھیوریاں ان ذہنوں میں سرعت کے ساتھ پنپتی ہیں، جو سطحی اور جذباتی ہوں۔ جنہوں نے خود پسندی میں یہ خیال کیا ہو کہ ان کے اندر کوئی خامی موجود نہیں ہے چنانچہ یہ تھیوریاں جن کو عام طور پر Canspairay Theory کہتے ہیں انسان یا سماج کو اپنی خامیوں کی طرف متوجہ ہونے سے غافل کر دیتی ہیں پھر اس کا نتیجہ یہ نکلتا ہے کہ اس کا دھیان اپنی کمزوریوں کا تجزیہ کرنے اور ان کا مداوا کرنے کی طرف نہیں جاتا بلکہ وہ ہر وقت سازشیوں کا تانا بانا بننے اور اس پر سوچ وفکر کرنے میں اپنے آپ کو مصروف رکھتا ہے ماہرین نفسیات اس کیفیت کو Hellosenesiya کہتے ہے جو دراصل حقائق سے فرار اور شکوک و شبہات کے خیالات Paranoid Thinking کی دنیا میں زندہ رہنے کا نام ہے۔ ایسی نفسیات کا سماج یا فرد دوسرے سماج یا فرد کو شک و شبہے کی نظر سے دیکھتا ہے، اس کے خیال میں دوسرا فرد یا گروہ کسی بین الاقوامی یا دوسرے لفظوں میں کسی اغیار کی سازش کا آلہ کار ہوتا ہے اور وہ ہر کسی کو اسی خفیہ دشمن یا طاقت کا کارندہ یا ایجنٹ سمجھنے لگتا ہے جس کا نتیجہ ذہنی انتشار اور غلط تجزیہ کی صورت میں نکلتا ہے۔

بحثیت مجموعی مسلمانوں کی سوچ یہ ہے کہ اسلام اور مسلمان آج ایک سازش کی زد میں ہے جس کی منصوبہ بندی اغیار نے کمال ہنرمندی اور مہارت سے کی ہے اور ہم بحثیت قوم آج جن داخلی اور خارجی مسائل کے شکار ہیں وہ اس کے سوا کچھ نہیں کہ اسی سازش کے مختلف مظاہر ہیں یہ فرقہ واریت، مساجد پر حملے، قتل عام، بدامنی، مذہبی انتہا پسندی یہ سب ہمارے دشمنوں کی سازش ہے اور ان سب کے پیچھے ہم کسی سی۔ ائی۔ اے، موساد، کے۔ جی۔ بی وغیرہ کا ہاتھ ڈھونڈتے ہیں اور اپنے الزام کے صحیح ہونے کے دلائل میں ان ہی اداروں

یا لوگوں کے بیانات، تحریریں، کتابیں وغیرہ کو پیش کرتے ہیں جن پر ہم یہ الزام لگا رہے ہوتے ہیں گویا ہم سازش کے اثبات میں ان کی صداقت کی گواہی دے رہے ہیں۔ایسی الزام تراشیاں نئی نہیں ہیں بلکہ گزشتہ دو صدیوں کا اگر غیر جانبداری سے تجزیہ کیا جائے تو بے شمار شواہد ایسے ملیں گے کہ ہم نے ایک دوسرے پر برطانوی، ایرانی، سعودی، یہودی، عیسائی یا ہندوؤں کے ایجنٹ کا الزام لگایا ہے۔آج بھی ہمارے صاحب عقل و دانش انہیں شازشی تھیوریوں کے اردگرد اپنے علم و ہنر کا استعمال کرر ہے ہیں، اور ان الزام تراشیوں میں کتنی صداقت ہے اس سے قطع نظر اس نقطہ کا جائزہ لینا ضروری ہے کہ اس سے بحیثیت قوم ہماری نفسیات پر کیا اثرات مرتب ہوئے یا ہو رہے ہیں اور ان جیسے واقعات سے جڑی سازشی تھیوریوں پر غور کرنے کے بعد ہمارے سامنے جو چند سوالات کھڑے ہوتے ہیں۔مثلاً اگر واقعی ہر واقعہ اور حادثہ اغیار کی سازش کا نتیجہ ہے تو اس سے یہ معلوم پڑتا ہے کہ ہمارا دشمن اتنا طاقت ور اور ذہین ہے کہ واقعی ہم عملاً اس کے سامنے بے بسی کی تصویر بن چکے ہیں۔دنیا کی اعلیٰ عسکری طاقت اس کے پاس، تمام ذرائع ابلاغ کا کنٹرول اس کے پاس، وہ چاہے تو ہمیں کالا ثابت کریں چاہے تو گورا، بہ الفاظ دیگر وہ جس طرح سے چاہے دنیا کو ہماری شکل دکھا سکتا ہے ایسے میں ہمارے سامنے پھر دو ہی راستے دکھائی دیتے ہیں۔ایک ہمارے پاس جو کچھ طاقت ہے اس کو جمع کرنے کے بعد ان کے خلاف میدان کارزار میں اتاریں یا پھر دنیا کی سیاست سے لاتعلق ہو کر یہاں کی جدوجہد سے علاحدگی اختیار کریں۔ بحیثیت قوم ہم نے عموماً ان ہی دو راستوں کا انتخاب کیا ہے جو قومی تاریخ کا المیہ ہے۔قوموں کے عروج و زوال کی تاریخ کا مطالعہ کرنے کے بعد ہم دیکھتے ہیں کہ یہ دونوں ہی رویے مایوسی کی انتہا کا بیانیہ ہوتے ہیں اور ان کو اپنا کر مستقبل میں کوئی اچھا بدلاؤ نہیں ہو سکتا ہے، کیونکہ بحیثیت قوم مایوسی کی انتہا پر شک کی نفسیات میں مبتلا ہونا فطری بن جاتا ہیں جہاں سے پھر ہمارے اندر مثبت سوچ کی اور رہنمائی کے امکانات معدوم ہوتے جاتے ہیں۔

گزشتہ دو صدیوں سے لگاتار ہم نے ان ہی دو راستوں کا انتخاب کیا ہوا ہے میدان کارزار میں ہماری ہار کی تاریخ موجود ہیں وہ چاہے میسور ہو یا پلاسی، بالاکوٹ ہو یا دہلی، عثمانی سلطنت ہو یا پھر مغل، افغانستان ہو یا پھر عراق غرض ہر محاذ اس بات کی گواہی دیتا ہے کہ ہم نے ہر بار غلط میدان کا انتخاب کیا اور ہر بار ہم نے اپنی خامیوں اور ناقص حکمت عملی کو اللہ کی آزمائش سے تعبیر کرتے ہوئے عزمت اور استقامت کا نعرہ بلند کیا جس سے اور زیادہ نقصانات ہمارا مقدر ٹھہرا۔ان حادثات سے سبق سیکھنے کے بجائے ہم نے پلٹ کر ان ہی میدانوں کا انتخاب کیا جبکہ مدمقابل ''یہ بازو ہے میرے آزمائے ہوئے'' کی شان سے کھڑا رہا، بے سروسامانی کے باوجود ان ہی میدانوں کے مشورے دیئے جاتے رہے ایسے میں اگر کسی نے غلط میدان کی اور اشارہ کیا تو اسے اغیار کا ایجنٹ کہہ کر اپنی خامیوں کو ان سازشی تھیوریوں میں گم کر دیا۔

عزیزان علم و دانش تھوڑا سا غیر جذباتی ہو کر معروضی حقائق سے نظریں ملائیں ابتداء کے چھ سو سالوں میں جتنا علاقہ مسلمانوں نے فتح کیا تھا اس کا 75% آج بھی مسلمانوں کے پاس ہے لیکن اس کے باوجود بھی ہم کاسہ گدائی لیے ہوئے اغیار کی سازشوں کا رونا رو رہے ہیں اور اپنی پوری صلاحت کو Conspirary Theory کے نعروں میں لگا دیتے ہیں ایسے نعرے دراصل جذباتی ذہن کی پیداوار ہوتی ہے کیونکہ جب انسان یا گروہ کے پاس حالات بدلنے کی طاقت موجود نہ ہو لیکن وہ جلد از جلد کوئی نتیجہ دیکھنے کے لئے بیتاب ہوں تو اپنے ذہنوں کو مطمئن کرنے کے لئے وہ سازشی تھیوریوں کا سہارا لیتا ہے اور خود کو مطمئن کرنے کے لئے کہتا ہے چونکہ ہمارا مدمقابل کچھ خفیہ طاقتوں کے ساتھ ہے اس لیے ہم کامیاب نہیں ہو رہے ہیں۔ابھی کل ہی کی بات ہے انگریزوں

کی وجہ سے ہندوستان ہیں جو حالات ہندی مسلمانوں کی تھی اس سے کہیں زیادہ ابتر حالات جرمن اور اس کے اتحادیوں کی وجہ سے یہودیوں کی تھی لیکن نصف صدی سے بھی کم عرصے میں بنا کسی عسکری مزاحمت بغیر پورے مغرب کے سیاسی اور معاشی منظر نامے کو انہوں نے بدل کر رکھ دیا ایسا کیوں؟ کیا ہندی مسلمانوں کے پاس سیاسی یا معاشی طاقت یہودیوں سے کم تھی نہیں بلکہ ہماری معاشی اور سیاسی طاقت تو یہودیوں سے کئی گنا زیادہ تھی لیکن دونوں کا انجام ہمارے سامنے ہے۔

میری اس پوری بحث کا مطلب یہ نہیں ہے کہ شازشیں نہیں ہوتی ہیں بلکہ اصل حقیقت یہ ہے کہ دنیا کی طاقتور قومیں، ملک وتہذیب کا نوے فیصد کام علی الاعلان کرتی ہیں اور باقی کا دس فیصد کام خفیہ بھی ہوتا ہے لیکن ہمارے تبصرے اور تجزیے، ہماری ذہنی صلاحیت، افرادی قوت کو ان ہی دس فیصد کے ارد گرد لگایا جاتا ہے جبکہ باقی نوے فیصد سے ہم نظریں چراتے نظر آتے ہیں۔ ممبر ومحراب، قلم وقرطاس کا ہر زاویہ اور یہاں کا مقبول عام طریقہ یہ ہے کہ اپنی ساری کمزوریوں ،کوتاہیوں اور خامیوں کو اغیار کی سازش کا کہہ کر کندھوں سے بوجھ اتارنے کی کوشش کی جائے ہمارے یہاں ایسی فضاء بنائی گئی ہے کہ بحثیت مجموعی ہمارا مزاج فریادی بن چکا ہے اور اس فریادی مزاج کے پیچھے ہم نے اپنی ساری کمزوریوں اور کوتاہیوں کو چھپا لیا ہے طرفہ تماشا یہ ہے کہ ہم بار بار ان لفظوں کا اعادہ کرتے ہوئے نظر آتے ہیں سب سے اچھی قوم، خیر الامت، بہترین قوم، مہذب قوم وغیرہ جس کی وجہ سے ہم پر خود پسندی اتنی حاوی ہو چکی ہے کہ ہم نرگسیت کے شکار ہو چکے ہیں۔

سائنس نے اتنی ترقی کی ہے کہ پوری دنیا ہماری مٹھی میں سما چکی ہے اسی سائنس کے دو بنیادی اصول ہے پہلا Struggle for existance دوسرا Servival of the fittest اور ان دونوں اصولوں کا ماخذ یہ ہے کہ زندہ رہنے کے لئے مستقل جدو جہد کی ضرورت ہے کیونکہ وہی عزت کے ساتھ زندہ رہ سکتا ہے جو سب سے آگے بڑھ جائے گویا اگر ہم غلطیاں کریں گے یا سست بن جائیں گے تو دوسروں کے ساتھ ترقی کی دوڑ میں شریک نہیں ہوں گے اور دوسرا آگے بڑھ کر زندگی کے میدان پر قبضہ کرے گا ایسی صورت میں ہمیں یہ حق نہیں پہنچتا کہ ہم دوسروں پر الزام لگائیں کیونکہ قانون قدرت ہے کہ بڑی مچھلی چھوٹی مچھلی کو کھا جاتی ہے۔

ہے وہی تیرے زمانے کا امام برحق
جو تجھے حاضر و موجود سے بے زار کر دے
دے کر احساس زیاں تیرا لہو گرما دے
فقر کی سان چڑھا کر تجھے تلوار کرے
موت کے آئینے میں دکھا کر رخ دوست
زندگی تیرے لئے اور بھی دشوار کرے

اقبال

بشیر النساء
پی۔ایچ۔ڈی (اردو)، یونیورسٹی آف حیدر آباد

# جدید غزل کے موضوعات

1960ء کے بعد انسان اعتماد کی دولت سے محروم ہوگیا۔عقاید، اقدار، نظریوں اور روایات پر اعتماد قائم نہ رہا۔اس لیے نئی غزل میں کچھ نئے لفظ اور موضوعات ہاتھ آئے ہیں۔نئی غزل میں میر کی بازیافت زبان سے ہوئی اور موضوعات بدلے۔جنسی بے راہ روی پر بے باکانہ اظہار ہوا۔جدید غزل میں زبان کے فریم کو توڑ کر نئے انداز میں شاعری کی۔یہ ہمہ گیر حقیقت بن گئی۔یہاں عشق کا موضوع بدلہ اور عشق کا ثانوی حیثیت حاصل ہے۔

نئی غزل میں علائم کا استعمال بکثرت ہوا ہے۔نئی تشبیہات، استعارے اور پیکر کا بھی استعمال ہوا ہے۔یہ شاعری کسی خارجی مقصد کے تحت نہیں بلکہ زمانے سے آنکھ ملا کر عرفانِ ذات حاصل کرنے کے بعد وجود میں آئی ہے۔اس کے اظہار کے لیے غزل کا لہجہ بدلا اور شیریں لہجے کی جگہ اکھڑ پن اور خود کلامی وغیرہ جیسے اظہار کے نئے اسالیب وجود میں آئے۔اس سلسلے میں رمز وایما کے وسائل بھی بدلے۔کچھ مثالیں ملاحظہ کریں:

اس اضطرابِ شوق کی کوئی سزا تو دو
جاگا ہوا ہوں رات کا دن میں سلا تو دو
(مظہر امام)

ہر ساحلِ فرات کا جان کو خراج ہے
اپنا ازل سے ایک حسینی مزاج ہے
(حسن نعیم)

جہاں بستیاں دل کی آباد تھیں
وہاں بھی ٹرک آنے جانے لگے
(خسرو متین)

بے وقت اگر جاؤں گا سب چونک پڑیں گے
اک عمر ہوئی دن میں کبھی گھر نہیں دیکھا
(بشیر بدر)

نئی غزل میں خوف تنہائی کی وجہ سے آدمی کے باطن میں جھانکنے کی ضرورت پڑی۔اس کی وجہ سے اُسے ماضی کے توانا روایات کو سمجھنے اور اس کے تناظر میں اپنے درد و کرب کو غزل میں پیش کیا۔یہ اشعار دیکھیے:

کب ٹھہرے گا درد اے دل کب رات بسر ہوگی
سنتے تھے وہ آئیں گے سنتے تھے سحر ہوگی
(فیض احمد فیض)

اڑتی ہے راکھ درد کے خیمے کے آس پاس
تنہائیوں کی آگ میں جلنے لگا ہے کچھ

اس صورت میں ہم کہہ سکتے ہیں کہ جدید غزل جامد نہیں رواد واں ہے۔

جدیدیت کے موضوعاتِ شعر و ادب منفرد بھی تھے اور مخصوص بھی۔زیادہ تر موضوعات کا تعلق آدمی کے باطن سے تھا۔چناں چہ شمیم حنفی لکھتے ہیں:

''ان حالات کے باعث لوگوں میں سیاست سے نفرت کے اظہار میں مزید شدت پیدا ہوئی اور انیسویں صدی کے انحطاطی شعراء کی طرح انھوں نے بھی یہ روش اپنائی کہ اس نفرت کے اظہار کے لئے بیرونی حوادث سے خود کو الگ کر کے اپنی ایک الگ دنیا بسائی، جو زماں و مکاں اور اس کے تعلقات سے آزاد صرف ان کی ذات میں گم تھی اس نفرت کا اظہار انھوں نے اس طرح سے کیا کہ صرف خیالی یا حسی تجربوں میں اسیر

ہوگئے اور یوں بھی کہ مادی مسائل کے سلسلہ میں قطعاً خاموشی کو اپنا شعار بنالیا'' ۴؎

شمیم حنفی کے بیان سے واضح ہوگیا کہ جدید غزل میں انسان کے اندر جھانکنے کا رجحان عام ہوگیا اور یہ سفر آگے بڑھا تو فن کار فرائڈ کے نظریہ لاشعور تک جا پہنچا۔ چناں چہ جدید شاعری میں لاشعوری جھلکیاں نظر آنے لگیں۔ اس سے غزل کے موضوعات میں بڑی تبدیلی آئی۔ یہ اشعار دیکھیے:

اخلاق، وفا، چاہت سب قیمتی کپڑے ہیں
ہر وقت نہ اوڑھا کرو ان قیمتی شالوں کو

(بشیر بدر)

ایسے زخموں کو کیا کرے کوئی
جن کو مرہم سے آگ لگ جائے

(ساغر صدیقی)

آرزو میرے دل ناکام کی
دن کو جیسے جب ہو شام کی

(جمیل مظہری)

جدید شعراء کا رشتہ اپنی زمین اپنے معاشرے اور ماحول سے کافی مضبوط ہوگیا۔ قدیم شاعری میں عشق کو ایک کلیدی حیثیت حاصل تھی۔ جدید غزل میں اس کی جگہ بدل گئی۔ اب اس کی جگہ سائنس وٹکنالوجی کے علاوہ حالات انسانی زندگی کی پریشانیوں سے پیدا ہونے والے موضوعات نے لے لی۔ مثال کے طور پر:

کرفیو بن کے فسادوں میں نظر آتا ہوں
کسی صحرا کا نہیں شہر کا سناٹا ہوں

(خلش بڑودوی)

شہر در شہر ہم جلائے گئے
یوں بھی جشن طرب منائے گئے

(ناصر کاظمی)

جدید غزل کے موضوعات میں جنسی و ذہنی آوارگیوں کو بھی اہمیت حاصل رہی، جو جدید تہذیب کی دین ہیں۔ تاہم ان موضوعات نے کچھ نئے رنگ بھی اختیار کیے۔ جدید غزل اب صرف جنسی جذبات پر منحصر نہیں رہی بلکہ اس میں ان سماجی اسباب وغیرہ کو بھی تنقید کا نشانہ بنایا گیا جو جنسی بے راہ روی کے محرک بنے۔ چند شعر ملاحظہ کیجیے:

تو اس قدر مجھے اپنے قریب لگتا ہے
تجھے الگ سے جو سوچوں عجیب لگتا ہے

(جاں نثار اختر)

دمک رہا تھا بہت یوں تو پیرہن اس کا
ذرا سا لمس نے روشن کا بدن اس کا

(باقی)

زندگی کے مرکزی اور اہم حقائق بھی غزل کے موضوعات میں شامل تھے۔ شمیم حنفی لکھتے ہیں:

''زندگی کی خواہش اور زندگی سے بیزاری کا احساس، بے چارگی اور نامرادی کے حوصلہ شکن تجربے اور علم کی پیاس بجھانے کے لئے کائنات کی تسخیر کے منصوبے، دنیا سے دوری کا خیال اور ایک نئی دنیا کی تعمیر کا خواب، حال سے پابستگی اور ماضی کے بازدید کا جذبہ اور مستقبل کے امکانات کی جستجو، تھکن اور لاحاصلی کا کرب اور ان دیکھی منزلوں کی تلاش، فطرت کے ہر بھید کو تعقل کی روشنی سے بے حجاب کرنے کی ہوس اور ایک گونہ بے خودی کا شوق'' ۵؎

مذکورہ اقتباس سے معلوم یہ ہوا کہ یہ ہی وہ موضوعات تھے جن کی بنیاد پر جدیدیت کے رجحان نے فروغ پایا اور اس سے متاثر ہونے والی شاعروں نے اسے اپنایا۔ اور ترقی پسند ادب کو نعرہ بازی کہہ کر نظر انداز کردیا اور ان مخالف رجحانات کو اپنایا۔ اس وجہ سے بھی غزل اور زیادہ داخلی ہوگئی۔ یہاں تک اس کی ترسیل بھی دشوار کن ہوگئی اور عجیب وغریب بیش تر ترکیبیں استعمال میں آنے لگیں۔ علاوہ ازیں غزل میں بہت تبدیلی

ہوئی۔جس کے نتیجے میں غزل کے آزادغزل، گڑبڑغزل، ٹیڈی غزل وغیرہ جیسی مضحکہ خیز تخلیقات بھی ادب کا حصہ بننے لگیں۔

جدید غزل کے گونا گوں موضوعات میں انسانی تنہائی کا موضوع سب سے زیادہ مقبول رہا۔اس کی وجہ یہ ہے کہ انسان دورِجدید میں شدید سماجی اور معاشی بحران کا شکار ہے۔ یہاں انسان لاکھوں میں رہ کر بھی خود کو تنہا محسوس کرتا ہے۔انسان جیسے بکھر سا گیا ہے اور بیگانگی، بے چینی اور پریشانی میں مبتلا ہے۔اس کی چند مثالیں ملاحظہ ہوں۔

غم کی فوج سے چھٹے گا کب ہمارے دل کا شہر
جانے کب خوبوں کی اس پر حکمرانی آئے گی

(خالد بدایونی)

ہر ایک سانس پر قائم ہے مسلکوں کا
حیات مالِ غنیمت ہے رہزنوں کے بیچ

(ظفر مرد آبادی)

معاشی نابرابری، سیاسی، احتجاج، تشویش وتردّد، سماج میں غیر محفوظیت اور استحصال اور اقدار کی شکست وریخت جیسے زندگی کے مسائل نے جنم لینا شروع کردیا۔اور تمام انسانی مسائل کی عکاسی ''نئی غزلوں'' میں واضح طور پر ہوئی ہے۔

حواشی

ا۔محمد عبداللہ خاں خوشگی ''فرہنگ عامرہ، اردو زبان میں مستمل عربی، فارسی اور ترکی الفاظ،ص:439، 2003ء کتابی دنیا، دہلی،

۲۔فرمان فتح پوری، ڈاکٹر، اردو شاعری کا فنی ارتقاء،ص:28، ایجوکیشنل پبلشنگ ہاوس، دہلی 1998ء

۳۔فرمان فتح پوری، ڈاکٹر، اردو شاعری کا فنی ارتقاء،ص:28

۴۔شمیم حنفی، ''جدیدیت کی فلسفانہ اساس''،ص:108، جامعہ نگر، نئی دہلی110025، پہلی بار اکتوبر1977

۵۔ایضاً """ص:91

محمد عدنان

پی۔ایچ۔ڈی (ریسرچ اسکالر) مولانا آزاد نیشنل اردو یونیورسٹی، حیدرآباد

# عہد وسطیٰ میں علمی تراجم کے باعث نشاۃ الثانیہ کا وجود

علمی تشنگی کو بجھانے اور جدید علوم وفنون کو کما حقہ سمجھنے، جاننے اور اس تک رسائی کے لئے مختلف زبانوں میں موجود بیش قیمتی علوم کی کتب کی حصولیابی اور انہیں مطلوبہ زبان میں منتقل کرنا از حد ضروری اور لازمی ہوتا ہے،اس کے لئے یکسوئی کے ساتھ اعلیٰ اور ہمہ گیر پیمانہ پر علوم وفنون کی تحصیل وترویج اور تحقیق وتجیش کرنی ہوگی، مکاتب، مدارس، جامعات، تحقیقاتی مراکز، تراجم کے ادارے قائم کرنے ہوں گے تا کہ اداروں اور مدارس سے نابغہ روزگار علماء، فضلاء، محققین، مؤرخین اور سائنسداں تیار ہو کر نکلیں اور دنیا کو نامعلوم علوم سے آشنا کروائیں۔جس سے قومیں ترقی کی راہوں پر گامزن ہو سکیں اور علم و آگہی کے میدان میں بڑے بڑے کارہائے نمایاں انجام ہو سکیں۔

علوم وفنون کی ترقیات کے تئیں ترجمہ نے مختلف اقوام کے ذہنی وفکری، لسانی وتہذیبی، اختراعی وفنی اور سیاسی وعسکری پہلوؤں کو کافی حد تک متاثر کیا ہے۔انہی تراجم کے ذریعہ ان اقوام کو علم وتحقیق اور ایجادات کے میدان میں آگے بڑھنے کا حوصلہ ملا۔ترجمہ کے ذریعہ روشن خیالی اور علمی ترقی کا ایک نیا دور شروع ہوا۔

عہد وسطیٰ میں عربوں نے مختلف علوم وفنون جیسے علم فلکیات، علم کیمیا، علم طب وغیرہ جیسے دوسرے علوم میں کارہائے نمایاں انجام دیے اور اسی طرح انہوں نے الجبراء اور حساب کے عدد بھی ایجاد کیے۔اس کے علاوہ انہوں نے وقت کا پتہ لگانے کا طریقہ ایجاد کیا اور اس سے متعلق بہت سارے آلات ایجاد کیے۔یہ سب کچھ انہوں نے ترجمے کے ذریعہ قدیم ثقافتوں کو زندہ اور محفوظ رکھتے ہوئے انجام دیا۔

عہد وسطیٰ کے متعلق یوں مذکور ہے کہ اس عہد میں عربوں نے دُنیا کی تمام قوموں کے علوم وفنون کو اپنی زبان میں منتقل کر لیا تھا اور اگر عربوں (اس میں بالخصوص مسلمانوں) کا قدم اس طرف نہ بڑھتا تو یونان، مصر، ہندوفارس کے تمام علمی ذخیرے برباد ہو چکے ہوتے۔اس میں مختلف علوم طب، کیمیا، فلسفہ، ہیئت، ریاضی وغیرہ شامل ہیں، پہلے طبی علوم کی شروعات ہوئی، آگے چل کر بنی عباس کے زمانے میں باقاعدہ تراجم کا سلسلہ بھی شروع ہو گیا،اس کے بعد یکے بعد دیگرے خلفاء کے زمانے میں اس کام میں مزید تقویت آتی گئی اور مختلف قوموں کے علمی سرمائے کو ترجمہ کے ذریعہ عربی زبان میں منتقل کر دیا گیا،اس طرح ہر قوم کے علمی سرمائے وذخیرے کو اپنے قبضہ میں کر لیا۔ان کی پانچ سو سالہ دور حکومت میں ہمہ گیر ترقی کافی پروان چڑھ گئی جس کی بنیاد نویں اور دسویں صدی میں قدیم علوم وفنون کے احیاء پر تھی جسے مشرق کا نشاۃ الثانیہ کہا جاتا ہے۔

یورپ نے عربوں کے نقش قدم کو اپنایا اور ان کے علمی ذخائر کو اپنی زبان میں منتقل کر کے اتنا بڑا انقلاب برپا کیا کہ دنیا نے دیکھا کہ اگر کوئی قوم ترقی کی منزلیں طے کرنا چاہے تو کوئی طاقت نہیں جو اسے روک سکے،یوروپین اقوام نے عربوں کے مختلف علوم وفنون کو اپنی زبانوں میں منتقل کر کے اپنی قوم کو اس سے بہرہ ور کیا،ان ترجمہ شدہ کتابوں کو باقاعدہ اپنے تعلیمی نصاب میں شامل کیا۔یورپین اقوام نے عربوں کے علوم کی مدد سے نشاۃ الثانیہ کو وجود بخشا، جسے ہم یورپی نشاۃ الثانیہ (European Renaissance) سے یاد کرتے

ہیں۔بعض علوم کی کتابوں کے متعلق تو یوں مذکور ہے کہ یوروپی نصابِ تعلیم میں برسہا برس تک وہ کتابیں داخل نصاب رہیں اوراس سے بے حد و بے شمار لوگوں نے بھرپور فائدہ اٹھایا۔اسی کے تئیں قرونِ وسطیٰ میں ترقیوں کے باعث نشأۃ الثانیہ کا آغاز اورفکرانسانی کوجلاملی۔

عہد وسطیٰ میں ترجمے نے علوم وفنون کے تراجم کے سلسلے بیش بہا کارنامے انجام دیئے ہیں،اس زمانے میں مختلف علوم جیسے جغرافیہ،طب،ادب، ہندسہ وغیرہ کے کافی تراجم منظرعام پرآئے،اوردنیانے اس سے بھرپوراستفادہ کیا۔

عہدوسطیٰ کی گیارہویں اور بارہویں صدی میں ادریسی نام کاایک عظیم جغرافیہ داں نظرآتا ہے۔وہ جغرافیہ کے علاوہ دوسرے علوم میں بھی دستگاہ رکھتا تھامگر جغرافیہ اورنقشہ کشی کے فن میں وہ قرون وسطیٰ کا سب سے بڑا ماہر تھا۔جس کی قرون وسطیٰ میں مثال پیش کرنے سے دنیا قاصروعاجز رہی ہے۔فلپ ہٹی لکھتا ہے:

The best known geographer of the“ Bakri, a-eleventh century was al Arab, and the most brilliantHispano geographer and cartographer of the twelth century, indeed of all Idris, a-medieval time, was al descendant of a royal Spanish Arab family who got his education in ''Spanish.

(568:History of Arab.P.P

”گیارہویں صدی کے سب سے مشہور جغرافیہ داں البکری تھے،جواندلسی عرب تھے،اور بارہویں صدی کے سب سے بڑے باکمال جغرافیہ داں مصنف اورنقشہ کش، بلکہ پورے عہدوسطیٰ کے سب سے بڑے جغرافیہ داں ادریسی تھے،جو اسپین کے ایک شاہی خاندانی نسل میں سے تھے،جنہوں نے اسپین میں تعلیم پائی تھی۔“

(قرون وسطیٰ کے مسلمانوں کے سائنسی کارنامے۔ص۱۴۳)

عربی میں جن علوم کی منتقلی ہوئی،اس میں بہت سے علوم یونانی زبان کے اندر موجود تھے،اس میں عظیم علماء اورفلاسفہ گذرے ہیں۔علم طب میں سب سے پہلا شخص جس نے اس فن کو باقاعدہ مرتب کیا اوراس فن پر کتابیں لکھیں،وہ بقراط ہے۔اس نے علم طب کو عام کیا۔یہی وہ شخص ہے جس کی گوناگوں محنت کے باعث یہ علم عام ہوا،اگرایسانہ ہوتا توشاید یہ علم عام نہ ہوتا۔اس فن میں بقراط،جالینوس وغیرہ نے کارہائے نمایاں انجام دیئے ہیں۔

علامہ شبلی نے بقراط کی خدمات کے متعلق کچھ یوں لکھا ہے کہ:

”بقراط کی طرف اگرچہ بہت سی کتاب منسوب ہیں لیکن ان میں سے ۳۰ کتابیں قطعی طور سے اس کی تصنیف کہی جاسکتی ہیں،چنانچہ یہ سب ترجمہ کی گئیں اوران میں سے ۶۱،اس قدرمقبول ومتداول ہوئیں کہ درس میں داخل ہوگئیں“۔

(مقالات شبلی،ج۔۶،ص۔۲۵)

بقراط کی تصنیفات کافی گراں قدر رہی ہیں،جنہیں بڑے پیمانے پرترجمے کرکے پیش کیا گیا۔ان کی تصنیفات کے تراجم میں حنین،عیسیٰ بن یحییٰ،موسیٰ شاکرحبیش وغیرہ کے نام بطورمترجم کافی نمایاں نظرآتاہے،جنہوں نے بقراط کی تصنیفات کاترجمہ کرکے دنیاکواس سے واقف کروایا۔

علم طب کی دنیا میں ایک نام جالینوس کا بھی آتاہے،اس نے اس علم کے متعلق بہت سارے نئے مسائل دریافت کیےاوربعض علماء کے مطابق جالینوس نےاس علم کو اس حدتک پہونچایا کہ مزید اس میں کچھ زیادہ اضافہ نہیں ہوسکا۔عربوں نے اس کی تصنیفات کےمتعلق اپنی قوم کو باخبر کرنے کے لیے ترجمہ کے ذریعہ گراں قدر خدمات انجام دیں۔مذکور ہے کہ بقراط کی ایک کتاب”البرہان“ کی تلاش میں

مختلف ممالک کی خاک چھانی گئی لیکن جالینوس کی کتابوں کی تلاشی میں خوداس کی تیار کردہ فہرست سے بہت آسانی ہوئی۔ پہلے پہل اس کی تیار کردہ فہرست کا ترجمہ کیا گیا، پھراس کی مدد سے کتابوں کی تلاش عمل میں لائی گئی۔ ان کی کتابوں کے ترجمہ کرنے میں مشہور و معروف عرب مترجم حنین بن اسحٰق نے اپنی ساری عمر صرف کردی، چنانچہ اس نے تقریباً ۱۲ کتابوں کا عربی زبان میں ترجمہ وتشریح کر کے عرب قوم کواس سے واقف کرایا۔

تراجم کے ضمن میں علم ادب میں بھی گراں قدر کارنامے انجام دیئے گئے ہیں۔ اگر اس سلسلے میں عربی زبان کا جائزہ لیا جائے تو معلوم ہوتا ہے کہ تو عہد اموی میں اس کی ابتدا ہوتی ہے۔ پھر اس کے بعد کے ادوار میں ادب کا اطلاق نظم، نثر، انساب، اخبار، لغت، نحو، صرف اور تنقید پر ہونے لگا۔ ادب ترقی کرتا رہا اور بہت سے نامور ادباء پیدا ہوئے۔ اس سلسلے میں عربی زبان میں ادب کی اصولی چار کتابیں منظرِ عام پر آئیں۔

۱۔ ادب الکاتب ابن قتیبہ، ۲۔ الکامل للمبرد، ۳۔ البیان والتبیین للجاحظ، ۴۔ کتاب النوادر لابی علی القالی۔

(عہد مامون میں طبی وفلسفیانہ کتب کے تراجم۔ ص،62)

اس کے بعد عباسی دور میں بہت سی ادبی کتابیں عربی میں منتقل ہوئیں۔ عربی ادب میں ابن المقفع کا نام سرفہرست ہے۔ اس نے فارسی سے عربی میں بہت سی کتابیں ترجمہ کیں، مثلاً اس کی بہت مشہور کتاب ''کلیلۃ ودمنۃ''۔ اس کے علاوہ دوسری کتابوں سے اخذ واستفادہ کر کے کچھ تالیفات بھی کیں۔ مثلاً الادب الکبیر، الادب الصغیر وغیرہ۔ الغرض علوم کے ضمن میں مذکورہ علوم کے علاوہ دوسرے علوم میں بھی تراجم کا بہت بڑا کام انجام دیا گیا ہے۔

خلاصہ یہ کہ عہد وسطی میں بذریعہ تراجم بیش قیمت علمی ذخائر کی منتقلی کا کام انجام دیا گیا، اور جس کے توسط سے نشأۃ الثانیہ کا وجود عمل میں آیا، مؤرخ نے ان تمام تر کارہائے نمایاں کو تاریخ کی کتب میں سنہرے حروف میں محفوظ کر رکھا ہے۔ علماء نے ان تمام چیزوں کا سہرا اس وقت کے علم دوست افراد کی کوششوں اور ان کی جانفشانیوں کو باندھا ہے کہ انہوں نے اپنی انتھک محنت ولگن کے ذریعہ دنیا کو علمی آگہی سے بہرہ ور کیا اور علوم وفنون سے اقوام عالم کو واقف کروایا۔ اس ضمن میں دنیا کی مختلف اقوام نے اپنی اپنی زبانوں کو علوم وفنون سے ثروت مند بنایا، اردو زبان بولنے والوں نے بھی اس میں بڑھ چڑھ کر حصہ لیا اور اس کو بھی علوم وفنون سے آگاہ کیا۔ آج ہمیں اردو میں جو مواد دستیاب ہے ان میں اکثر ہمارے متقدمین ماہرین علم وفن کا رہین منت ہے۔

شازیہ تمکین

پی ایچ-ڈی ریسرچ اسکالر (اردو) مولانا آزاد نیشنل اردو یونیورسٹی حیدر آباد

# دردؔ کی ایک غزل: تفہیم و تجزیہ

ارض و سما کہاں تیری وسعت کو پا سکے
میرا ہی دل ہے وہ کہ جہاں تو سما سکے
وحدت میں تیری ،حرف دوئی کا نہ آ سکے
آئینہ ،کیا مجال، تجھے منہ دکھا سکے
میں وہ فتادہ ہوں کہ بغیر از فنا مجھے
نقشِ قدم کی طرح نہ کوئی اٹھا سکے
قاصد ! نہیں یہ کام ترا،اپنی راہ لے
اسکا پیام ،دل کے سوا کون لا سکے
غافل!خدا کی یاد پہ مت بھول زینہار
اپنے تئیں بھلا دے اگر تو بھلا سکے
یارب!یہ کیا طلسم ہے،ادراک و فہم یاں
دوڑے ہزار،آپ سے باہر نہ جاسکے
گو بحث کر کے بات بٹھائی بھی ،کیا حصول!
دل سے اٹھا غلاف ،اگر تو اٹھا سکے
اِطفائے نارِ عشق،نہ ہو آبِ اشک سے
یہ آگ وہ نہیں جسے پانی بجھا سکے
مستِ شرابِ عشق،وہ بے خود ہے،جس کو حشر
اے دردؔ! چاہے لائے بہ خود ،پھر نہ لا سکے

اردو ادب کا سنہرا دور یعنی میرؔ و سوداؔ کے عہد کے تیسرے بڑے شاعر خواجہ میر دردؔ شاعری میں اپنی انفرادی خاصیت کی بدولت منفرد مقام کے حامل ہیں۔دردؔ کی شخصیت اپنے معاصرین میں اس لیے منفرد ہے کہ ان کے یہاں وہ توازن نظر آتا ہے جو اس غیر متوازن دور میں تصوف کے ذریعے ان کے کردار اور مزاج میں پیدا ہوا تھا۔وہ ایک بڑے شاعر اور ایسے باکمال صوفی تھے کہ جس نے شریعت، طریقت،حقیقت و معرفت کے مدارج طے کیے تھے۔انہوں نے ایک طرف تصوف کی بلند پایہ نثری تصانیف قلم بند کیں تو دوسری طرف شاعری میں معرفت وحقیقت کے ایسے پھول کھلائے جو آج بھی تر و تازہ ہیں۔دردؔ نے خود اپنی شاعری کے بارے میں کہا ہے کہ:

''میرے سخن ہائے شیریں ایک ایسا خوانِ نعمت ہے کہ جسے میں نے اہلِ ذوق کے لیے چن دیا ہے۔'' (نالۂ درد)

پھولے گا اس زمیں میں بھی گلزارِ معرفت
یاں میں زمینِ شعر میں یہ تخم بو گیا

دردؔ کے دیوانِ اردو میں تقریباً پندرہ سو اشعار موجود ہیں۔جس میں زیادہ تر غزلیات ہیں۔اور ان میں زیادہ تر اشعار ایسے ہیں جن میں صوفیانہ فکر،ان کے جذبۂ شوق کی چمک اور اپنے خاندانی تجربے کی گرمی کے ساتھ مل کر اس طرح ظہور پذیر ہوتی ہے کہ ان سے پہلے کسی اور شاعر کے ہاں اس طرح بیان میں نہیں آئی۔بقول جمیل جالبی:

''اگر دردؔ کے اشعار میں یہ لہر نہ ہوتی تو وہ میر کی شاعری کے دریا میں قطرہ بن کر غائب ہو جاتے۔''

دردؔ کا عہد ایک ایسا دور تھا کہ سارا برِّ عظیم فتنا و فساد کا شکار تھا۔مغلیہ سلطنت مانو زوال پذیر ہی تھا۔مسلمانوں کے عقائد انتشار کا شکار تھے۔اس دور میں تصوف ہی نے انسان کے زخموں پر مرہم رکھا۔اگر اٹھارویں صدی میں تصوف یہ کام نہ کرتا تو مسلم معاشرہ زوال کی دلدل سے باہر نہیں نکل سکتا تھا۔اس لیے اس عہد کی عشقیہ شاعری میں متصوفانہ مسائل و موضوعات کی افراط ملتی ہے۔

ا:- زیرِ نظر غزل دردؔ کی صوفیانہ عقیدت اور معرفتِ حق، لا محدود جذبۂ شوق اور محدود فہم و ادراک ،عقلِ عاجز اور عشق رسا کا اعلیٰ ترین نمونہ ہے۔بنیادی طور پر تصوف کا منصب تہذیب نفس اور اصلاحِ فرد ہے۔اس لیے اس میں دو پہلو ہمیشہ نمایاں رہے

آئینۂ نقد و نظر (مضامین) 30 مرتب : ڈاکٹر محامد ہلال اعظمی

ہیں۔ایک احترام و عظمتِ انسان اور دوسرا اخلاق۔اس غزل کے پہلے شعر میں دردؔ نے تخلیقِ الٰہی میں انسان کی عظمت کا قصیدہ سنایا ہے۔اگر ہم اس کے لغوی معنی پر نظر مرکوز کریں تو زمین و آسمان کی حد بندی میں اتنی وسعت نہیں ہے کہ وہ اللہ کی وسعت کو پا سکے، مگر ایک انسان کا دل ہی ہے جس میں اللہ سما سکتا ہے۔

یہاں ہم ظاہری معنی پر غور کریں تو قولِ محال کی کیفیت جھلکتی ہے۔یعنی ظاہری طور پر زمین و آسمان کی وسعت کئی کروڑ گنا زیادہ ہے ایک گوشت کے ٹکڑے یعنی دل سے۔پھر کوئی ایسی شئے جو اس چھوٹے سے ڈبے میں سما سکتی ہے تو اس کے وجود کے لیے یہ وسیع و بسیط ارض و سما کیسے کم پڑ سکتے ہیں۔اور یہ غیر واقعیت کی طرف بھی اشارہ کرتی ہے۔اس کے ساتھ ساتھ شعر میں مجاز مرسل کا استعمال بھی بڑی چابک دستی سے کیا گیا ہے۔اگر ہم ارض و سما اور دل کو ظرف تصور کریں تو یہاں مظروف کوئی مادی شئے نہیں ہے جس کے قیام کے لیے کسی مکان کی ضرورت ہو۔

اقبالؔ اللہ کے لیے لفظ ''حریم'' لائے ہیں۔''ع :-میرے نوائے شوق سے شورِ حریمِ ذات میں۔'' حریم یعنی ایسا مقام جہاں کسی کو داخل ہونے کی اجازت نہ ہو۔اور یقیناً اس فانی جسم کے ساتھ ذاتِ باری تعالیٰ تک کوئی رسائی حاصل نہیں کر سکتا۔اللہ کے لیے حریم یعنی لامکاں کی اصطلاح نہایت ہی موزوں ہے۔آتشؔ کا ایک شعر ملاحظہ ہو:-

بُت خانہ توڑ ڈالیے مسجد کو ڈھائیے
دل کو نہ توڑیئے یہ خدا کا مقام ہے

اقبالؔ نے لامکاں کے لیے لفظ 'حریم' کا استعمال کیا وہیں دردؔ اور آتشؔ نے لفظ 'دل' کا استعمال کیا۔اللہ کی ذات کسی مکان میں مقید نہیں رہ سکتی۔یہاں یہ بات واضح ہوتی ہے کہ انسان کا دل ایک مادی شئے ہونے کے باوجود لامکاں کے مماثل ہے۔یہاں یہ سوال پیدا ہوتا ہے کہ ایک مرئی اور مادی شئے ہونے کے باوجود دل کو یہ رتبہ کیسے نصیب ہوا؟

انسانی فطرت کا سب سے قوی جذبہ عشق ہے چاہے وہ عشقِ مجازی ہو یا عشقِ حقیقی۔اور عشق کا براہِ راست تعلق دل سے ہے۔عشق دل ہی میں پیدا ہوتا ہے اور پھلتا پھولتا ہے۔عشق اور دل کا رشتہ عاشق و معشوق کے مانند ہے ایک کے بنا دوسرے کی ہستی نیستی کے برابر ہے۔اس ضمن میں آتشؔ کا ایک شعر غور طلب ہے:-

دل کے لیے ہے عشق تو دل عشق کی خاطر
مے ہے تو یہ ہے اور جو مینا ہے تو یہ ہے

آیئے اب عشقِ حقیقی کی طرف رجوع کرتے ہیں، جس میں عشق بے لوث ہوتا ہے۔اس میں وصل کی تڑپ، اضطرار کی کیفیت اور سرشاری تو رہتی ہے مگر مجازی عشق کی طرح وصلِ جسمانی کی آرزو نہیں رہتی۔یہ عشقِ الٰہی ہے، اس میں عاشق کا قلب ماسوا سے خالی ہو جاتا ہے۔یہی وہ عشق ہے جو صوفیوں کا راستہ اور منزلِ مقصود ہے اور جسے عشقِ حقیقی کا نام دیا جاتا ہے، جو صرف بنی نوع انسان کی ہی ملکیت ہے۔اقبالؔ کا ایک شعر ملاحظہ ہو:

مقامِ شوق تیرے قدسیوں کے بس کا نہیں
انہیں کا کام ہے یہ جن کے حوصلے ہیں زیاد!

دیگر شعرا کی طرح عظمتِ انسان کا تصور دیوانِ دردؔ میں اکثر و بیشتر اشعار میں موجود ہے۔کیونکہ عظمتِ انسان دردؔ کا بنیادی تصور ہے۔ایک جگہ فرماتے ہیں کہ:-

باوجود یہ کہ پروبال نہ تھے آدم کے
وہاں پہنچا، کہ فرشتے کا بھی مقدور نہ تھا

اسی طرح اس غزل کے پہلے شعر میں بھی انسان کی اشرفیت کو ثابت کیا ہے کہ انسان کے دل کے علاوہ کل کائنات میں اتنی وسعت موجود نہیں ہے کہ اس میں ذاتِ الٰہی قیام پذیر ہو سکے۔یعنی ایک انسان ہی ہے جو جذبۂ ہائے شوق سے معمور ہے اور کل کائنات اس پیامِ شوق سے عاری۔

۲:- دوسرے شعر میں اللہ کی وحدانیت کی طرف اشارہ ہے۔یعنی اللہ واحد ہے جس میں دوئی کا ایک حرف تک نہیں آ سکتا۔اس لیے آئینہ کی بھی یہ جرأت نہیں ہے کہ وہ اسے اپنا منہ دکھا سکے۔یہاں ایک لفظ آئینہ ہے جو غور طلب ہے۔بقول ابوالکلام قاسمی:-

''دردؔ کے کلام میں عموماً عشقیہ مسائل کا سارا ارتکاز صفائے قلب اور تزکیۂ نفس پر قائم ہے۔اس ضمن میں دردؔ کی غیر معمولی انفرادیت وہاں نمایاں ہوتی ہے جہاں وہ عکس، نظارہ، جلوہ اور دیدار کے تلازمات میں گفتگو کرتے ہیں اور یہ سارے تلازمات

اپنی اصل کے اعتبار سے آئینے کے محور و مرکز پر رقصاں نظر آتے ہیں۔''

اس طرح سے آئینہ دردؔ کا بنیادی اور مرکزی استعارہ بن جاتا ہے۔ایک جگہ فرماتے ہیں:-

آئینۂ عدم ہی میں ہستی ہے جلوہ گر
ہے موج زن تمام یہ دریا، سراب میں

اس دوسرے شعر میں بھی آئینہ کثرت و وحدت کی عدم تفریق کا استعارہ ہے۔اس کے ساتھ ساتھ وحدت و کثرت کے مسئلے کو آئینے کے منہ دکھانے کے محاورے سے تعبیر کیا ہے۔جب ہم آئینہ دیکھتے ہیں تو اس میں ہمارا عکس دکھائی دیتا ہے۔حقیقی طور پر نہ سہی مزاجاً کچھ دیر کے لیے ہی ایک ہم شکل انسان کا تصوّر پیدا ہوتا ہے۔جس سے وحدانیت کی ہستی کو خطرہ لاحق ہو جاتا ہے۔اس شعر میں بھی غیر واقیعت موجود ہے کہ کیوں ایسا کبھی ہو کہ آئینہ اللہ کو منہ دکھانے کی جرأت کرے۔مگر آئینے نے جرأت کی تو ذاتِ الٰہی کی وحدانیت پہ بھی حرف آ سکتا ہے جو قطعی ناممکن ہے، کیونکہ اس کی ہستی واحد ہے جس میں دوئی کو کوئی دخل ہی نہیں۔

۳:- تیسرے شعر کے لفظی لغوی معنی پر غور کیا جائے تو یہ مطلب نکلتا ہے کہ میں ایک گرا پڑا حقیر انسان ضرور ہوں لیکن نقشِ قدم کی طرح میری معیّن فنا پذیری سے پہلے مجھے کوئی فنا نہیں کر سکتا۔

اس شعر میں ''فتادہ'' کی رعایت سے ''نقشِ قدم'' اور ''فنا'' کی رعایت سے ''اٹھا'' لفظ لا کر معنوئی گہرائی پیدا کرنے کی کوشش کی گئی ہے۔پہلے مصرے میں ''فتادہ'' اور دوسرے مصرعے میں ''نقشِ قدم'' لا کر انکسار اور فروتنی جیسے انسانی رویے کی عکاسی کی گئی ہے۔یہاں دردؔ نے انسان کو حقیر اور کمتر کہا۔کیونکہ انسان کے ساتھ ساتھ شیطان کو بھی اللہ نے اس دنیا میں نازل کیا ہے اور اس دنیا کی ابتداء ہی ایسی ہوئی تھی کہ شیطان کے بہکاوے میں آ کر آدمؑ مرتکب قرار پائے تھے۔پھر حکمِ الٰہی سے جنّت سے اخراج اور دنیا میں نزول کا سامنا کرنا پڑا تھا۔اس لیے اقبالؔ کہہ رہے ہیں کہ:-

اسے صبح ازل انکار کی جرأت ہوئی کیوں کر؟
مجھے معلوم کیا! وہ رازداں تیرا ہے یا میرا

یہاں میرا مقصد یہ بتانا ہے کہ اللہ نے دنیا بنانے کے ساتھ ساتھ یہاں اپنے مدّ مقابل شیطان کو بھی بھیجا کہ وہ اس کے بندے کو راہِ راست سے بھٹکائے اور اللہ کی بندگی اُسے سراطِ مستقیم پر بنائے رکھے۔مگر انسان شیطان کے غلبے کی بدولت گناہ میں ملوث ہو جاتا ہے۔اس لیے دردؔ نے فتادہ کا لفظ استعمال کیا ہے کہ اسی گناہ کی بدولت اسکی بندگی میں خلل آ رہا ہے۔مگر اس میں عجز و انکساری بھی موجود ہے کیوں کے گناہ کے بعد اسکا احساس بھی رکھتا ہے۔یہی احساس ہی تو ہے، جس نے حضرت آدمؑ اور حضرت حواؑ کو اپنے گناہ کی بخشش کے لیے اللہ کے حضور گڑگڑانے پر مجبور کیا۔

''دونوں کہنے لگے کہ اے ہمارے رب ہم نے اپنا بڑا نقصان کیا۔اور اگر آپ ہماری مغفرت نہ کریں گے اور ہم پر رحم نہ کریں گے تو واقعی ہمارا بڑا نقصان ہو جائے گا۔''
(سورۂ اعراف آیت نمبر ۲۳)

''فتادہ'' کی رعایت سے دوسرے مصرعے میں ''نقشِ قدم'' کا لانا اس بات کی دلالت کرتا ہے کہ قدم کا نقش بھی ایک حقیر شئے کی طرح زمین پر ہی موجود رہتا ہے۔اسی طرح ''فنا'' کی رعایت سے دوسرے مصرعے میں ''اُٹھا'' لفظ لائے ہیں۔یعنی جب یہ خاکی جسم فنا ہوتا ہے تو اسکے لیے یہ کہا جاتا ہے کہ ''فلاں شخص دنیا سے اٹھ گیا۔''

جس طرح نقشِ پا یا نقشِ قدم کے فنا کا باعث دوسرا نقشِ قدم یا آب، باد یا دیگر مرئی یا غیر مرئی اشیا ہوتے ہیں۔مگر گناہ گار انسانی زندگی کو کوئی مادّی شئے فنا نہیں کر سکتی ہے۔ایک موت ہی ہے جو اس چیز پر قادر ہے۔''موت'' کے تصوّر کو دردؔ اس طرح بیان کرتے ہیں کہ:-

آہ معلوم نہیں ساتھ سے اپنے شب و روز
لوگ جاتے ہیں چلے سو یہ کدھر جاتے ہیں

۴:- چوتھے شعر میں دردؔ قاصد کو اس کے کام سے روک رہے ہیں کہ اللہ کا پیام بندے تک پہنچانا تیرا کام نہیں ہے۔اور انہیں اس کام کے لیے دل قاصد سے زیادہ موزوں اور قابل لگا، اس لیے انہوں نے یہ رائے دے دی کہ صرف دل ہی یہ کام کر سکتا ہے۔اس شعر میں بھی واقع سے انحراف کیا گیا ہے۔مذہبی حوالے سے ہمیں یہ پتہ ہے کہ دنیا میں کچھ کم و بیش ایک لاکھ چوبیس ہزار پیغمبر بھیجے گئے جنھوں نے اللہ کا پیغام اس کے بندوں تک پہنچانے کا کام انجام دیا۔مگر دردؔ اب اس قاصد کو اُلٹے پاؤں لوٹ جانے کی ترغیب دیتے

ہیں، کیوں کہ اس کے لیے اب کوئی کام نہیں بچا اور اسکا کام اب دل کے علاوہ کوئی نہیں کرسکتا۔ درد کا ایک شعر ملاحظہ ہو:-

دل کو سیاہ مست کر، کچھ بھی تجھے جو ہوش ہے
کہتے ہیں کعبہ اس کو، اور کعبہ سیاہ پوش ہے

بقول ڈاکٹر جمیل جالبی:-

''میر درد نے وحدت الوجود اور وحدت الشہود پر بحث کرنے کے بعد یہ واضح کیا کے دونوں کا مقصد ایک ہے اور یہ مقصد طریقِ محمدی میں ایک ہو گیا ہے اور یہی توحیدِ مطلق ہے۔''

اس شعر میں بھی دردؔ کا اشارہ طریقِ محمدی کی طرف ہے۔ یعنی ہمارے آخری نبی حضرت محمدؐ ہیں۔ اللہ نے آپؐ پر ہی نبوّت کا خاتمہ کیا۔ قرآن جو آخری ذریعۂ پیغام تھا اللہ کا اس کے بندوں کے لیے، وہ آپؐ پر ہی اُتارا گیا۔ اب اور کسی قاصد کی ضرورت نہیں ہے۔ کیوں کہ قرآن اور حدیث یعنی طریقِ محمدی سے ہی دل کی تاریکی دور ہو سکتی ہے اور وہ رونق افروز ہو سکتا ہے۔

اس لیے درد کہہ رہے ہیں کہ چونکہ اللہ بذاتِ خود انسانی دل میں مقیم ہے تو اس لیے دل اللہ کے ہر پیام سے آگاہ ہے۔ جہاں پہلے شعر میں درد نے دل کو ''لا مکاں'' کا درجہ عطا کیا وہیں اس شعر میں اُسے پیغمبری بخش دی۔

۵:- پانچویں شعر میں خدا کی یاد سے غافل انسان سے دردؔ یہ کہتے نظر آتے ہیں کہ خود کو بھلا سکو تو بھلا دو کیوں کہ خود فراموشی کے عالم میں ذاتِ الٰہی تک رسائی حاصل ہو سکتی ہے۔

اس شعر میں صنعتِ اشتقاق کے استعمال نے اس کے حسن کو دوبالا کر دیا ہے۔ ایک لفظ ''بھولنا'' کو مختلف طرح سے برتا گیا ہے۔ پہلے مصرعے میں ''بھول'' اور دوسرے مصرعے میں ''بھلا دے'' اور ''بھلا سکے'' کے استعمال سے اس شعر میں غنائیت پیدا ہو گئی ہے۔ دو متضاد الفاظ ''یاد'' اور ''بھول'' کا استعمال کر کے معنی میں گہرائی اور گیرائی پیدا کی گئی ہے۔

اس دنیاوی عشق میں ملوّث ہو کر ہم اس دنیا کے بنانے والے سے ہی غافل ہو جاتے ہیں۔ حضرت علیؓ فرماتے ہیں یہ دنیا ایک ایسا مکان ہے جسے بلاؤں نے گھیر رکھا ہے۔ اس کے حالات ہمیشہ یکساں نہیں رہتے۔ یہ دنیا تمہارا گھر نہیں ہے نہ وہ تمہاری منزل ہے، جس کے لیے تم پیدا کیے گیے ہو۔ اگر چہ یہ تم کو فریب دے رہی ہے، اس کے فریب میں نہ آجاؤ، اس کی طمع چھوڑ دو۔ اکبر نے دنیا کو بے وفا اور زندگی کو فروغ چند ساعت قرار دیا ہے۔

کسی کے ساتھ دنیا نے وفا کی ہی نہیں اب تک
تو کیوں ہو رہوں اس کا جو میری ہو نہیں سکتی

اس دنیا کے حسن سے متاثر ہو جانے والے انسان کو اقبالؔ کہتے ہیں:-

آیا ہے تو جہاں میں مثلِ شرار دیکھ
دم دے نہ جائے ہستیِ نا پائدار دیکھ

فانی اس فانی دنیا کی عکاسی اس طرح کرتے ہیں:-

شعبدے آنکھوں کے ہم نے ایسے دیکھے ہیں
آنکھ کھلی تو دنیا تھی، بند ہوئی افسانہ تھا

خود دردؔ نے اپنے وقت کے انتہائی مالدار خاندان میں آنکھ کھولی تھی مگر تمام مال و دولت کو اللہ کی راہ میں لٹا دیا۔ اور فقیری کی دولت سے مالا مال ہو گئے۔ خود فرماتے ہیں:-

دولتِ فقر کے حضور، گرد ہے جاہ و سلطنت
کہتے ہیں یاں جسے ہُما، اپنی نظر میں زاغ ہے

قدیر احمد ''خواجہ میر درد اور ان کا ذکر و فکر'' میں فرماتے ہیں:-

''سالک کا دل جب مکان، لباس اور خوراک جیسی ضروریاتِ زندگی سے مستغنی ہوتا ہے تو اس میں صبر و قناعت اور توکل کا جذبہ پیدا ہوتا ہے جو ایک صوفی کے لیے ضروری ہے، اسی لیے آپ (درد) کے سلسلہ کی پہلی شرط مال و متاع سے بے نیاز ہو کر اپنے نفس کو آزاد کرنا ہے۔''

ظاہری جاہ و دولت اور آرام و آسائش کو خیر باد کر انسان باطنی دولت سے ہمکنار ہوتا ہے، خودی سے اسکی شناسائی قائم ہوتی ہے، اور پھر بے خودی کے عالم میں خود کو فراموش کر ذاتِ الٰہی تک پہنچ پاتا ہے۔ خودی کی تلاش و جستجو اور اس کے وجوہات کے تئیں دردؔ یوں فرماتے ہیں:-

سنتے ہیں یوں کہ آہ تو ہم میں ہے چھپ رہا کہیں
اپنی تلاش سے غرض ہم کو ترا سُراغ ہے

اس طرح عاشق خود کو فراموش کر اپنے معین مقصد کو حاصل کر پاتا ہے۔

۶ اور ۷:- چھٹے اور ساتویں اشعار میں ایک ہی موضوع کو مختلف

پیرائے میں قلم بند کیا گیا ہے۔ پہلے شعر میں درؔد نے عقل وفہم کی محدودیت کے طلسماتی پردے کو اُٹھانے کی کوشش کی ہے، اور اسکی انتہا کو ابتدا کے مماثل قرار دیا ہے۔ اور دوسرے شعر میں عقل کی پرستش کرنے والے فلاسفر اور دانشوروں کو بحث و مباحثہ چھوڑ کر حقیقت سے آشنا کرانا چاہتے ہیں۔

چھٹے شعر کے پہلے مصرعے میں صنعتِ استفہام کا استعمال کر کے درؔد عقل وفہم کی طلسم کو لے کر اللہ سے سوال کر رہے ہیں اور دوسرے مصرعے میں اسکا جواب دینے کی کوشش کی ہے۔ درد کے تصوّرِ عشق کے مطابق عشق ہی سے نظامِ کائنات قائم ہے۔ یہ عشق ہی ہے جو انسان کو علویت بخشتا ہے۔ عقل عاجز ہے اور عشق رسا۔ عشق ہی بنیادی مسائل کا طبیب ہے۔ جب عشق کی حکمرانی قائم ہوتی ہے تو انسانی اقدار کو افتراع نصیب ہوتی ہے۔ اقبالؔ یوں مخاطب ہیں:-

بے خطر کود پڑا آتشِ نمرود میں عشق
عقل ہے محوِ تماشائے لبِ بام ابھی

عشق کی بدولت جو بلند پروازی نصیب ہوتی ہے وہاں تک کبھی عقل کی رسائی نہیں ہوسکتی۔ عقل نے جس چابکدستی سے طلسم جال بچھایا ہے، نارِ عشق کے روبرو وہ اتنا ہیچ ہے کہ اسکا ایک شرارہ اس طلسم کو جلا کر راکھ کر دینے کے لیے کافی ہے۔ عقل کی باتیں اتنی مبہم ہوتی ہیں کہ وہ خودی میں ہی الجھا کر رکھ دیتی ہیں۔ شرابِ بے خودی کی لذّت حاصل کرنے کے لیے خودی کا زینہ طے کرنا لازمی ہے۔ عقل خودی سے باہر ہی نہیں نکل سکتی تو بے خودی تک کیسے رسائی حاصل کر سکتی ہے۔ درد یوں رقم طراز ہیں کہ:-

باہر نہ آسکی تو قیدِ خودی سے اپنی
اے عقلِ بے حقیقت! دیکھا شعور تیرا

چھٹے شعر میں بھی اسی موضوع کو باندھا گیا ہے۔ بس صرف پیرائیہ بیان میں فرق ہے۔ فہم وادراک کو طلسم سے تشبیہہ دی ہے۔ صوفیہ عقل کو بے کار نہیں سمجھتے لیکن انکا عقیدہ ہے کہ حقیقتِ مطلق کا ادراک عقل کے ذریعے نہیں ہوسکتا۔ یہ کام صرف عشق ہی انجام دے سکتا ہے۔ درؔد کے یہاں عشق کا یہی تصوّر ہے۔ وہ اسے طرح طرح سے اپنے اشعار میں بیان کرتے ہیں۔

اب ساتویں شعر کو ہی لیجیے یہاں بھی خوش فہمی میں مبتلا شکست خوردہ عقل کو فضول کے بحث (جس کا کوئی حاصل نہیں) سے دور رہنے اور اپنے دل پر پڑے غلط فہمی کے غلاف کو ہٹانے کی ترغیب دی ہے۔ یہاں یہ بھی ہوسکتا ہے کہ ابتدا سے لے کر اب تک عقل اور عشق میں معرکہ آرائی رہی ہے اور ہمیشہ عشق کے مقابلے عقل کو اپنے منہ کی کھانی پڑی ہے اور پیرہنِ شکست زیب تن کرنا پڑا ہے۔ اور چونکہ دل ہی عشق کا قیام گاہ ہے اور اسکے ہی سائبان تلے عشق پناہ گزیں ہے، تو یہ بھی سبب بن سکتا ہے عقل اور دل کی بلا واسطہ دشمنی کا۔ اس لیے عقل نے رُخِ دل پہ پردہ پوشی کر رکھی ہے، اتنی طویل ''رقابت'' کا یہی تو نتیجہ نکل سکتا ہے کہ دونوں ایک دوسرے کی منہ دکھائی کے بھی روادار نہیں۔ میں نے ''رقابت'' لفظ اس لیے استعمال کیا کہ عقل کا بھی حاصلِ مقصد وہی ہے جہاں تک عشق پہنچ پایا ہے۔ مگر شیطانی وسوسے اور فضول کے بحث، اسے کج رو کر دیتے ہیں اور وہ غلط راہ کا انتخاب کر لیتی ہے جس سے اسکی کوشش لاحاصل رہ جاتی ہے۔

دنیا میں اللہ نے جس طرح شیطان کو پیدا کیا (اپنے بندے کی بندگی کی استقامت کو پرکھنے کے لیے) اسی طرح عشق کے مدِّ مقابل عقل کو پیدا کیا۔ جب تک ہمارا کوئی compititor موجود نہ ہو تب تک ہمارا معیار، ہماری اہمیت اور قدر ومنزلت سے نہ ہم خود آگاہی حاصل کر سکتے ہیں اور نہ ہی دنیا ہمیں پہچان سکتی ہے۔ اس موضوع کو اقبالؔ نے اس طرح پیش کیا ہے:-

خطر پسند طبیعت کو سازگار نہیں
وہ گلستاں کی جہاں گھات میں نہ ہو صیّاد

بحر حال یہ عقل اور عشق کا معرکہ ابتدا سے چلتا آرہا ہے، ہنوز جاری ہے اور مستقبل پر بھی اس کا غلبہ رہے گا، مگر عقل کی پرستش میں مبتلا دانشور اور فلاسفر جو ہمیشہ محو بحث رہتے ہیں اور انہیں لگتا ہے اس طریقے سے انہیں منزل مل جائے گی، تو وہ بہت بڑی غلط فہمی میں مبتلا ہیں۔ ان کی یہ ساری کوشش لا حاصل اور بے سود ہے۔ اس لیے اکبر یوں کہتے ہیں:-

صدیوں فلاسفی کی چناں و چنیں رہی
لیکن خدا کی بات جہاں تھی وہیں رہی

انہیں صحیح معنوں میں منزل تک رسائی کے لیے عقل کے ذریعے دل پر پڑے غلاف کو ہٹانا ہوگا۔ اور دل کے راستے عشق کے سمندر میں غوطے لگانے ہوں گے۔ اسکی گہرائی یعنی انتہا میں پہنچ کر بے خودی کے عالم میں اپنے منزلِ مقصود کو سکتے ہے۔

۸:- آٹھویں شعر میں دردؔ نے یہ فرمایا ہے کہ عشق کی آگ پانی سے نہیں بجھ سکتی۔ یہ وہ آگ ہے جسے وصل کی لذت ہی ٹھنڈا کر سکتی ہے۔

اس شعر میں صنعتِ مراعات النظیر کا استعمال کر کے پہلے مصرعے میں ''اطفائے نارِ عشق'' کی مناسبت سے دوسرے مصرعے میں ''پانی'' لایا گیا ہے۔ اس میں غیر واقعیت بھی موجود ہے کہ عشق تو ایک اعلیٰ وارفع احساس ہے اور ایک احساس آگ کیسے ہو سکتا ہے۔ عشق کی بدولت عاشق کو جن جلن، تڑپ، بے چینی اور بے قراری کی اذیت خیز راہوں سے گزرنا پڑتا ہے اس کو آگ کے مماثل قرار دیا گیا ہے۔ اور نار یا آگ کو تمثیل کے طور پر استعمال کیا گیا ہے۔

یہ تو رہا اس شعر کا ظاہری حسن، اب ہم اسکی معنوی گہرائی میں اترنے کی کوشش کرتے ہیں۔ عشق دو عالم سے بے نیاز کر دیتا ہے۔ اور اگر یہی عشق حقیقی ہو تو اس کا اقتضاء یہ ہوگا کہ محبوب جو وحدہٗ لاشریک ہے اس کے خلوت کدے میں بھی کوئی شریک نہ ہو۔ اس کے علاوہ دیگر آرزوؤں اور حسرتوں، تمناؤں اور مرادوں، خوشیوں اور غموں سے دل یکسر پاک ہو۔ اس پورے کائنات کی طرف سے آنکھیں بند ہو جائیں اور لو اسی ذاتِ واحد سے لگی رہے۔

امام غزالیؒ نے اپنے بیان میں حضرت رابعہ بصری کے چند اشعار کا ذکر کیا ہے کہ:-

''میں تجھ سے محبت کرتی ہوں۔ دو طرح کی محبت۔ ایک محبت ہے آرزو اور تمنا کی۔ اور دوسری ہے صرف تیری ذات کی۔ میری وہ محبت جو آرزو اور تمنا سے معمور ہے وہ تو کوئی اہمیت نہیں رکھتی لیکن وہ محبت جو صرف تیری ذات سے ہے، تجھے اسی کا واسطہ حجاب کو دور کر دے تاکہ آنکھیں تیرا جلوہ دیکھ سکیں۔''

محبت کا یہ تصوّر صوفیانہ شاعری میں خاص طور پر مقبول ہوا۔ خود دردؔ کی غزلیں محبت کے اس تصوّر سے بھری پڑی ہیں۔ درد کا ایک شعر:-

کھلا دروازہ از بس میرے دل پر اور عالم کا
نہ اندیشہ مجھے شادی کا ہے، نہ فکر ہے غم کا

یہ منتہائے عشق ہے جو صرف محبوبِ الٰہی کے وصل کا متقاضی ہے۔ تبھی نارِ عشق کو ٹھنڈک مل سکتی ہے۔ فراقِ محبوب میں آنسو بہانے سے بھی کوئی فائدہ نہیں ہے۔ کوئی بھی شئے بلا مقصد تخلیقِ عمل میں نہیں لائی گئی ہے۔ خالق نے ہماری تخلیق بھی ایک مقصد کے تحت کی ہے۔ ایک معین وقت کے لیے اس نے ہمیں خود سے جدا کیا ہے۔ اس دوران ہمیں اُس مقصد کو تلاش کرنا ہے اور اس پر عمل پیرا ہونا ہے۔ ساکت و ساکن رہ کر صرف فرقت کا رونا رونے سے کیا حاصل۔ ہم اگر عشق میں مبتلا ہیں تو محبوب کے تقاضے کو پایۂ تکمیل تک پہنچانا بھی لازمی ہے۔ یہی تو امتحانِ عشق ہے کہ عاشق کو اپنے معشوق کی خوشنودی حاصل کرنے کے لیے کیسے کیسے مرحلے طے کرنے ہوتے ہیں۔ اقبالؔ یوں رقم طراز ہیں:-

آگ ہے، اولادِ ابراہیمؑ ہے نمرود ہے
کیا کسی کو پھر کسی کا امتحاں مقصود ہے

ایک عاشق یہ سب کچھ کر گزرتا ہے اپنے منزلِ مقصود تک پہنچنے کے لیے۔ لذتِ شناسائی اور وصلِ محبوب سے ہی عشق کی آگ بجھ سکتی ہے اور بے چین اور بے قرار عاشق کو قرار مل سکتا ہے۔

۹:- اس شعر میں بے خودی کی حالت میں عشق کی انتہا کا ذکر ہے۔ اس میں صنعتِ تضاد یعنی ''بے خود'' اور ''بہ خود'' استعمال کر کے سکر کی حالت میں شرابِ بے خودی کے کرشمے پر روشنی ڈالی ہے۔

ابو یزید کے ایک معاصر یحییٰ بن معاذ الرازی، ابو یزید کو لکھتے ہیں:-

''میں شرابِ محبت کے نشہ میں مدہوش اور سرمست ہوں، سرمستی اور مدہوشی کی وجہ یہ ہے کہ میں بہت زیادہ پی گیا ہوں۔''

یہ وہ شراب ہے جس نے منصور حلاج سے انا الحق کا ورد کروایا۔ اور اسی شرابِ عشق کے نشے میں سرِ دار بھی نغمہ خواں رہے۔ ذوالنون مصری کے نزدیک محبت کا تقاضہ ہی یہ ہے کہ شرابِ عشق میں مست ہو کر اپنے کو محبوب میں فنا کر دیا جائے اور اپنی ذات کو اس کی ذات کا حصہ بنا دیا جائے۔ یہی وہ جذبہ ہے جس میں ڈوب کر غالب نے کہا:-

نہ تھا کچھ تو خدا تھا، کچھ نہ ہوتا تو خدا ہوتا
ڈُبویا مجھ کو ہونے نے، نہ ہوتا میں تو کیا ہوتا

یہ بات اور ہے کہ آہستہ آہستہ اس مسلک نے یہ انتہا اختیار کی کہ شریعت اسے کفر و شرک سمجھنے لگی۔ یہاں میرا یہ بتانا مقصود ہے کہ شرابِ عشق کے نشے میں مست ہو کر عاشق خودی سے بے نیاز ہو جاتا ہے، اس کے اندر ایک حشر کا سا ہنگامہ برپا ہو جاتا ہے۔ اسی سرشاری کے عالم میں عاشق عالمِ بے خودی تک رسائی حاصل کر لیتا

ہے۔اُس پر دنیاو مافیہا کی حقیقت کا انکشاف ہونے کے ساتھ ساتھ دین و دنیا کے راز و نیاز سے بھی پردہ اُٹھ جاتا ہے۔پھر عالمِ بے خودی کی وسعت کے سامنے اس دنیا کی حیثیت ذرّہ برابر بھی نہیں رہتی۔یہی وجہ ہے کہ اس مرحلے سے واپسی کا سوال ہی پیدا نہیں ہوتا۔یہ وہ جام ہے جو عاشق و معشوق کی وصل کا سبب بنتا ہے۔عشقِ حقیقی کی انتہا تو یہی ہے۔حاصلِ عشق کا علم رکھنے والا عاشق عالمِ بے خودی سے واپسی یا ترکِ عشق کے جذبے سے یکسر عاری ہوتا ہے۔ حالؔی کا ایک شعر ملاحظہ ہو:-

ہوتی نہیں قبول دُعا ترکِ عشق کی
دل چاہتا نہ ہو تو، دُعا میں اثر کہاں

وہیں شادؔ کا یہ شعر عشاق کے جذبوں کی ترجمانی اس طرح کرتا ہے:-

گلی میں یار کی اے شادؔ! سب مشتاق بیٹھے ہیں
خدا جانے وہاں سے حکم کس کے نام آئے گا

عاشق و معشوق کے درمیان حائل یہ فانی زندگی لذّتِ وصل کا مزہ نہیں چکھنے دیتی۔موت ہی اس دیوار کو مسمار کر عاشق کے مقصد کو بر لاتی ہے۔پھر اُسے اپنے ہونے کا احساس ہوتا ہے اور اپنے ہونے پر رشک بھی کرتا ہے۔یہ ہجر ہی ہے جو عاشق کو مجنوں بناتا ہے،وہ وصل ہی ہے جو اُسے خود سے ملاتا ہے۔یہاں حشر سے مراد موت ہے جو اُسے اس حالتِ زار سے نجات دلا سکتی ہے۔اور اُسے اُسکی منزل تک پہنچا سکتی ہے۔ورنہ اس فانی دنیا کی کوئی شئے عاشق کو اُس کے محبوب کی یاد سے غافل کرنے میں کامیاب نہیں ہو سکتی۔

خواجہ میر دردؔ کو تقریباً تمام تذکرہ نگار اور تنقید نگاروں نے اردو کے بلند پایۂ شاعروں کی فہرست میں ایک معتبر جگہ دی ہے۔آپ ایک خالص غزل گو شاعر ہیں۔آپ کی زندگی ہمیشہ ہوا و ہوس سے پاک رہی۔اسکی جھلک آپکی شاعری میں منعکس دکھائی دیتی ہے اور آپکی شخصیت کے تمام پہلوؤں کو اُجاگر کرتی ہے۔آپ کے دیوان کا ہر ایک شعر ایک نیا روحانی اور اخلاقی درس دیتا ہے۔اس لیے اُسے ''مثلِ کلامِ حافظ شیرازی سراپا انتخاب'' کی سند سے نوازا گیا ہے۔قدیر احمد کے اس قول پر اپنے اس تجزیے کا خاتمہ کروں گی:-

''اپنے بلند پایہ نظریۂ تصوّف، اپنی اعلیٰ ترین علم و آگہی، اپنی معیاری شاعری اور اصلاحِ زبان، ہر لحاظ سے خواجہ میر درد ایک پائنیر (pioneer) کی حیثیت رکھتے ہیں۔''

آئینۂ نقد و نظر (مضامین) 36 مرتب : ڈاکٹر محامد ہلال اعظمی

ڈاکٹر بلال احمد میر
یونی ورسٹی آف حیدرآباد (شکارگاہ ترال پلوامہ (کشمیر)

# حکایتوں اور لوک کہانیوں میں حظ و انبساط کا پہلو

Merrimental facets in anecdotes and folk stories ever keeps the intrersts of reader live,it is merrimental facet that removes boredom from reader.every oral and written literature's success depends on merrimental facets

لوک سے کیا مراد ہے۔قدیم سماج میں تو اس سارے افراد 'لوک' کہلاتے تھے۔اور حقیقت بھی یہی ہے کہ دنیا کے کسی بھی ملک میں بسنے والے مہذہب سے مہذہب افراد کو ''لوک'' کہا جا سکتا تھا۔لیکن جب ہم ''لوگ ادب''

folk literature جو بہت سارے چیزوں سے تیار ہوتا ہے ان چیزوں میں لوک گیت، لوک سنگیت، لوک نرتیہ، لوک کلا، ہیں۔لوک کا مفہوم کچھ محدود سا ہوجاتا ہیں۔اور وہ بھی انہی لوگوں کی طرف اشارہ کرتا ہے۔جو جدید تہذیب وتمدن اور تعلیم کے سرچشموں سے کوسوں دور ہیں۔جو کم پڑھے لکھے جنہیں الفاظ کی معمولی سی جان پہچان ہے وہ 'عین غین' اور 'شین قاف' جیسے الفاظ کے صحیح تلفظ سے بھی آشنا ہیں، یعنی کم سواد، نا خواندہ، ان پڑھ، گنوار اور دیاتی، انھی افراد کو ''لوک ادب'' کی اصطلاح میں لوک کہا جاتا ہے اور اسی کوک میں مروّج وہ ساری کہانیاں جو صدیوں سے سینہ بہ سینہ نسل در نسل، ایک منہ سے دوسرے منہ تک پہنچتی ہے چلی آرہی ہے'' لوک کتھائیں یا لوک کہانیاں'' کہلاتی ہیں۔لوک کہانیوں اور ادبی کہانی میں فرق اتنا ہوتی ہے کہ لوک کہانی زبانی محفوظ ہوتی ہے جبکہ ادبی کہانی تحریری صورت میں ہوتی ہے۔

دوسری زبانوں کہانیوں کی طرح دکنی اردو ادب میں بھی صدیوں سے بچوں کی کہانیوں کا چلن رہا ہے ان میں سے کچھ کیانیاں منظوم ہیں اور کچھ نثر میں ہیں۔منظوم کہانیوں میں، بڑھیا اور جھنگے کی کہانی، ہرنی کی گیت کتھا، اور چوہے بلی کی کہانی، مقبول ہے۔نثری کہانیوں میں ایک تھا کوّا، ایک تھی شاردماں، اور چاند سورج کی کہانی، ان سب کہانیوں میں حظ اور انبساط کثرت سے موجود ہیں۔دکنی کہانیوں کے حظ وانبساط کے بارے میں ابراہیم فیض یوں رقم طراز ہے۔

> دنیا کی لوک کہانیوں کی طرح دکنی اردو کی لوک کہانیوں کا مقصد بھی تفریح اور خالص تفریح ہی رہا ہے۔لیکن ہر تفریحی کہانی کے ساتھ ساتھ پند و نصیحت کا جوڑ بھی ہے۔''[1]

حکایت یا قصے میں حظ یا انبساط کا پہلو قاری کی دلچسپی کا باعث ہوتا ہے۔کیوں کہ یہ پہلو قاری کی بیزاری یا اکتاہٹ کو دور بھی کرتا ہے اور وہ اس کی محویت کا باعث بھی بنتا ہے۔چناں چہ کہا جا سکتا ہے کہ اس نوعیت کی زبانی اور تحریری نگارشات کی کامیابی کے پیچھے حظ اور انبساط کا پہلو ایک اہم رول ادا کرتا ہے۔

تفریح یا دل بہلانا ہی قصہ گوئی کا مقصد رہا ہے۔اگر کسی کہانی میں تفریح کا سامان نہ ہو، اس کے سننے سے دل بہلتا ہے نہ مسرت حاصل ہوتی ہے اور نہ بصیرت۔وہ چاہے کچھ بھی ہو مگر کہانی نہیں ہوسکتی۔چناں چہ حکایتوں میں سنجیدگی، تفریح، مزاح کے ساتھ ساتھ حظ اور انبساط کا عنصر بھی کارفرما ہوتا ہے۔یہ اس کا جزو لاینفک ہوتا ہے۔کرشن چندر نے کہانی کی کہانی سناتے ہوئے کچھ اسی قسم کے خیالات کا اظہار کیا ہے:

> 'آج سے ہزاروں سال پہلے کی کہانی رات کے سناٹے میں کہی گئی تھی۔اندھیارے کا خوف مٹانے کے لیے دل بہلانے کے لیے بڑوں کا دل بہلانے کے لیے، بچّوں کے دل میں زندگی سنہرا تخیل جگانے کے لیے، ماں کی مہربانی گود میں انہیں سلانے کے لیے چخوف، موپاساں، مام، پریم چندر، منٹو، اور بیدی بعد میں آئے، پہلے تو ایک خاتون آئی تھی۔اسی کی روایت سے دکن کے خاتون نے بھی کہانی سنانے والی خاتون کی روایت بر قرار رہی۔دکنی اردو تفریحی کہانیوں کی تعداد بے شمار ہے۔ان میں عبداللہ دیوانہ، تمیں مار خان، بولتا سیار، اور وزیر پھنسے گا تو یانی برسے

گا، جیسی ہی بڑی لوک کہانیاں ہیں۔''۲

حکایت اپنے اندر انبساط کا عنصر رکھنے کے باوصف حکمت کا وہ علم عطا کرتی ہے، جس کے حاصل کرنے میں دہائیوں کا سفر طے کرنا پڑتا ہے۔ جیسے مولانا رومی کی ایک حکایت ''شیخی خور کی مونچھیں'' میں انبساط کا عنصر حکمت کے ایک لطیف پہلو کے ساتھ نمایاں ہے۔اس حکایت میں ایک بچّہ دوڑ کر دولت مندوں کی محفل میں آتا ہے اور اپنے باپ سے چیخ چیخ کر کہتا ہے کہ رنبے کی چکنی کا وہ ٹکڑا جس سے آپ روزانہ اپنی مونچھیں چکنی کرتے تھے ایک بلّی منہ میں دبا کر چلی گئی ہے۔میں نے اُسے پکڑنے کی پوری کوشش کی مگر وہ وہاں سے بھاگ گئی۔ بچّے کے یہ کلمات سن کر ساری محفل ہنس پڑتی ہے اور اس آدمی کا رنگ اڑ جاتا ہے اور وہ شرمندہ ہوتا ہے۔اس سے انبساط کا پہلو نمایاں تو ہے مگر دیکھا جائے تو یہ حکایت کسی کی نمائشی زندگی کے خلاف ایک جنگ بھی ہے۔

یہ صحیح ہے کہ لوک ادب کا بڑا سرمایہ ماضی کی تصویریں پیش کرتا ہے۔لیکن ان تصویروں کی بازیافت کے بغیر حال کا نہ کوئی خاکہ بن سکے گا اور نہ اس سے کسی روایت سے وابستہ کیا جائے گا ۔حکایتوں میں اس کے برعکس ہوتا ہے۔لیکن حکایتوں سے ہم حال اور مستقبل کی تعمیر کر سکتے ہیں۔دکنی لوک کہانیوں کی طرح دکنی اردو کی کہانیوں کا مقصد بھی تفریح اور خاص کر انبساط رہا ہے۔تاہم ہر کہانی میں تفریح کے ساتھ پند و نصیحت کا جوڑ بھی ہوتا ہے۔جیسے کہ مولانا رومی کی ایک اور حکایت ''قیاس آرائی'' ہے،جس میں حظ کے ساتھ ساتھ خوشی کی لہریں انسان کو مسرت سے نوازانے کے ساتھ نصیحت سے بھی سرفراز کرتی ہے۔حکایت کچھ اس طرح ہے۔ایک دوکان دار نے ایک نہایت ہی خوب صورت توتا پال رکھا تھا۔وہ بڑی میٹھی گفتگو کرتا تھا۔ایک وقت کی بات تھی کہ دوکان دار کسی کام سے باہر گیا ہوا تھا۔اسی اثناء میں ایک بلّی چوہے کا پیچھا کرتی ہوئی دوکان میں آ گئی۔ توتے کو لگا کہ بلّی اس کو مار کھائے گی ۔چناں چہ وہ اپنی حفاظت کرنے کے لیے ادھر ادھر پھڑ پھڑانے لگا،جس کی وجہ سے بادام کے تیل کی کچھ بوتلیں نیچے گر کر ٹوٹ گئیں اور تیل سارے دکان میں پھیل گیا۔ جب دکان دار واپس آتا ہے تو توتے کو مار مار کر گنجا بنا دیتا ہے۔اس کے بعد توتا بولنا بند کر دیتا ہے۔جس کی وجہ سے دکان دار شرمندہ ہوتا ہے۔کافی دیر تک توتا کچھ نہیں بولتا۔دکان دار کے لاکھ جتن کرنے پر بھی وہ نہیں بولتا اور اس کی مہرِ سکوت نہیں ٹوٹتی۔ایک دن ایک درویش اپنے ابروؤں کو منڈا کر خدا مست کی دکان کے سامنے سے گزرتا ہے۔توتے نے جو نہی اس گنجے فقیر کو دیکھا بلند آواز میں بولا''سائیں تو کس سبب گنجا ہوا؟ کیا تو نے بھی بوتل سے تیل گرا دیا تھا؟''۔توتے کی اس بات کو سن کر وہاں موجود لوگ ہنس پڑتے ہیں کہ اس نے درویش کو بھی اپنے جیسا سمجھ لیا ہے۔اس حکایت سے یہ سبق ملتا ہے کہ تحقیق کیے بغیر کسی کے متعلق یونہی قیاس آرائیاں نہیں کرنا چاہیے۔

ہندوستان دنیا کا وہ واحد ملک ہے جہاں کہانیاں سنانے کا شوق ایک فن کی صورت اختیار کر چکا ہے۔ ہندوستان ہی سے پارس کے باشندوں نے یہ فن سیکھا اور اسے عربستان کی سرحدوں کے اندر پہنچا دیا۔مشرقِ وسطیٰ سے داستان گوئی نے قسطنطنیہ اور وینس کی وادی تک کا سفر کیا اور پھر انگلستان اور فرانس تک جا پہنچی۔اگر چہ ان کہانیوں نے ہر ملک میں وہاں کی مقامی زندگی اور حالات کی جزئیات کو اپنے اندر سمو لیا۔لیکن ان میں جو ہندوستانیت کا مزاج تھا وہ کسی نہ کسی شکل میں موجود رہا۔

''کتھا سرت ساگر'' دنیا کی اولین کہانیوں کا ایک ضخیم مجموعہ ہے۔ یہ بیانیہ شاعری پر مبنی ہے۔جسے آسان مگر شستہ نظم میں قلم بند کیا گیا ہے۔ اگر چہ اس میں کئی کہانیاں ہیں۔لیکن سوم دیو نے مرکزی داستان کی جزئیات کو اول تا آخر برقرار رکھا ہے۔ان کہانیوں میں مزاج کے دوش بدوش حظ اور انبساط کے پہلو نمایاں ہیں۔شار کامنش کی زبان میں''ان کہانیوں میں شاندار معیار اور دل نشیں اندازِ بیان موجود ہے۔''لوک ادب تحریر کرنے والوں نے دنیا بھر میں ان کہانیوں سے استفادہ کیا ہے۔کتھا سرت ساگر''میں ایسی کہانیاں ہیں جو مزاح کے ساتھ ساتھ انبساط کا وہ پہلو اپنے اندر رکھتی ہیں جو حظ کے ساتھ عقل اور دانائی تک رسائی بہم پہنچاتی ہیں۔

''کتھا سرت ساگر'' کی ایک کہانی میں شہزادہ نرواہن دت چھبیس بیویوں کو جیت کر جادوگروں کا بادشاہ بن جاتا ہے۔اس کہانی میں بادشاہ بن جانے تک ہزار ہا بار مزاح کے ایسے شگوفے پھوٹتے ہیں اور انبساط سے ماحول کے ہر گوشے کو زعفران زار بنا دیتا ہے۔کتھا سرت ساگر کے کہانیوں کے بارے میں شار کامنش یوں رقم طراز ہیں:

''ان کہانیوں میں شاندار معیار اور دل نشین اندازِ بیان موجود ہے''لوک ادب کرنے والوں نے دنیا بھر میں ان کہانیوں سے

استفادہ کیا اور کر رہے ہیں۔'' ۳؎

ایک اور کہانی میں وارا روچی نامی شخص جب گھر سے باہر جاتا ہے۔ تو کئی معزز ہستیاں اس کی خوبصورت بیوی اپا کوشا پر ڈورے ڈالنے لگتے ہیں۔ وہ ان مردوں کو سبق سکھانا چاہتی ہے۔ چناں چہ ایک دن وہ ان مردوں کو الگ الگ بلا کر کمالِ ہوشیاری کے ساتھ پہلے ان کو مادر زاد ننگا کراتی ہے پھر چراغ کے دھوئیں کی کالک اُن کے مُنہ پر ملتی ہے۔ اس کے بعد انہیں اسی حالت میں الگ الگ الماریوں میں بند کر دیتی ہے۔ جب اس کا شوہر وارا روچی واپس آتا ہے تو ان کی یہ حالت دیکھ کر ہنس پڑتا ہے۔ پھر یہ سارے مرد انکساری کرتے ہیں اور بچوں کی طرح روتے بلکتے ہیں۔ ان کی یہ ہئیت کذائی دیکھ کر ہنسی کی بارشیں سارے ماحول کو ہنسی سے تر کر دیتی ہیں۔ انبساط کے اس پہلو کے ساتھ بھی کہانی کا ماحصل یوں نکلتا ہے کہ کوئی بھی شخص غلط کاری سے خوش نہیں رہ سکتا۔

ہر چند ''پنچ تنتر'' کی کہانیاں بادشاہ وقت امر شکتی نے اپنے بیٹوں کے لیے وشنو شرما سے لکھوائی تھیں۔ مگر اُسے یہ یقین نہ تھا کہ محض ایک کتاب کی وجہ سے اُس کے تین جاہل بیٹے سدھر جائیں گے اور انھیں عقل وشعور کی دولت مل جائے گی۔ مگر یہ کتاب نہ صرف اس کے بیٹوں کے کام آتی ہے بل کہ آج تک اس کی اہمیت برقرار ہے۔ اس کی کچھ حکایتیں ذیل میں پیش کی جاتی ہیں۔

پانچویں تنتر میں ایک کہانی ''ڈھپور شنکھ'' ہے جس میں ایک غریب برہمن اپنی جان لیوا مفلسی اور اپنے بچوں کی حالت زار کو دیکھ کر سمندر کی اور نکل پڑتا ہے۔ وہاں اُسے لوگوں کی ایک بات یاد آتی ہے کہ سمندر میں بے شمار ہیرے اور جواہرات ہوتے ہیں۔ یہ بات یاد آتے ہی وہ غریب برہمن سمندر کے کنارے پر دھونی رما کر پوجا پاٹ میں مصروف ہو جاتا ہے۔ اُسے یقین تھا کہ یہ سمندر اُسے کچھ نہ کچھ دے کر اُس کی غریبی دور کر دے گا۔ چناں چہ وہ شب و روز عبادت کرنے لگا یہاں تک کہ وہ سوکھ کر کانٹا ہو گیا۔ اس کے باوجود اس نے اپنا ارادہ نہیں چھوڑا۔ ایک دن سمندر کو اس پر ترس آ گیا۔ لہٰذا وہ بھیس بدل کر اس کے پاس چلا آیا اور برہمن سے دریافت کیا کہ وہ کیوں یہاں آیا ہے اور یہ کڑی عبادت کیوں کر رہا ہے؟ برہمن نے اُسے سب کچھ بتایا۔ سمندر نے جب برہمن سے اس کی مفلسی کی داستان سنی تو اس نے برہمن کے ہاتھ میں ایک شنکھ تھما دیا اور کہا کہ وہ ہر روز اس کو پوجے۔ جس سے اس کو ہر روز ایک مہر مل جائے گا۔ برہمن نے شنکھ لیا اور گھر کی طرف چل پڑا۔ چلتے چلتے راستے میں رات ہو گئی۔ برہمن نے سوچا کہ کیوں نہ آج رات کسی قریے میں گزار لی جائے۔ کچھ دیر چلنے کے بعد اُسے ایک قریہ ملا۔ اُس نے وہاں کسی کے یہاں رات گزارنے کا ارادہ کیا اور جلد ہی اسے ایک بنیے کے یہاں ٹھہرنے کی سہولت مل گئی۔ برہمن صبح اُٹھا اور شنکھ کی پوجا کرنے لگا۔ سمندر کا کہنا سچ نکلا۔ شنکھ سے ایک مہر نکلا۔ برہمن تو خوش ہو گیا مگر دوسری طرف بنیے پر یہ راز افشا ہو گیا اور اس کی نیت میں فتور آ گیا۔ چناں چہ اس نے جادوئی شنکھ کو اپنے معمولی شنکھ سے بدل لیا۔ جب برہمن گھر پہنچا تو اس نے اپنے گھر والوں کو یہ خوش خبری سنائی تو سب خوش ہو گئے۔ مگر جب اس نے دوبارہ اس شنکھ کی پوجا شروع کی تو اس شنکھ سے کچھ نہ نکلا تو اس کے اہلِ خانہ نے اس کا مذاق اڑایا۔ چناں چہ وہ غریب آدمی دوبارہ سمندر کے پاس گیا اور سمندر سے آہ وزاری کی۔ سمندر ایک بار پھر اس کے پاس بھیس بدل کر آ کھڑا ہوا اور اس کا حال دریافت کیا۔ برہمن نے سارا ماجرا سنایا اور اس رات کے قیام کے بارے میں بتایا جس پر سمندر سمجھ گیا کہ یہ لٹ چکا ہے۔ چناں چہ سمندر نے ایک نیا شنکھ دیا اور کہا کہ اس کو پوجتے وقت یہ کہنا کہ ایک مہر دے۔ شنکھ بولے گا کہ ایک کے بجائے دس ہزار مہر لے لو۔ یہ بات سن کر لالچی آدمی دس ہزار مانگے گا مگر شنکھ اُسے کچھ نہیں دے گا۔ برہمن وہاں سے واپس آیا اور پھر ایک بار بنیئے کے یہاں رات گزاری اور حسبِ معمول صبح اٹھ کر منہ ہاتھ دھو کر شنکھ کی پوجا کرنے لگا اور شنکھ سے کہتا ہے مہاراج مجھے ایک ہزار مہریں دیجیے جس پر شنکھ نے کہا کہ وہ ایک ہزار نہیں دس ہزار مہریں دے گا۔ یہ سنتے ہی بنیئے نے پہلے والے شنکھ سے نیا شنکھ بدل لیا۔ اس کے بعد غریب برہمن گھر پہنچ کر شنکھ کی پوجا کرتا ہے اور ہر روز ایک مہر حاصل کرتا ہے جس سے اُس کی غریبی کا خاتمہ ہو جاتا ہے۔ یہاں بنیا ہر روز شنکھ کی پوجا کرتا ہے اور دس ہزار مہروں کی مانگ کرتا ہے۔ تاہم شنکھ اُس سے وعدہ تو کرتا ہے مگر اُسے ایک مہر نہیں دیتا ہے۔ جب بنیا اس شنکھ کی پوجا کرتے کرتے تھک جاتا ہے تو شنکھ اس سے بولتا ہے کہ میرے پاس کچھ بھی نہیں ہے۔ میں بول تو سکتا ہوں لیکن کچھ دے نہیں سکتا۔ تب گھر والے اس پر ہنستے ہیں جس سے اس کو اپنی لالچی فطرت پر غصہ آتا ہے۔ اسی لیے کہا گیا ہے کہ لالچ بری بلا ہے۔ لالچ ہر گز نہیں کرنی چاہیے اور اللہ جس حال میں رکھے اس میں خوش رہنا چاہیے

پنچ تنتر کی کہانیاں چرند پرند کے ارد گرد ہی گھومتی ہیں جن

میں بڑے دلکش پیرائے میں سیاست، اخلاق، دنیا داری اور عدل و انصاف کے اوصاف اور اصولوں پر روشنی ڈالی گئی ہے۔ یہ کہانیاں صرف راجا کے لیے ہی نہیں تھیں بلکہ اس میں انسانیت کا وہ پیغام دیا گیا ہے جس کو ہر وقت ہر معاشرہ اور ہر فرد قابلِ فخر سمجھتا ہے۔ اس میں ایک اور مشہور کہانی بھی شامل ہے جس میں ایک بار مگر مچھ نے ایک بندر سے دوستی گانٹھ لی اور وہ اسے ایک لذیذ میوہ کھلاتا ہے۔ ایک دن مگر مچھ نے یہی میوہ اپنی بیوی کو کھلایا تو اسے اس کی لذت اس قدر بھا گئی کہ جب اسے پتہ چلا کہ بندر روز یہی میوہ کھاتا ہے تو اس سے خیال آیا کہ پھر بندر کا کلیجہ یہ میوہ چکھ چکھ کے بے حد لذیذ بن چکا ہوگا۔ اس نے مگر مچھ سے فرمائش کی کہ وہ بندر کا کلیجہ نکال کے کھلا دے ورنہ وہ خودکشی کر لے گی۔ مگر مچھ نے اپنی بیوی کی فرمائش پوری کرنے کے لیے ایک دن بندر کو اپنی پیٹھ پر بٹھا کر سمندر کی سیر کرا کر بیچ سمندر میں بندر سے اس کی بیوی کی فرمائش ظاہر کی کہ وہ ان کا کلیجہ نکال کر اس کی بیوی کو کھلائے گا۔ مگر ہشیار بندر نے ہمت نہ ہاری اور حوصلہ اور ہشیاری سے کام لیتے ہوئے مگر مچھ سے کہا۔'' بھائی تم تو میرے جگری دوست ہو۔ میرا کلیجہ کیا میری جان بھی تمہاری بیوی کے لیے حاضر ہے۔ لیکن بدقسمتی یہ ہے کہ میں اپنا کلیجہ اسی درخت پر چھوڑ آیا ہوں جس پر میں رہتا ہوں۔ اگر تم نے پہلے بتایا ہوتا تو میں اسے ساتھ لے کر آ جاتا۔'' مگر مچھ نے اس پر بھروسہ کیا اور واپس کنارے پر چھلانگ لگائی اور درخت پر چڑھ کر اپنی جان بچائی۔ اس سے انبساط کا ایسا ماحول چھا جاتا ہے۔ حظ کے ساتھ یہاں یہ سبق ملتا ہے کہ ایک خونخوار اور ان جانے شخص پر بھروسہ نہیں کرنا چاہیے۔

حکایتوں اور لوک کہانیوں میں عوام کی ذہانت کا تخلیقی اظہار بھی ہوتا ہے اور ان کی تفریح و تفنن کا ذریعہ بھی۔ اس میں ہنسی مذاق، ٹھٹھول، طنز و تعریض، مذہبی عقیدت، دشمنوں سے نفرت، وطن دوستی، مظاہر فطرت سے محبت جنسی جبلت، الغرض ہر طرح کے جذبات، احساسات اور واردات کا اظہار ہوتا ہے۔

''چڑے چڑیا'' کی کہانی بھی ظرافت کا لبادہ اوڑھے ہوئی ہے، جس سے ہر کوئی سننے والا خوشی سے جھوم اٹھتا ہے۔ اس کہانی میں چڑیا دال کا دانہ لاتی ہے اور چڑا چاول کا دانہ دونوں مل کر کھچڑی پکاتے ہیں اور چڑیا چڑے کو پانی لانے کے بہانے بھیج کر خود ساری کھچڑی کھا لیتی ہے اور جب چڑا واپس آتا ہے تو آنکھوں کے دکھنے کا بہانہ کر کے اس کی باتوں کو سنی ان سنی کر کے جا سو رہتی ہے۔ جب دونوں میں قسما قسمی ہوتی ہے تو کچے سوت کے ڈورے کا جھولا کنویں میں ڈال کر جھولتے ہی چھوٹی چڑیا گر پڑتی ہے۔ کنویں کے منڈیر پر چڑا اداس بیٹھا ہے ایک بلی اس شرط پر چڑیا کو کنویں سے نکالنے پر آمادہ ہوتی ہے کہ آدھی چڑیا وہ لے لے گی۔ بلی چڑیا کو نکال لاتی ہے اور اپنا حصہ طلب کرتی ہے۔ چڑا کہتا ہے، چڑیا ذرا سوکھ جائے تو آدھی آدھی کر لیں گے لیکن جیسے ہی اس کے پر سوکھ جاتے ہیں وہ دونوں پھر سے اڑ جاتے ہیں اور بلی منہ دیکھتی رہ جاتی ہے۔ یہ کہانی بھی گھریلو زندگی کے نوک جھونک، نر اور مادہ کے جو رشتے اور چالاکیاں بھی ہیں اور عوامی معاشرے کے عام سماجی طور طریقے بھی قسم کی حرکت اور جھوٹے کی سزا اور پھر اس سزا سے بچنے کے لیے چالاکی۔ سبھی ایسی حکمت عملی کی مثالیں ہیں جو معاشرے کے اقدار کی نشان دہی کرتی ہیں۔

شیخ سعدی کی حکایتیں بھی اپنے اندر لاکھوں مضامین لیے ہوئے ہیں۔ ان میں انبساط کے کئی پہلو پوشیدہ ہیں۔'' شیر بہت بیمار ہے'' انبساط کے رنگ میں رنگی ہوئی ایک حکایت ہے۔ ایک شیر بڑھاپے کی وجہ سے کمزور ہو جاتا ہے اور خود سے شکار کرنے کے قابل نہیں رہتا تو ایک لومڑی سے مشورہ کرتا ہے۔ اس پر لومڑی نے کہا'' تم فکر نہ کرو، میں اس کا بندوبست کرتی ہوں۔'' یہ کہہ کر لومڑی نے سارے جنگل میں مشہور کر دیا کہ شیر بہت بیمار ہے اور بچنے کی کوئی امید نہیں ہے۔ یہ خبر سنتے ہی جنگل کے تمام جانور اس کی عیادت کے لیے آنے لگے۔ شیر غار میں گردن لٹکا کر بیٹھا رہا اور ہر جانور کو باتوں باتوں میں ہنساتا اور پھر اس کا شکار کرتا رہا اور یوں اپنی بھوک کو مٹاتا رہا۔ ایک دن یہی لومڑی اس کی عیادت کے لیے آتی ہے۔ لومڑی بہت چالاک تھی اس لیے غار کے دہانے پر کھڑی ہو گئی۔ اتفاقاً اس دن کوئی جانور نہیں آیا تھا۔ جس کی وجہ سے شیر بہت بھوکا تھا۔ اس نے لومڑی سے کہا'' باہر کیوں کھڑی ہو اندر آ جاؤ اور مجھے جنگل کا حال واحوال سناؤ'' لومڑی نے چالاکی سے جواب دیا'' نہیں میں اندر نہیں آ سکتی۔ کیوں کہ غار کے باہر اندر جانے والے جانوروں کے پنجوں کے نشان تو ملتے ہیں مگر اندر سے باہر آنے والے جانوروں کے نشان نہیں ملتے۔ شیر اور لومڑی دونوں ہنسنے لگے اور لومڑی نے اپنے آپ کو بچایا اور وہاں سے بھاگ گئی۔ دونوں کی چالاکی اور ہنسی سے ماحول خوشی سے معطر تو ہوتا ہی ہے مگر اس کے ساتھ کہانی کا حاصل اس صورت میں ہمیشہ ہمارے سامنے آتا ہے کہ انجام پر نظر رکھنے والے ہمیشہ ہر قسم کے نقصان سے محفوظ رہتے ہیں۔

اس مطالعے سے یہ واضح ہوتا ہے کہ حکایتوں میں حظ وانبساط کا پہلو اہم رول ادا کرتا ہے۔ جو قاری اور سامع کے لیے تفریح کا سامان فراہم کرنے کے باوصف دانائی اور حکمت کے گوہر عطا کرتا ہے۔ لوک کہانیوں اور حکایتوں میں بڑی وسعت ہوتی ہے۔ ان میں چرندوں اور پرندوں کی صورت میں انسانی نفسیات کو پیش کیا جاتا ہے۔ ان میں ہر طرح کے کردار ملتے ہیں؛ عاقل و دانشور بھی اور احمق و نادان بھی۔ ایک لحاظ سے دیکھا جائے تو یہ بات سامنے آتی ہے کہ حکایتوں میں احمق کردار عاقل کرداروں سے زیادہ فعال اور متحرک ہوتے ہیں اور ان ہی کی وجہ سے حکایتوں میں حظ انبساط کا ماحول بنا رہتا ہے۔ اس کی ایک عمدہ مثال ڈوگری لوک کتھایں اور حکایتیں ہیں۔ ان کہانیوں میں ''مورکھ'' کا کردار اپنی حماقتوں سے قاری کو سامانِ تفریح اور حکمت حیات عطا کرتا ہے۔ اس طرح حکایتوں میں زندگی کے سبھی اہم روپ ہمارے سامنے آجاتے ہیں۔ ہم نے دیکھا ہے کہ حکایتوں کے ذریعے جہاں انسان کے منفی جذبات وخیالات کی بیخ کنی ہوتی ہے وہیں انسان کی صفاتِ حمیدہ کی اہمیت بھی اجاگر ہوتی ہے۔ اور یہ سب کچھ ایک لطیف مزاح کے ماحول میں بیان ہوتا ہے جس سے انسان لطف بھی اُٹھاتا ہے اور بہت کچھ سیکھتا بھی ہے

حواشی:

ا: اردو میں لوک ادب، مرتب پروفیسر قمر رئیس، ص، ۱۴۳، ۱۴۴،

۳: کتھا سرت ساگر، غلام نبی خیال، شیرازہ، گولڈن جوبلی نمبر شمارہ ۵۔۸، کلچرل اکیڈمی کشمیر

کتابیات: ورسائل

ا: حکایات رومی، ترجمہ قاری ذیشان نظامی، بک کارنر شوروم بالمقابل اقبال لائبریری، بک سٹریٹ جہلم،

۲: دلچسپ حکایات سعیدی، مرتب ابن علی، مشتاق بک کارنر، مارکیٹ بازار لاہور

۳: اردو گلستان، ترجمہ مولوی محمد خلیل صاحب، مدینہ پریس بجنور،

۴: پنچ تنتر کی کہانیاں پہلا حصہ، شیوکمار، ترجمہ اطہر پرویز، چلڈرنس بک ٹرسٹ نئی دہلی، ۱۹۷۳،

۵: پنچ تنتر کی کہانیاں دوسرا حصہ، شیوکمار، ترجمہ اطہر پرویز، چلڈرنس بک ٹرسٹ نئی دہلی، ۱۹۷۳،

۶: پنچ تنتر، حصہ سوم، ادارہ تعلیم وترقی جامعہ دہلی۔

۷: پنچ تنتر کی کہانیاں حصہ چارم، شیوکمار، ترجمہ ساحر ہوشیار پوری، اندر پرستھ پریس، نئی دہلی

۸: اردو میں لوک ادب، مرتب پروفیسر قمر رئیس، دی لکشمی پریس نئی دہلی، ۱۹۹۰ء

۹: ادب لوک گیت اور کہانیاں، شفیق احمد عزیز، نیشنل بک فاؤنڈیشن پاکستان، ۲۰۱۵ء

۱۰: اردو میں لوک ادب اور عورت، ڈاکٹر شاداب سید

۱۱: شیرازہ گولڈن جوبلی نمبر، شمارہ ۵ تا ۸، جموں اینڈ کشمیر اکیڈیمی آف آرٹ کلچر اینڈ لینگویجز، سری نگر

مہتاب عالم فیضانی احمد آباد گجرات
اسکالر شعبۂ اردو مولانا آزاد نیشنل اردو یونیورسٹی حیدر آباد

# جامعہ عثمانیہ شعبۂ اردو کے ادبی کارنامے

جامعہ عثمانیہ کے شعبۂ اردو میں تحقیقی کارناموں پر نظر ڈالنے سے قبل میں جامعہ کے قیام پر ایک طائرانہ نظر ڈالنا بہتر سمجھتا ہوں۔ ۱۹۱۱ء میں نواب میر علی عثمان علی خاں کی تخت نشینی کے بعد ریاست میں مختلف و متعدد سیاسی اور انتظامی اصلاحات عمل میں آئیں جن میں تعلیمی شعبوں کو نسبتاً غیر معمولی اہمیت دی گئی۔ چونکہ اس وقت مملکت کی سرکاری زبان ''اردو'' تھی اس لیے یہ فیصلہ کیا گیا کہ ایک ایسا ادارہ قائم کیا جائے جس کا ذریعۂ تعلیم اردو ہو۔ چنانچہ اردو جامعہ کے قیام کے لیے ایک تحریک چلائی گئی جس کے نتیجے میں ۲۶/اپریل ۱۹۱۷ء میں ایک فرمان جاری ہوا جس میں ایک جامعہ کے قیام کا حکم تھا اور ساتھ ہی یہ بھی لکھا تھا کہ ''جامعہ کی خاص خصوصیت یہ ہوگی کہ تمام علوم کی درس و تدریس اردو زبان میں ہوگی'' (داستان ادب، حیدر آباد، محی الدین قادری زور، ص ۱۸۸)۔ تمام منشورات و فرامین پر عمل کرتے ہوئے ۱۹۱۹ء تک جامعہ عثمانیہ میں باقاعدہ جماعتوں کا آغاز کر کے درس و تدریس کا کام شروع ہو گیا۔

چونکہ اس مقالے میں میرا خاص مقصد جامعہ عثمانیہ شعبۂ اردو کے تحقیقی، تنقیدی اور ادبی کارناموں کو اجاگر کرنا ہے اس لیے جامعہ عثمانیہ کے شعبہ اردو کے ایم۔اے سے بات شروع کروں گا۔ کیوں کہ شعبۂ اردو میں ایم۔اے کے آخری سال میں اختیاری مضمون کے بجائے مقالے تحریر کروائے جاتے تھے اور یہی مقالے شعبۂ اردو میں ادبی تحقیق و تنقید کی بنیاد بنے تھے۔ جامعہ میں شعبۂ اردو کا قیام (سابق وائس چانسلر جامعہ عثمانیہ) رضی الدین صدیقی کے مطابق ۱۹۲۳ء میں ہو چکا تھا۔ وہ اپنے ایک مضمون میں رقم طراز ہیں:

''ایم۔اے کی تعلیم کا آغاز ۱۹۲۳ء میں ہوا۔ ابتدا میں صرف چند ہی مضامین یعنی ریاضی، اردو، فارسی، عربی اور تاریخ میں ایم۔اے کی تعلیم انتظام کیا گیا تھا۔ (رضی الدین صدیقی، تعلیمی پروگرام، مشمولہ جامعہ عثمانیہ، کراچی۔ ص ۳۱)''۔

لیکن شعبۂ اردو میں پہلا مقالہ ۱۹۳۴ء میں ملتا ہے۔ مقالہ لکھنے کا یہ سلسلہ ۱۹۳۴ء سے ۱۹۴۹ء تک جاری رہا اس کے بعد دوسری مرتبہ ۱۹۶۵ء سے ۱۹۷۶ء تک یہ سلسلہ جاری رہا۔ اس درمیان میں بہت ہی اہم موضوعات پر مقالے لکھے گئے۔ ان مقالوں کی فہرست اس مضمون میں شمار کرانا باعث طوالت ہوگا اس لیے میں نے فہرست کو شامل نہیں کیا۔ پھر بھی برائے معلومات آپ ان مقالوں کی فہرست ڈاکٹر آمنہ تحسین کی کتاب ''حیدر آباد میں اردو ادب کی تحقیق'' کے صفحہ نمبر ۹۰ پر ملاحظہ کر سکتے ہیں۔

شعبۂ اردو میں پی۔ایچ۔ڈی کی ابتدا سے پہلے یونیورسٹی میں تحقیق کو فروغ دینے کے لیے ایک مجلس کا قیام عمل میں آیا جس کا نام ''مجلسِ تحقیقاتِ علمیہ'' تھا۔ یہ مجلس پوری یونیورسٹی میں تحقیقی کاموں کے لیے قائم کی گئی تھی۔ اس مجلس کے تحت اردو میں صرف ایک ہی مقالہ لکھا گیا۔ یہ مقالہ شیخ چاند نے ''سودا'' پر مولانا عبد الحق کی نگرانی میں لکھا تھا جو کہ ۱۹۳۶ء میں شائع ہوا۔ اس مقالے کی اہمیت کے بارے میں مولانا حبیب الرحمٰن خان شیروانی فرماتے ہیں:

''میں اپنی محدود واقفیت کے بنا پر یہ کہنے کی جرأت کرتا ہوں کہ پی۔ ایچ۔ ڈی ڈگری پانے والوں میں بھی کمتر ایسا مقالہ لکھنے پر قادر ہو سکے ہوں گے،،۔
(تبصرہ مقالہ ''سودا'' مولانا حبیب الرحمٰن خان شیروانی، حیدر آباد ۱۹۳۶ء)۔

مذکورہ مجلس کی تحت عام طور پر ایسے عنوانات برائے تحقیق دیے جاتے تھے جن پر مشترکہ طور پر کام کیا جاتا تھا۔ اور کبھی کبھی فی کس ایک ہی عنوان دیا جاتا تھا۔

جامعہ میں پی۔ ایچ۔ ڈی پروگرام کی ابتدا ''مجلس تحقیقاتِ علمیہ'' کے قیام کے چند سال بعد تقریباً ۱۹۴۱ء میں ہوئی۔ اسی کے ساتھ اردو میں بھی پی۔ ایچ۔ ڈی شروع ہوئی۔ شعبۂ اردو میں سب سے پہلے رشید الحسن نے ''اردو میں ہندی عناصر'' کے موضوع پر پروفیسر سید سجاد کی نگرانی میں کام کرنا شروع کیا تھا۔ لیکن کچھ وجوہات کی بنا پر یہ مقالہ شائع نہیں ہو پایا۔ اس لیے ۱۹۴۶ء میں ''اردو غزل کا ارتقا'' پر مقالہ تحریر کرنے والے ''حفیظ قتیل'' کو جامعہ عثمانیہ کے اردو کے پہلے پی۔ ایچ۔ ڈی ہونے کا شرف حاصل ہے۔ (مجلہ عثمانیہ، حیدر آباد، ص ۵۸)۔

شعبۂ اردو میں جتنے بھی مقالے لکھے گئے ان میں تقریباً مقالے اہم اور گراں قدر ہیں۔ شعبۂ اردو میں تحقیق و تنقید شدہ مقالوں پر ایک سرسری نگاہ ڈالی جائے تو واضح ہوتا ہے کہ اردو زبان و ادب کا کوئی بھی موضوع یہاں تحقیق اور تنقید کی نظروں سے اوجھل نہیں رہا۔ قدیم ادب کے ساتھ جدید اصناف کو بھی تحقیق کا موضوع بنایا گیا۔ اس تحقیق کے ذریعے دکن میں پائے جانے والے اردو کے اولین نمونوں سے اردو دنیا کو روشناس کرایا گیا۔ تحقیق کے علاوہ تدوین متن کے بے شمار کام انجام دیے گئے جس سے اردو ادب کے مواد میں بے پناہ اضافہ ہوا۔ لسانیات ہو کہ قدیم ادب کی بازیافت، متون کی ترتیب ہو کہ ادب کی مختلف اصناف، ادبی اشخاص پر تحقیق ہو کہ ادبی تاریخیں، گمشدہ قدیم دکنی اور اردو ادب کی تلاش ہو کہ ان کی درستگی ان سب پر محققین نے کافی تلاش و جستجو اور محنت کی اور کئی پوشیدہ اور پنہا گوشوں کو منظر عام پر لائے جس سے اب تک اردو دنیا ناواقف تھی۔

دکن کے علاوہ ہندوستان کے دیگر علاقوں میں موجود اردو کے قدیم شہ پاروں کو منظر عام پر لانا اور اس کو مفید بنانا ایک بہت ہی اہم اور بڑا کام تھا جس کی لیے شعبۂ اردو سے منسلک بابائے اردو مولوی عبدالحق نے غیر معمولی خدمات انجام دیے اور پھر شعبۂ اردو کے صدر پروفیسر مسعود حسین خاں نے اپنے ساتھی اساتذہ کے ساتھ مل کر ایک فارم بنایا تا کہ قدیم ادب کو جدید طریقے سے مرتب کر کے منظر عام پر لایا جائے۔ دارالترجمہ، وضع اصطلاحات اور دیگر کارناموں کی طرح قدیم ادب کو جدید سائنٹیفک طریقے سے مرتب کرنے کے لیے ''قدیم اردو'' کے نام سے شروع ہونے والا یہ سلسلہ ایک بڑا کارنامہ تھا۔ ۱۹۶۵ء میں پروفیسر مسعود حسین خان نے شعبۂ اردو کے دیگر اساتذہ کے ساتھ مل کر قدیم متون کو جدید انداز میں مدون کرنے کا جو بیڑا اٹھایا تھا اس کے بارے میں وہ خود لکھتے ہیں:

''کسی زبان کے ادب کو محفوظ رکھنے کے لیے ضروری ہے کہ ان کی تصانیف کے تحقیقی ایڈیشن مقدمات اور حواشی کے ساتھ مرتب کیے جائے تا کہ زبان و ادب کی تاریخ محفوظ رہ سکے۔ یونیورسٹی کے قیام کے بعد اردو ادب کی تاریخ کی طرف خاص توجہ دی گئی۔ چیدہ چیدہ کام کے ذریعے کئی ایک بیش بہا اردو کے خزانے باہر نکل کر آئے۔ لیکن پھر بھی اس کے لیے ایک منظم کوشش کی ضرورت تھی۔ اس لیے عثمانیہ یونیورسٹی کے شعبہ اردو نے طے کیا کہ ''قدیم اردو'' کے نام سے مخطوطات کو سائنٹیفک انداز میں شائع کیا جا سکے۔ اس لیے ۱۹۶۵ء میں پہلی بار اس کی اشاعت عمل میں آئی'' (قدیم اردو ج اول، مسعود حسین خان، ۱۹۶۵ء)۔

قدیم اردو کے نام سے قدیم ادب کو جدید انداز میں

مرتب کر کے شائع کرنا میرے خیال سے اردو ادب کے تشنگان پر احسان ہے۔ چونکہ قدیم اردو کے ذریعے اردو اور دکنی ادب کے وہ شہ پارے ہمارے سامنے آئے جو ہمارے لیے سرمائے افتخار ہیں۔

قدیم اردو کی کل چھے جلدیں شائع ہوئیں ہیں۔ جس میں پہلی جلد پرفیسر مسعود حسین خان نے ۱۹۶۵ء میں جامعہ عثمانیہ شعبہ اردو سے شائع کی، جس میں درج ذیل متون مرتب کیے گئے تھے:

مینا ست ونتی (غواصی) مرتبہ (ڈاکٹر غلام عمر خان)، کلام معظم بیجا پوری مرتبہ (ابونصر محمد خالد)، سیرت نامہ (فیروز) مرتبہ (مسعود حسین خان)، بکٹ کہانی (محمد افضل) مرتبہ (مسعود حسین خان اور نورالحسن ہاشمی)، کشف الوجود (سید داول) مرتبہ (اکبر الدین صدیقی)، نادر غزلیات (حسن شوقی) مرتبہ (حسین شاہد)، نادر دکنی رباعیات مرتبہ (سیدہ جعفر) یہ وہ متون ہیں جنھیں قدیم اردو کی پہلی جلد میں مرتب کر کر شائع کیا گیا تھا۔

قدیم اردو کی دوسری جلد بھی پروفیسر مسعود حسین خان کی نگرانی میں ہی ۱۹۶۷ء میں شعبہ اردو جامعہ عثمانیہ سے شائع ہوئی جس میں ان درج ذیل متون کو ترتیب دیا گیا تھا۔ لیلی مجنو (عاجزؔ) مرتبہ (غلام عمر خان)، شمائل الاتقیاء (انتخاب) میراں یعقوب کی، مرتبہ (بدیع حسینی)، نایاب کلام (غواصی) مرتبہ (مسعود حسین خان)، ابلیس نامہ مرتبہ (اکبرالدین صدیقی اور سید مبارزالدین رفعت)۔ ۱۹۶۹ء میں ''قدیم اردو'' کی تیسری جلد شائع ہوئی اور ۱۹۷۱ء میں ڈاکٹر رفیعہ سلطانہ نے جانمؔ کا ارشاد نامہ مرتب کر کے قدیم اردو کی ایک اور جلد شائع کی۔ سن اے کے بعد تقریباً ۱۵ سالوں تک قدیم اردو کا کوئی سلسلہ منظر عام پر نہیں آیا۔ پھر ۱۹۸۶ء میں پرفیسر سیدہ جعفر نے ایک اور جلد شائع کی جس میں مثنوی ''ماہ پیکر'' اور دیگر متون شامل تھے۔ اس طرح اگر ہم ''قدیم اردو'' کے ادوار پر نظر ڈالتے ہیں تو پتہ چلتا ہے کہ قدیم اردو کی اشاعت میں تین لوگوں پروفیسر مسعود حسین خان، پرفیسر رفیعہ سلطانہ اور سیدہ جعفر کی شمولیت غیر معمولی رہی ہے۔

''قدیم اردو'' کو ہم جامعہ عثمانیہ شعبہ اردو کا ایک بڑا کارنامہ اس وجہ سے بھی کہیں گے کہ جن متون کو اس کے تحت مرتب کر کے شائع کیا گیا اس سے قدیم ادب کے اہم اور گراں قدر ادبی کا نامے منظر عام پر آئے۔ تحقیق اور تدوین متن کے جو اصول پروفیسر مسعود حسین خان نے بنائے تھے وہ بہت جدید تھے۔ اس تحقیق اور تدوین متن میں مسعود حسین خان نے اپنی پوری قوت صرف کر دی اور دیکھا جائے تو حقیقت یہ ہے کہ اس دور میں شعبہ اردو کے اساتذہ بھی ہماتن اس کام میں لگے رہے، جن کی بدولت ہمیں یہ کہنے پر فخر ہے کہ یہ کارنامہ شعبہ اردو جامعہ عثمانیہ کی دین ہے۔ یہاں تک میں نے شعبۂ اردو کے ان ادبی کارناموں کو شمار کیا جو اجتماعی طور پر انجام دیے گئے۔ آگے جامعہ عثمانیہ شعبۂ اردو کے ان طلبا اور اساتذہ کا کارناموں کا مختصر ذکر کروں گا جنہوں نے تحقیق، تخلیق، تدوین اور تنقید کے میدان کے شہ سوار تھے۔ ان کا ذکر کرنے میں اختصار سے کام لوں گا کیوں کہ ان میں سے ہر ایک کے کارناموں اور کاموں پر تفصیلی گفتگو کے لیے ایک مکمل کتاب درکار ہوگی۔ اس لیے چنندہ اشخاص کے چنندہ کاموں کو ہی بیان کروں گا۔

ابنائے جامعہ عثمانیہ شعبہ اردو:

ابنائے جامعہ عثمانیہ شعبۂ اردو کے تحت میں ان اشخاص اور ان کے کارناموں کا مختصراً ذکر کروں گا جنھوں نے اردو زبان میں تحقیق وتنقید اور تدوین وتخلیق کی بے پناہ خدمات انجام دیں۔ شعبۂ اردو سے تعلق رکھنے والے اشخاص دو طرح کے ہیں ایک وہ جو بلاواسطہ شعبہ سے جڑے تھے اور دوسرے وہ جو بالواسطہ شعبہ سے منسلک تھے۔ ابنائے جامعہ عثمانیہ شعبہ اردو میں ڈاکٹر محی الدین قادری زور کا نام سرفہرست ہے۔ یوں تو ڈاکٹر زور

نے اپنی پی۔ایچ۔ڈی لندن یونیورسٹی سے ''اردو زبان کا آغاز و ارتقاء'' کے موضوع پر مکمل کی۔لیکن شعبہ اردو کے استاد ہونے کی حیثیت سے جو خدمات انجام دیے وہ نا قابل فراموش ہے۔ موصوف عثمانیہ سے بی۔اے کرنے کے بعد ایک تعلیمی وظیفے پر لندن گئے اور اس کے بعد پیرس جا کر اعلی تعلیم حاصل کی اور جب ۱۹۳۱ء میں لوٹے تو شعبۂ اردو میں ریڈر کی حیثیت سے کام کرنے لگے۔

ڈاکٹر زور کی علمی و ادبی صلاحیت و قابلیت کا اندازہ اس سے لگایا جا سکتا ہے کہ انہوں نے جامعہ میں بی۔اے کے دوران ہی ۱۹۲۵ء میں ایک معرکتہ الأرا کتاب ''روح تنقید'' لکھ دی تھی جو اردو تنقید کی ابتدائی کتابوں میں ایک اہم کتاب تسلیم کی جاتی ہے۔یوروپ میں جہاں ایک طرف پڑھائی کر رہے تھے وہیں دوسری طرف وہاں کے کتب خانوں میں موجود اردو کے قدیم مخطوطات کی چھان بین بھی کر رہے تھے۔وہاں کے کتب خانوں سے اردو کے متعلق جو بھی اہم معلومات یکجا کر سکے ان تمام کو ''اردو شہ پارے'' کے نام سے ۱۹۲۹ء میں منظر عام پر لائے۔ڈاکٹر زور کے علمی فتوحات کے بے شمار موضوعات رہے ہیں لیکن اردو زبان اور اردو لسانیات پر جو انہوں نے کام کیا ہے وہ بہت ہی غیر معمولی ہے۔موصوف کے تمام ادبی کاموں پر گفتگو کرنا اس مقالے میں ناممکن ہے اس لیے میں ان کے ادبی کارناموں کی طرف بس صرف اشارہ کر دوں گا۔

ڈاکٹر قادری زور نے تذکرے پر اہم کا کیا جو ۱۹۳۵ء میں ''مرقع سخن'' کے نام سے شائع ہو، اس کی دوسری جلد ۱۹۳۷ میں مرتب کر کے شائع کی۔اول الذکر میں ۲۵ اور آخر الذکر میں ۵۰ شعرا کے حالات اور ان کے کلام کی تفصیل شامل ہے۔جیسا کہ آپ جانتے ہیں کہ ڈاکٹر زور ایک ماہر لسانیات تھے ان کا ایک مضمون ''اردو اسالیبِ بیان'' بہت ہی مشہور ہے جو بعد میں کتابی شکل میں شائع ہوا۔اس کے علاوہ ان کے ادبی کارناموں میں ''عہد عثمانیہ میں اردو کی ترقی'' ہے جو کہ ۱۹۳۴ء میں شائع ہوئی۔تاریخ ادب اردو جو ۱۹۴۰ء میں منظر عام پر آئی۔دکنی ادب کی تاریخ ۱۹۶۰ء میں چھپی۔شخصیات پر کام کرتے ہوئے انہوں نے کارساں دتاسی، سرگزشت غالب، حیاتِ قلی قطب شاہ، سرگزشت حاتم وغیرہ لکھی۔ان کی ترتیب و تدوین متن میں کف سخن ۱۹۳۵ء، متاع سخن ۱۹۳۵ء، فیض سخن ۱۹۳۷ء، رمز سخن ۱۹۵۱ء، معانیٔ سخن ۱۹۵۱ء، اردو شاعری کا انتخاب ۱۹۶۰ء، گلزار ابراہیم و گلشن ہند، کلیات قلی قطب شاہ، مثنوی طالب و موہنی اور مخطوطات کی فہرست تقریباً پانچ جلدوں مین شائع کی۔مذکورہ ادبی کاموں کے علاوہ اور بہت سے تحقیقی کام ہیں جو ادھورے رہ گئے۔

ابنائے شعبۂ اردو جامعہ عثمانیہ مین ایک اہم نام'' اکبرالدین صدیقی'' کا ہے جو ۱۹۵۵ء کی بعد جامعہ کے شعبۂ اردو سے وابستہ ہوئے اور ۱۹۷۴ء میں سبکدوش ہوئے۔ڈاکٹر زور ،مولوی عبد الحق، پروفیسر سروری، ڈاکٹر سجاد جیسے قد آور اشخاص ان کے استاذ تھے۔کئی سالوں تک رسالہ سب رس کی کامیاب ادارت بھی کی ہے۔موصوف کے ادبی کارناموں میں درجہ ذیل تحقیقات قابل ذکر ہیں۔مقیم مقیمی کی ''چندر بدن و مہیار ۱۹۵۶ء، کلام بے نظیر ۱۹۵۸ء اس میں محمد بے نظیر شاہ وارثی کے کلام و حالات کا جائزہ پیش کیا ہے۔مرزا جمال اللہ عشق کا دیوان ۱۹۶۰ء میں مرتب کیا، جانم کے رسالے ''کلمتہ الحقائق'' کو ۱۹۶۱ء میں شائع کیا اس رسالے کو ڈاکٹر رفیعہ سلطانہ نے بھی مرتب کیا ہے۔حضرت ''داول'' کی تصنیف ''کشف الوجود'' ۱۹۶۵ء، علاؤالدین فقیر کی مثنوی ''ابلیس نامہ''، برہان الدین جانم کی تصنیف ''ارشاد نامہ'' ۱۹۷۱ء، نظام الدین ممنون کی ''کلیات ممنون'' ۱۹۷۲ء، ابن نشاطی کی ''پھول بن'' ۱۹۷۸ء وغیرہ کو انہوں نے بڑی عرق ریزی سے تحقیق و تدوین کی شائع کیا۔اس کے علاوہ ان کے اور بھی تحقیق کرنامے اور اہم مضامین ہیں جو اردو ادب کے بیش بہا سرمائے ہیں۔

اردو ادب کے تعلق رکھنے والوں کو لیے ''پرفیسر سروری'' کوئی انجان نام نہیں ہے۔ جامعہ عثمانیہ سے اردو کی تعلیم حاصل کرنے کے بعد ۱۹۲۷ء میں یہیں شعبۂ اردو سے وابستہ ہوگئے۔ ابتدائی زمانے میں سروری صاحب کا خاص موضوع افسانہ تھا۔ انہوں نے اردو میں کئی بہترین افسانے بھی لکھے اور ساتھ ہی چینی، جاپانی، انگریزی اور فرانسیسی زبانوں کے افسانوں کو ''دنیا کے شاہکار افسانے'' کے عنوان کے تحت ترجمہ کرواکر شائع کیا ہے۔

پرفیسر سروری کی اہم تصنیفات میں اول ہے ''اردو کی ادبی تاریخ'' جو ۱۹۵۸ء میں شائع ہوئی۔ تحقیق میں ان کی سب سے اہم کتاب ''شاسراج کی اردو شاعری'' ہے جو ابتداء میں سہ ماہی رسالہ میں شائع ہوئی تھی۔ اس کے انہوں نے کلیات سراج کو مرتب کیا اور اس پر ایک جامع اور سیر حاصل مقدمہ لکھا جس میں انہوں نے کلام سراج اور حالاتِ سراج کو تفصیل سے بیان کیا ۱۹۴۰ء میں سراج اور ان کی شاعری ۱۹۵۴ء میں سراج سخن نامی کتاب لکھی اور پھر ابن نشاطی کے ''پھول بن'' کو مرتب کر کے ایک بسیط مقدمہ لکھا جو الگ سے ایک کتابی شکل میں ۱۹۳۹ء میں شائع ہوا۔ چونکہ اس میں مثنوی کے آغاز وارتقاء کے بارے میں لکھا گیا ہے اس لیے ''اردو مثنوی کا ارتقاء'' کے نام سے کتابی شکل دی گئی۔ موصوف نے ایک بہت ہی غیر معمولی کام یہ انجام دیا کہ جامعہ عثمانیہ کے کتب خانے مین مخزونہ مخطوطات کی فہرست مرتب کی جو ۱۹۲۹ء میں دارالطبع جامعہ عثمانیہ سے شائع ہوئی۔

ڈاکٹر حفیظ قتیل کا نام بہ حیثیت محقق، مدون، نقاد، شاعر اور ایک قابل استاد کے جانا جاتا ہے۔ یہ وہ شخص ہیں جنہیں عثمانیہ یونیورسٹی میں شعبۂ اردو اسے سب سے پہلے پی۔ ایچ۔ ڈی ہونے کا شرف حاصل ہے۔ انہون نے ڈاکٹر زور کی نگرانی میں ''اردو غزل،، کے عنوان پر مقالہ تحریر کیا اور پھر پی۔ ایچ۔ ڈی میں ڈاکٹر زور کی نگرانی میں ہی ''اردو غزل کا ارتقاء'' کے عنوان سے مقالہ تحریر کیا۔ مذکورہ دونوں مقالے گراں قدر ہیں جو صنف غزل کی مکمل تاریخ پیش کرتے ہیں۔ حفیظ قتیل کا ایک تحقیق کارنامہ ''معراج العاشقین کا منصف'' ہے جو ۱۹۶۸ء میں منظر عام پر آیا۔ اس کے علاوہ انہوں نے ۱۹۶۱ء میں ''تحفۃ الشعرا، دیوانِ ہاشمی، اور دیوانِ ریختی کو مرتب کر کے شائع کیا۔ اور ۱۹۶۱ء میں ہی ایک بہترین کتاب تصنیف کی جس کا نام ''میراں جی خدانما'' تھا۔

اردو اور دکنی ادب کے محسن ''پرفیسر مسعود حسین خاں'' اور ان کی گراں قدر خدمات سے ہر کوئی واقف ہے۔ وہ ہر اعتبار سے اپنا ایک منفرد مقام رکھتے ہیں۔ خصوصاً اسلوبیاتی مطالع نے انہیں اردو حلقے میں بامِ عروج پر پہونچادیا ہے۔ اور زبان وادب کے حوالے سے انہوں نے جو خدمات انجام دئے وہ ناقابل فراموش ہیں۔ شعبۂ اردو سے ''قدیم اردو'' کے نام سے انہوں نے جن قدیم ادبی شہ پاروں کو ترتیب دے کر شائع کیا ہے وہ اپنے آپ میں بے مثال کارنامہ ہے۔ چونکہ ''قدیم اردو'' کے سلسلہ کے تحت جو قدیم ادبی شہ پارے منظر عام پر آئے وہ ایک دستاویز کی حیثیت رکھتے ہیں۔ قدیم اردو کے تحت انہوں نے ''پرت نامہ، بکٹ کہانی، قصہ مہر افروز و دلبر'' کو بہت ہی جاں فشانی سے ترتیب دے کر شائع کیا مذکورہ تخلیقات اور ان کے تخلیق کاروں کے متعلق ایسے معلومات فراہم کیے جو پہلے حاصل نہیں تھے۔ پروفیسر مسعود حسین خاں نے قدیم متون کی تلاش وجستجو اور تدوین وترتیب میں بڑی جاں فشانی کا ثبوت دیا ہے۔ ترتیب وتدوین متن میں ایسے اصول بنائے جن سے کھرا کھوٹا سامنے آجائے۔ متون کی ترتیب وتدوین میں انہوں نے خاص طور پر لسانی پہلو کو اہمیت دی جو کہ تحقیقی اور تنقیدی اعتبار سے نہایت ہی اہم مقام کے حامل ہیں۔

ڈاکٹر رفیعہ سلطانہ جامعہ عثمانیہ شعبۂ اردو کی قابل رشک طالبہ اور راستانی تھیں۔ وہ ایک افسانہ نگار، نقاد اور ہر دل عزیز استانی کی حیثیت سے جانی جاتی تھیں۔ عثمانیہ یونیورسٹی

سے پی۔ ایچ۔ ڈی کی سند حاصل کرنے والی سب سے پہلی خاتون ہیں۔ پروفیسر رفیعہ سلطانہ اپنی علمی و تنظیمی صلاحیت کی وجہ سے کئی عہدوں پر فائز رہی ہیں۔ ایم۔اے کے بعد عثمانیہ سے ہی پروفیسر سروری کی نگرانی میں ۱۹۵۵ء ''اردو نثر کا آغاز و ارتقاء'' کے موضوع پر پی۔ایچ۔ڈی مکمل کیا اور پھر شعبہ اردو سے منسلک ہوگئیں۔ان کی تصانیف میں ۱۹۴۶ء میں چھپنے والا مقالہ ''اردو ادب کی ترقی میں خواتین کا حصہ'' بہت اہم ہے چونکہ اردو ادب میں خواتین کی شرکت کو انہوں نے تفصیلی طور پر بتایا ہے۔دوسری اہم کتاب جوکہ پی۔ایچ۔ڈی کا مقالہ ہے ''اردو نثر کا آغاز وارتقاء'' ۱۹۶۲ء میں منظر عام پر آیا۔

مذکورہ دونوں تصانیف کئی ساری خوبیوں سے معمو رہیں۔لیکن ان خوبیوں کو یہاں شمار کرانا طوالت کا باعث ہوگا اس لیے ان دونوں کا اشاۃً ذکر کردیا اور باقی ادبی کارناموں کو بھی اشارۃً ذکر کروں گا۔ برہان الدین جانم کی ''کلمۃ الحقائق'' کو ڈاکٹر رفیعہ سلطانہ نے ۱۹۶۱ء میں چار مخطوطات کی مدد سے مرتب کر کے شائع کیا۔سابق میں آچکا ہے کہ اس رسالے کو اکبر الدین صدیقی جو عثمانیہ کے ہی استاد تھے کلمۃ الحقائق کو ۱۹۶۱ء میں ہی مرتب کیا۔ڈاکٹر رفیعہ سطانہ نے ایک اور اہم کا کیا کہ ''دکنی نثر پارے'' کے نام سے انہوں نے قدیم دکنی نثر پاروں کی بازیافت کی، یہ کتاب ۱۹۶۷ء میں چھپی تھی۔اس کے علاوہ ''حافظ عبدالرحمٰن خاں احسان'' کی کلیات ۱۹۸۸ء میں مرتب کر کے اس نا معلوم شاعر کو تعارف تحسین بخشا۔ڈاکٹر رفیعہ سلطانہ نے علمی ،ادبی، تنظیمی جو بھی کام کیا اس میں شعبۂ اردو کا ضرور حصہ رہا۔ اس لیے ہم ان کارناموں کو موصوفہ کے ساتھ ساتھ شعبۂ اردو کے کارناموں میں بھی شمار کر سکتے ہیں۔

ان مذکورہ ابنائے شعبۂ اردو کے علاوہ اور بھی کئی بڑے چھوٹے نام ہیں جنہوں نے ایسے علمی و ادبی کارنامے انجام دیے جس کی بدولت شعبۂ اردو اور مستقبل میں آنے والے تمام تشنگانِ اردو ان پر فخر کرتے رہیں گے۔ مقالہ اور وقت کی تنگ دامنی ان باقی ادباء کے کارناموں کو بیان کرنے کی اجازت نہیں دیتا ہے جو جامعہ عثمانیہ کے شعبۂ اردو سے کسی نہ کسی اعتبار سے مربوط رہے ہیں۔اس لیے آگے میں صرف ان اشخاص کے نام مختصراً ذکر کروں گا۔گو کہ اس میں بعض کے ادبی خدمات اس قدر مایا ناز ہیں کہ ان میں سے ہر فرد پر ایک مقالہ لکھا جا سکتا ہے۔

پہلا نام پروفیسر مغنی تبسم کا ہے جو ایک قابل استاد،منفرد شاعر، ممتاز اسکالر، باشعور نقاد اور باوقار مدیر کی حیثیت سے جانے جاتے ہیں۔انہوں نے علم وادب کے علاوہ صحافتی میدان میں بھی جھنڈے گاڑے ہیں۔کئی سارے عہدو ں پر فائز رہنے کے بعد تقریباً ۱۳ مختلف رسالوں کی ادارت کی ہے۔ اور سولہ کتابوں کے مصنف رہے ہیں ،جن میں تخلیق، تحقیق اور تنقیدی تصانیف شامل ہیں۔

شعبۂ اردو سے تعلق رکھنے والی ''سیدہ جعفر'' کا نام ناقابل فراموش ہے۔عثمانیہ یونیورسٹی سے پروفیسر سروری کی نگرانی میں پی۔ایچ۔ڈی مکمل کرنے سے پہلے ہی نظام کالج میں بطور اردو لیکچرر ان کا تقرر ہو چکا تھا۔اس کے بعد شعبۂ اردو کی قابل استانی ہونے کے علاوہ شعبہ کی صدر بھی رہیں۔انہوں نے تقریباً ۲۳ کتابیں لکھی جس میں مضامین ،شخصیات ،تاریخِ اردو، تدوین متن کے علاوہ ہندی متون کی تدوین بھی شامل ہے۔ ڈاکٹر آمنہ تحسین اور ڈاکٹر مسز عسکری صفدر نی بڑی تفصیل سے موصوفہ کے علمی وادبی خدمات کا جائزہ لیا ہے۔

عثمانیہ یونیورسٹی کے شعبۂ اردو سے فارغ ہونے والی خواتین میں ''پرفیسر ثمینہ شوکت'' ایک نمایاں نام ہے۔ انہوں نے علمی و ادبی میدانوں میں بے شمار کارہائے نمایاں انجام دیے۔انہوں نے قدیم شہ پاروں کو بڑی عرق ریزی و محنت سے تحقیق وترتیب دے کر منظر عام پر لایا جس سے محققین کی فہرست میں انہیں قابل قدر نگاہوں سے دیکھا جاتا ہے۔ انہوں نے کئی قدیم شہ پاروں کو مرتب اور مدون

کر کے اردو ادب کے دامن کو مزید وسیع کیا ہے۔ شکارنامہ، حیاتِ لطف، دیوانِ لطف، مثنوی لطف، مہ لقا جیسے قدیم شہ پاروں کو بڑے ہی علمی و ادبی انداز میں مرتب و مدون کیا ہے۔ اس کے علاوہ ان کے ڈھیر سارے تنقیدی و تحقیق مضامین ہیں جو ان کی قابلیت اور صلاحیت کی شہادت دیتے ہیں۔

ان مذکورہ اشخاص کے علاوہ ''شیخ چاند'' بیسویں صدی کے ابتدائی دور کے مشہور محقق ہیں۔ سید محمد ماہر دکنیات، میر سعادت علی رضوی، ڈاکٹر ابو نصر محمد خالد ماہر دکنیات و اسلامیات، محمد بن عمر جو انگریز سے تعلیم یافتہ ہونے کے بعد بھی اردو کی طرف آ گئے، ڈاکٹر حسینی، پرفیسر غلام عمر خان مغربی ادب کے شناسا، بیجاپور کے سادات خاندان سے تعلق رکھنے والی ڈاکٹر زینت ساجدہ، ''دکن میں ریختی کا ارتقاء'' کے مصنف بدیع حسینی، ڈاکٹر خالدہ بیگم، طنز و مزاح نگار پرفیسر ضیا، ڈاکٹر رشید موسوی، ماہر نقاد و محقق اور صحافی پرفیسر سلیمان اطہر جاوید، عہد حاضر کے مشہور نقاد پروفیسر یوسف سرمست، ماہر دکنیات و لسانیات پرفیسر مسعود حسین کی شاگردہ، پروفیسر اشرف رفیع، ماہر اقبالیات ڈاکٹر عقیل ہاشمی، پروفیسر مرزا اکبر علی بیگ، امیر مینائی کی شاگردہ حمیرہ جلیلی، مشہور محقق، نقاد، مرتب و مدون اور شاعر پرفیسر محمد علی اثر وغیرہ جامعہ عثمانیہ یونیورسٹی کے شعبۂ اردو سے تعلق رکھنے والوں نے وہ کارنامے انجام دیے ہیں جسے اردو دنیا کے لوگ کبھی فراموش نہیں کر سکتے۔

جامعہ عثمانیہ شعبۂ اردو کا ان مذکورہ افراد کو تیار کرنا بہت برا کارنامہ ہے اور پھر ان اشخاص نے ادبی دنیا میں جو کارہائے نمایاں انجام دیے وہ بھی گویا شعبۂ اردو کے ہی کارنامے ہیں۔

اردو تاریخ اور خاص کر اردو تحقیق کی تاریخ میں جامعہ عثمانیہ کا قیام ایک نئے باب کی شروعات بنا۔ جامعہ کے قیام کے بعد اردو تحقیق و تنقید اور تدوین کو کافی عروج ملا۔ قدیم دکنی و اردو شہ پاروں کی تحقیق شعبہ اردو کا اہم مقصد رہا ہے۔ اس لیے شعبہ اردو کے قیام کے چند سالوں بعد ہی تحقیق کی طرف اس قدر توجہ دی گئی کہ بہت کم عرصہ میں شعبۂ اردو تحقیق کا ایک اہم مرکز بن گیا۔ شعبہ اردو کے اساتذہ اور طلبا نے مل کر تحقیق کی گویا ایک تاریخ مرتب کی ہے۔ عثمانیہ یونیورسٹی کے اس شعبۂ اردو کے تحت ادب، لسانیات اور خصوصاً دکنیات پر لکھے گئے کئ مقالے تحقیقی اور تنقیدی نقطۂ نظر سے اعلی معیار کے حامل ہیں۔ اس کے علاوہ جو ترتیب و تدوین کا کام شعبۂ اردو کے بڑے بڑے اساتذہ نے کیا اور جس عرق ریزی سے قدیم متون کو خالص سونے کی طرح کر کے پیش کیا وہ ناقابل فراموش ہے۔

عثمانیہ یونیورسٹی کے شعبۂ اردو نے اردو کی نوک پلک سنوارنے اور اس کے حدود کے لیے جو'' دارالترجمہ، وضع اصطلاحات، قدیم اردو، شعبۂ تحقیق و اشاعت'' وغیرہ کا قیام کیا اسے اردو دنیا کبھی بھلا نہیں سکتی۔ شعبۂ اردو نے ان تمام کارناموں کے ساتھ یہ بھی کیا کہ نامعلوم اور گمشدہ ادبی شخصیتوں، شاعر و اور ادیبوں پر کام کروا کر ان کو گویا حیاتِ جاوید عطا کیا ہے۔

الغرض میں اپنے ذاتی مطالعہ کے بعد اس بات کے کہنے میں حق بجانب ہوں کہ جامعہ عثمانیہ شعبۂ اردو نے اپنے طلبا و اساتذہ کے ذریعے دکنی اور اردو ادب کو ان کے مخرج سے ملانے کے ساتھ قدیم ادب کا اتنا بڑا سرمایا ہمیں دیا ہے کہ اگر یہ سرمایا نہ ہوتا تو ہم اپنی مادری زبان کے سرے سے کبھی جڑ نہیں پاتے۔ میں ایک اردو کا طالب علم ہونے کی وجہ سے جامعہ عثمانیہ شعبۂ اردو اور اس سے تعلق رکھنے والے ہر فرد کا احسان مند ہوں۔

☆☆☆

ڈاکٹر رئیس احمد اعظمی مبارک پور

# اصلاحِ مردوزن اور ہومیو پیتھی

نفسانی خواہش ایک جبلی خواہش ہے۔ یہ کسی میں بہت کم کسی میں بہت ہی زیادہ ہوتی ہے، اوسط درجے کی خواہش زوجین میں ہوتو ازدواجی زندگی خوشگوار گزرتی ہے۔ اگر زوجین میں سے کسی ایک میں کم اور زیادہ ہو تو کشیدگی اور اختلاف کا باعث ہوگا۔ بہت زیادہ خواہشِ نفسانی کی طغیانی بڑی ہی پریشانی کا باعث ہے، اسے شہوانی جنون کہا جاتا ہے۔

شہوانی جنون میں مبتلا مردوعورت عصمت وعفت کو تارتار کردیتے ہیں۔ ایسے لوگ سماج وشریعت کے حدود وقیود کا پاس ولحاظ نہیں کرتے اور عزت وناموس اور خاندانی وقار پر بٹہ لگا دیتے ہیں۔ نفسانی جنون زنا بالجبر کے ارتکاب کر گزرنے کی جرأت مند ہوتے ہیں۔ حلال وحرام کی تمیز ہی ختم ہوجاتی۔ یہ ایک بیماری ہے جو صرف نصیحت وفضیحت سے ٹھیک نہیں کیا جاسکتا۔

اس دور میں جب کہ ہرطرف اور ہرجگہ عریانیت اور فحاشی اور نیم برہنی، جلوہ نمائی ہوگئی ہے۔ صنف نازک کے جسم کے کپڑے کم سے کم ہوتے جارہے ہیں اور میک اپ کی اشیاء سے بناؤ سنگار کرکے خودنمائی کرکے دعوت نظارہ کیا جارہا ہے۔ یہ نفس امارہ کو ابھارنے کے لیے کرنٹ پیدا کرنے کے مترادف ہے۔ یہی نہیں بلکہ ایسی عشقیہ باتیں اور صدائیں (گانے) کانوں میں زہر کی طرح گھولے جاتے ہیں، جس کی وجہ سے شہوانی خیالات پیدا ہونا لازمی سی بات ہے۔

حد سے زیادہ شہوت ذہنیت کے لوگ تو زوال آمادہ ہوتے ہیں، اس لیے ذلت ورسوائی اور جگ ہنسائی کے کام کرتے ہیں اور انہیں بے جا خواہش کی تسکین کے لیے غیرفطری فعل مثلاً جلق، مشت زنی، انگشت زنی جیسے قبیح فعل وغیرہ کرتے ہیں۔ ایسے مریضانہ ذہنیت کے لوگ (مردوعورت) کا علاج صرف ہومیو پیتھک ہی میں ہے۔ کیونکہ اس علاج میں ذہن مزاج یا فطرت کو بڑی اہمیت حاصل ہے اور اگر غیرفطری اور منفی خیالات ورجحانات ہوں تو دوائیں ان کو فطری اور صالح بنادیتی ہیں۔

مردوں میں شہوانی جنون

(۱) نوجوان لڑکوں میں شہوانی جنون جو قوت ارادی سے قابو میں نہ ہو۔ آلات تناسل میں شدید تناؤ ہو، دبلے پتلے لوگ جو آگے کی طرف جھکے ہوں، ٹھنڈی چیزیں پینا پسند کرتے ہوں، ہر وقت جنسی خیالات آئیں تو فاسفورس ۳ر بار

(۲) موٹے لوگوں میں شہوت بڑھی ہو درد بھری استادگی سے پریشان ہوں، احتلام بہت زیادہ ہوتے ہوں، چہرے پر کیل زیادہ نکلتی ہوں تو کالی بروم ۳۰ نمبر دن میں تین بار۔

(۳) جن لوگوں کو جنسی خواہشات نے نیم پاگل کردیا ہو اور تیزی سے دوڑتے پھرتے ہوں، جنسی خواب وخیالات کی بھر مار ہو، استادگی کی شدید لہریں سی اٹھتی ہوں، عورت کے نہ ملنے پر جلق ومشت زنی کرنے پر مجبور ہوں تو اوری گینم ۳۰ تین بار

(۴) کم عمر لڑکوں میں شہوت بڑھی ہو دن ورات جماع کرنے کی تڑپ رہے اور خیالی طور پر مباشرت کی لذت حاصل کرنے میں سرگرداں ہوں، جس پر قابو پانے کے لیے مشت زنی کرنا ہی پڑے۔ لڑکوں کے ساتھ بدفعلی کرنے کی نہ رکنے والی خواہش

بھی ہو۔انتہائی چڑ چڑا ہو، دوسروں پر اور کبھی اپنے ہی کیے ہوئے کام پر جھلاتا ہوتو سٹافی سیگر یا ۲۰۰ یا ۱۰۰۰نمبر۔

(۵) خطرناک قسم کی جنسی بھوک یا شہوانی جنون جو نا قابلِ برداشت بنا دے اور اسے حلال وحرام کی تمیز نہ رہے ہر جائز و ناجائز طریقے سے خواہش پوری کرنے پر مجبور ہوجاتا تو انتھر م ۳۰ کینتھرس ۳۰ دن میں تین بار۔

(۶) جو بڑے ہی جذباتی ہوں، لومڑی جیسے چالاک ہوں، ہر دم بے چین رہتے ہوں، مسلسل چلتے پھرتے ہوں، خواہش نفسانی سے پاگل ہوگئے ہوں، فحش گانوں کے رسیا ہوں، چلاتے ہوں تو ٹیرنٹولا ہسپانیہ ۳۰ نمبر یا ۲۰۰ سے کڑوں ہوں گے۔

(۷) شکی و وہمی لوگوں میں شہوانی جنون، اتنی بے حیائی کہ شرمگاہ کھول کر دکھائیں عضو تناسل کو ہاتھ میں لیے رہے۔ فحش باتیں کریں تو ہایوسس ۲۰۰ صبح وشام۔۱۰۰۰ ہفتہ میں ایک خوراک۔

(۸) تعلیم و تعلم سے وابستہ لوگ جو گھر سے دور رہتے ہوں وہ خواہش نفسانی سے پریشان رہتے ہوں، رہا بھی جائے اور سہا بھی نہ جائے والا معاملہ ہو، پڑھنا پڑھانا مشکل کا باعث ہوتو ایگل فولیا مدر ٹنکچر یفی Q

صرف ہفتہ میں ایک دن ۵ بوند صبح اور شام لینی چاہئے، خواہش نارمل رہے گی۔

نوٹ: مذکورہ سبھی دوائیں استعمال کرنے سے خواہش نارمل ہوجائے گی اور غیر فطری عادت بھی چھوٹ جائے گی اور شرافت وتذکیہ نفس کی خصلت پیدا ہوگی۔

عورتوں میں شہوانی جنون

اگر کم عمر میں ہی جنسی اعضاء حساس ہوگئے ہوں، شرمگاہ کے اندر و باہر ایسی گدا گداہٹ ہو جیسے کیڑے رینگ رہے ہوں جس سے نا قابل کنٹرول جماع خواہش پیدا ہو۔ایسا بڑی عمر کی عورتوں میں بھی ہوسکتا ہے۔ مریضہ مغرور بھی ہوتو پلاٹینا ۲۰۰

حد سے زیادہ خواہش ہر وقت سیکس سے متعلق سوچتی رہتی ہو اور خواب بھی دیکھتی ہو، اس خواہش سے بے قراری ہو جس کی وجہ سے دوڑنے پر مجبور ہو، اتنی زیادہ خواہش کہ لیکوریا آئے، مجبوراً انگشت زنی کرے تو اوری گینم ۳۰ دن میں تین بار دینے سے بڑھی ہوئی خواہش بھی کم ہوجائے گی اور جلق یعنی انگشت زنی بھی چھوٹ جائے گی۔

جب اوری گینم سے فائدہ نہ ہو مریضہ اپنی شدید خواہش کی تکمیل کے لیے انگشت زنی کرتی ہو، شرمگاہ میں ورم ہو اور جنسی سرسراہٹ ہو، مریضہ کی زندگی سے بیزاری ہوگئی ہوتو گریش اولا ۳۰ دینی چاہئے۔

جو لڑکیاں بڑی بیقرار رہتی ہوں سکون سے نہ بیٹھی، سہٹر یکل مزاج ہو اور شدید نفسانی خواہش سے چلا کر بولتی ہوں، رحم میں اور شرمگاہ میں جنسی کھنچاؤ ہو، مزاجا عیار اور خودغرض ہوں تو ٹیرنٹولا ہسپانیہ ۳ دی جائے جب شہوانی جنون اور انتہائی زیادہ ہو، سیکسی باتیں کرے، بڑی بے شرمی ہو اپنے پوشیدہ حصوں کو ننگا کر دے تو ہایوسس ۲۰۰

اگر بیوہ عورتوں میں شدید خواہش ہو یعنی مجبوری کی تجرد کی وجہ سے نا قابل برداشت خواہش ہوتو فارسفورس ۲۰۰ ہر تیسرے دن دینی چاہئے، اس سے خواہش دب جائے گی۔

جب عورت کے شرمگاہ پر ہاتھ پڑتے ہی جنسی خواہش بے تاب کر دیتی ہوتو میوریکس ۲۰۰

اگر شرمگاہ میں کیڑے رینگنے کا احساس ہونے سے خارش اور خواہش بے قابو کر دے مجبوراً انگشت زنی کرنا ہی پڑے گا تو کیلکیڈیم ۳۰۰ یا ۲۰۰ دینی چاہئے۔

جب محض پستان کے چھونے پر ہی جنسی بے تابی بے قابو کر دے تو ہائیڈ وفوبینم ۲۰۰ ہفتہ میں ۲ بار

ڈاکٹر غوثیہ بانو، حیدرآباد

# حیدرآباد کا سماجی نظام

انسان نے اپنے ارتقائی ادوار کی تکمیل پر سماج کی نیو رکھی۔ اس کے بعد انسان اور سماج لازم وملزم قرار دیے گئے۔ ایک تہذیب وتمدن سے آراستہ سماج کی تشکیل وتعمیر میں تاریخی، جغرافیائی، سیاسی، معاشی و معاشرتی عوامل کارفرما ہوتے ہیں۔ معاشرہ کے عروج کے پس پردہ صدیوں کی کاوشیں پوشیدہ ہوتی ہیں۔ جن سے سماج کی اعلیٰ قدریں متعین ہوتی ہیں۔ ان قدروں کی پاس داری سے انسان تہذیب وثقافت کی بلندی کو چھونے لگتا ہے۔ جب کہ قدروں کی پامالی سے معاشرہ روبہ زوال ہونے لگتا ہے۔

صوبہ دکن کو بہمنی سلاطین نے ایک نئی تہذیب سے روشناس کروایا جسے ہند اسلامی تہذیب کا اشتراک کہا جاسکتا ہے۔ عادل شاہی حکمرانوں نے اس تہذیب کی نشوونما میں حیات وکائنات کے تمام رس و رنگ شامل کرنے کی کوشش کی۔ قطب شاہی بادشاہوں نے مقامی تہذیب کو اپنی روایتوں سے اس خوبصورتی کے ساتھ منسلک کیا کہ معاشرہ ایک اٹوٹ اکائی میں بندھ گیا۔ آصف جاہی فرماں رواؤں نے صدیوں سے ارتقائی مراحل طے کرنے والے تمدن کو عروج کمال تک پہنچایا۔ اس دور میں معاشرتی خصوصیات وقدروں کو ہی بالادستی حاصل تھی۔ مختلف مذاہب کے ماننے والے اپنی مذہبی خصوصیات کو ساتھ رکھتے ہوئے معاشرے کے عمومی رجحان کو اپناتے تھے۔ لباس، غذا، رہائش، رسم ورواج، تفریح طبع زندگی کے تمام شعبہ جات میں ایسی بے مثال یکسانیت کی نظیر شاید ہی کہیں مل پائے۔

۱۸۹۱ء کی مردم شماری کے مطابق ریاست حیدرآباد کی آبادی مختلف طبقات پر مشتمل تھی۔ ہندو ۱۰۳۱۵۲۴۹، مسلمان ۱۱۳۸۶۶۶، عیسائی ۲۰۴۲۹، سکھ ۴۶۳۷، پارسی ۱۰۵۸، جین ۲۷۸۴۵، گونڈ ۲۸۶۶۰، بھیل ۴۷۰، یہودی ۲۶۱ [۱] ریاست انتظامی طور پر تین حصوں میں منقسم تھی (۱) جاگیرات (موروثی وغیر موروثی)، (۲) شاہی زمین صرف خاص، (۳) دیوانی سرکاری انتظامی علاقہ [۲]

جاگیرات کی مختلف اقسام تھیں ان میں وہ جاگیرات بھی شامل تھیں جن کا اپنا عدالتی نظام اور محکمہ پولیس تھا۔ ہندو راجاؤں کی جاگیریں جو سمستان کہلاتی تھیں۔ یہ ۳،۱۲۲ دیہاتوں ۱۱۱،۶۱۹ اسکوائر میل علاقہ پر اپنا انتظام رکھتی تھیں۔ یہ بادشاہ کو حق مالکانہ یا پیشکش ادا کرتی تھی۔ جاگیر نگہداشت جمیعت یا پائیگاہ یہ وہ پرگنہ یا دیہات ہوتے تھے جن کے جاگیردار جمعت یا حفاظتی فوج کا انتظام رکھتے تھے۔ صرف خاص میں ۱،۴۴۳ دیہات تھے جن کا رقبہ ۷،۱۱۳ مربع میل تھا۔ یہ تمام رئیس وقت کے کنٹرول میں ہوتے تھے۔ دیوانی یا خالصہ سرکاری زمینات تھے جن کا انتظام دیوان یا مدارالمہام وزیراعظم کے ذمہ ہوتا تھا۔ اگر صرف خاص اور پائیگاہ کے درمیان کوئی اہم معاملات طے کرتا ہو تو اس کے لیے نظام کی منظوری حاصل کرنا ضروری تھا۔ ۴/ ربیع الاول ۱۳۴۸ھ کی کمیٹی صرف خاص کی تین عرضداشتوں کا ذکر کرتے ہوئے رئیس وقت نے یہ فرمان جاری کیا کہ ۵/ شعبان المعظم ۱۳۴۳ھ میں پائیگاہ اور صرف خاص کے باہمی معاملات کے نسبت جو تصفیہ ہوا ہے اس کے مدنظر صیغہ فینانس سے جو رپورٹ پیش ہوگی اس کی ترتیب کے وقت کمیٹی صرف خاص کی عرضداشتوں پر کافی غور کیا جائے۔ صیغہ فینانس کمیٹی صرف خاص سے معلومات حاصل کرسکتی ہے اور رپورٹ آنے پر اس کو عرضداشت کے ذریعہ پیش کرکے میری (نظام) کی منظوری لینا لازم ہوگا۔ (۷/ ربیع الاول ۱۳۴۸، ۱۵/ اگست ۱۹۲۹ء) صرف خاص کے مکمل اختیار کے ساتھ پائیگاہ اور دیگر جاگیرات کے معاملات بھی رئیس وقت کی مرضی سے طے پانا لازمی تھا۔ پائیگاہ جاگیر کے تعلقہ جات مختلف اضلاع (ڈسٹرکٹ) میں قائم تھے۔ بیدر، ناندیڑ، عثمان آباد، گلبرگہ، میدک، اطراف بلدہ، نظام آباد اور

چند دیہات اورنگ آباد، ورنگل، محبوب نگر اور نلگنڈہ میں بھی موجود تھے۔ پائیگاہ کے معنی ''اعلیٰ مرتبہ'' یا اعلیٰ عہدہ دار کے ہوتے ہیں۔ یہ خطاب نظام علی خان نظام ثانی کے دور میں متعارف کیا گیا۔ نظام کے خاندان کی دیکھ بھال کے ساتھ ایک تربیت یافتہ فوج کو تیار رکھنا بھی پائیگاہ کے جاگیرداروں کی ذمہ داری ہوا کرتی تھی۔ اس سلسلے کے بانی محمد عبدالخیر خان جو اودھ کے اعلیٰ مرتبت خاندان سے تعلق رکھتے تھے یہ نظام اول کے ساتھ آگرہ سے دکن آئے انھیں مالوہ کا نائب صوبہ دار بنایا گیا تھا۔ ان کے اکلوتے فرزند عبدالفتح خان کو تیغ جنگ کا خطاب نظام علی خان کی جانب سے مرحمت کیا گیا۔ شمس الامراء کے خاندانی خطاب کے ساتھ وہ دس ہزار سپاہیوں کی فوج کے سپہ سالار تھے۔ یہ پائیگاہ کی ابتدا تھی۔ ان کے فرزند محمد فخر الدین خان کا عقد نظام علی خان دوم کی صاحب زادی سے کیا گیا۔ رئیس وقت اس خاندان میں شادی بیاہ کے رشتے قائم کرتے تھے۔ محمد فخر الدین خان کو جنگ، الدولہ خاندانی خطاب شمس الامراء، دادا کا نام عبدالخیر خان کے ساتھ دس ہزار روپے کا منصب، دس ہزار سپاہی، ماہی و مراتب، علم، نقارہ، پالکی جھالردار، عماری، مورچھل، جواہرات سے سرفراز کیا گیا۔ ۱۸۲۷ء کو امیر کبیر کا خطاب اور پائیگاہ اسٹیٹ کی سند نظام ثانی نے عطا کی۔ اس خاندانی سلسلے کو رفیع الدین خان نے ۱۸۷۷ء تک نبھایا۔ ان کے بعد رشید الدین خان نے اس عہدہ داری کو عمدہ طریقے سے نبھایا۔ ان کے دو بیٹے سر خورشید جاہ اور سر وقار الامراء تھے۔ پائیگاہ اسٹیٹ دو حصوں میں تقسیم ہوگئی ایک حصہ کی نمائندگی سر آسمان جاہ اور دوسرے حصہ کی رشید الدین خان کرتے تھے۔ رشید الدین خان کی وفات کے بعد یہ مزید تین شاخوں میں تقسیم ہوگئی۔ جو پائیگاہ آسمان جاہی، پائیگاہ خورشید جاہی اور پائیگاہ وقار الامراء کہلاتی تھی۔ اپنی جاگیرات میں ان امراء کے اپنے مکمل انتظامات ہوا کرتے تھے۔ ان کی آمدنی چالیس لاکھ ہوا کرتی تھی۔[۳]

بڑی جاگیرات کے ساتھ چھوٹی جاگیریں بھی ہوا کرتی تھیں۔ بڑی اور چھوٹی جاگیر کو طے کرنے کے لیے اس کی سالانہ آمدنی کو مقرر کیا گیا۔ ۱۹/ ربیع الاول ۱۳۳۴ھ کی پیش کردہ عرضداشت میں بڑے جاگیرداروں کے علاقے سے گزرنے والی سڑک کے تعمیری اخراجات وغیرہ کے ایک حصہ کا مطالبہ کرنے کے لیے جو طریقہ کارروائی ہے اسے عرض کرتے ہوئے منظوری چاہی گئی ہے۔ ساتھ ہی ۵/ ربیع الثانی ۱۳۳۴ھ کی عرضداشت میں بہ جواب استفسار عرض کیا گیا ہے کہ بڑے جاگیرات، ان جاگیرات کو قرار دینا چاہیے جن کی آمدنی سالانہ ایک لاکھ روپے ہو۔ اس عرضداشت پر حکم صادر کرتے ہوئے کہا گیا ''بڑے جاگیرات سے مذکور اخراجات کا مطالبہ کرنے کے نسبت عرضداشت اول الذکر میں معین المہام فینانس نے جو طریقہ کارروائی بتلایا ہے مناسب ہے حسبہ عمل کیا جائے۔ شرح دستخط۔ (۵/ ربیع الثانی ۱۳۳۴ھ، ۱۴/ فروری ۱۹۱۶ء)

جاگیرداری نظام میں وراثت کا مسئلہ اہمیت کا حامل ہوتا ہے۔ ریاست میں کئی ایسے جاگیردار اور منصب دار تھے جن کی موروثی جاگیر، منصب، خطاب اور عہدے ہوا کرتے تھے۔ ایسی صورت حال میں جب کوئی جاگیردار اپنا نسبی وارث نہیں رکھتا ہو ان لاولد جاگیرداروں کے لیے وراثت کے اصول نافذ کیے گئے تھے۔ ۶/ ربیع الاول ۱۳۶۶ھ کی ایک عرضداشت (صیغہ فینانس) جو لاولد منصب داروں کی وراثت کے لیے لاولد جاگیرداروں کے لیے جو اصول رائج ہیں تصفیہ کے لیے انھیں اصولوں کا لحاظ کیا جائے، (فرمان ۱۴/ ربیع الاول ۱۳۶۶ھ۔) ان نافذ کردہ اصولوں میں اس بات کا خاص خیال رکھا جاتا۔

☆☆☆☆

ڈاکٹر عبدالقدوس
اسسٹنٹ پروفیسر اردو، گورنمنٹ ڈگری کالج حسینی علم، حیدرآباد

# ہندوستان کے آن لائن اردو اخبارات

اکیسویں صدی کو ہم سائبر دور کے نام سے جانتے ہیں، جس نے نہ صرف دنیا کے مختلف شعبوں کو متاثر کیا، بلکہ ان شعبوں میں نمایاں کارنامہ بھی انجام دیا۔ کمپیوٹر اور انٹرنیٹ موجودہ دور کی سب سے زیادہ مفید اور حیرت انگیز ایجاد ہے۔ اس کی مدد سے ہم دنیا کی بہت سی معلومات آن لائن حاصل کرنے لگے ہیں۔ یہی نہیں بلکہ آن لائن تعلیم کا بھی رواج عام ہو گیا ہے۔ جسے ای ایجوکیشن کے نام سے جانا جاتا ہے۔ اس دور میں ای ایجوکیشن، ای بکس، ای رسائل، اور ای اخبار جیسے الفاظ عام ہو گئے ہیں۔ دیگر زبانوں کی طرح اردو کے بھی بہت سے اخبار آن لائن شائع ہو رہے ہیں۔ آج میں انہیں آن لائن شائع ہونے والے اخبار پر ایک روشنی ڈالنے کی کوشش کر رہا ہوں۔

دنیا کے مختلف ممالک میں آن لائن اردو اخبار کا ایک جال سا بچھ گیا ہے۔ ان سبھی کا احاطہ اس مختصر سے پیپر میں ممکن نہیں، اس لئے میں اپنے موضوع کو مختصر کرتے ہوئے، ہندوستان سے شائع ہونے والے اخباروں کو ہی موضوع بحث بنانے کی کوشش کر رہا ہوں۔ ہندوستان کی دیگر ریاستوں سے آن لائن شائع ہونے والے اخباروں کی تعداد ۷۱ ہے جن کے نام یہ ہیں۔

ا۔اعتماد ۲۔منصف
۳۔سیاست ۴۔روزنامہ اردو ٹائمس ممبئی ۵۔روزنامہ صحافت دہلی ممبئی لکھنؤ،
۶۔جدید خبر دہلی ۷۔نئی دنیا (ہفت روزہ)
۸۔ممبئی اردو نیوز ۹۔روزنامہ اردو راسٹریہ سہارا
۱۰۔ہندوستان ایکسپریس دہلی۔ ۱۱۔انقلاب
۱۲۔گواہ حیدرآباد ۱۳۔ہمارا سماج
۱۴۔آگ ۱۵۔اودھ نامہ
۱۶۔اورنگ آباد ٹائمس ۔۱۷۔وقار ہند
۱۸۔صحافی دکن ۱۹۔روزنامہ ایشیا ایکپریس
۲۰۔روزنامہ ہندوستان ۲۱۔ملاپ
۲۲۔کشمیر عظمی ۲۳۔روزنامہ خبریں
۲۴۔ہمارا سماج ۲۵۔رابطہ ٹائمس
۲۶۔فاروقی تنظیم ۲۷۔الصفا
۲۸۔تسکین ۲۹۔تعمیر
۳۰۔روشنی ۳۱۔ہند سماچار
۳۲۔ہند نیوز ۳۳۔صدائے حسینی
۳۴۔اردو ٹائمز ۳۵۔سائبان
۳۶۔سیاسی تقدیر ۳۷۔انوار قوم
۳۸۔مرکز ۳۹۔سیاسی افق
۴۰۔دعوت ۴۱۔وقار ہند
۴۲۔ساحل آن لائن ۴۳۔سیاسی تنظیم
۴۴۔سری نگر نیوز ۴۵۔اسلامک وائس
۴۶۔دور جدید ۴۷۔آبشار
۴۸۔ہمارا مقصد ۴۹۔سالار ہند
۵۰۔اردو تہذیب نیٹ ۵۱۔اڑان

۵۲۔چوتھی دنیا ۵۳۔ملاپ
۵۴۔القمر ۵۵۔اخبار وافکار
۵۶۔صدائے حسینی ۵۷۔مشرق
۵۸۔عالمی اخبار ۵۹۔سفیر میل
۶۰۔بصیرت آن لائن ۶۱۔صدائے اودھ ۶۲۔امین
۶۳۔رہبر ۶۴۔متاع آخرت
۶۵۔وارث اودھ ۶۶۔روزنامہ ہندوستان ۶۷۔حقیقت ٹائمس ۶۸۔پیغام
۶۹۔قومی امکان ۷۰۔انکشاف
۷۱۔روزنامہ اردو ۷۲۔الجمیعہ

اس فہرست میں شامل اخباروں میں زیادہ تر اخبار روزنامہ اور کچھ اخبار ہفت روزہ پر مشتمل ہیں۔ان میں کچھ اخبار ایسے ہیں جن کے بہت سے اڈیشن شائع ہوتے ہیں،ان اخباروں میں انقلاب اور روزنامہ راسٹریہ سہارا کے نام لیے جاسکتے ہیں،جن کے بہت سے ایڈیشن شائع ہوتے ہیں۔

ہندوستان کے کچھ شہر ایسے ہیں جہاں سے کئی آن لائن اخبار شائع ہوتے ہیں،ان شہروں میں حیدرآباد،لکھنؤ،دہلی اور اورنگ آباد جیسے شہر شامل ہیں۔

حیدرآباد:

حیدرآباد اردو زبان وادب کا گہوارہ رہا ہے۔یہاں کے حکمرانوں نے نہ صرف اردو زبان وادب کی آبیاری کی بلکہ یہاں کی عوام نے بھی اس زبان کو قبول کر کے اس زبان کو عزت بخشی۔یہی وجہ ہے کہ یہاں اردو بولنے والوں کی کثیر تعداد پائی جاتی ہے۔اس شہر سے بھی بہت سے آن لائن اخبار شائع ہوتے ہیں،ان آن لائن شائع ہونے والے اخباروں میں اعتماد،منصف،سیاست،گواہ،صدائے حسینی، وقار ہند،سفیر میل، انکشاف،صحافئ دکن جیسے اخبار شامل ہیں۔ان اخباروں میں سیاست،اعتماد،منصف کو کافی اہمیت حاصل ہے۔حیدرآباد کا اعتماد ایک ایسا اخبار ہے جو اردو کے تمام اخباروں میں سب سے پہلے آن لائن ہوتا ہے۔اس اخبار کو صبح ۳ بجے آن لائن کر دیا جاتا ہے۔

لکھنؤ:

سرزمین لکھنؤ نے تہذیبی اور روایتی اقدار کے ساتھ ساتھ تحقیقی اور لسانی سطح پر اتنا بڑا ادبی سرمایہ پیدا کیا ہے کہ اردو زبان وادب کا تصور لکھنؤ کے بغیر ممکن نہیں۔یہاں کی عوام کی دلچسپیوں کو مد نظر رکھتے ہوئے یہاں سے بھی اردو کے بہت سے آن لائن اخبار شائع ہوئے ۔ ان شائع ہونے والے اخباروں میں صحافت،آگ،ہند نیوز،مرکز،عوامی سالار،وارث اودھ،اودھ نامہ جیسے اخبار شامل ہیں۔ان میں روزنامہ آگ کو اس لیے سبقت حاصل ہے کہ یہ اخبار ایک ساتھ دو زبانوں میں شائع ہوتا ہے جس کا آدھا اخبار اردو اور آدھا اخبار ہندی میں شائع ہوتا ہے۔اس اخبار کی ایک خاصیت یہ بھی ہے کہ اس اخبار کا روز ایک صفحہ ادبی گوشہ پر مشتمل ہوتا ہے،جس میں ادب سے متعلق تنقیدی،تحقیقی،مضامین کے ساتھ ساتھ افسانے اور غزلیں بھی روز شائع کی جاتی ہیں۔

دہلی:

دہلی نے اردو کے فروغ میں مرکزی کردار ادا کیا،یہی وجہ ہے کہ اردو صحافت کے فروغ کے ابتدائی نقوش اسی سرزمیں میں پیوست نظر آتے ہیں۔جسے ہم دہلی اردو اخبار کے طور پر جانتے ہیں۔عصر حاضر میں بھی اس شہر نے صحافت کے میدان کو آگے لے جانے میں نمایاں رول ادا کیا ہے۔یہی وجہ ہے کہ دہلی سے شائع ہونے والے اخباروں کی تعداد بہت زیادہ ہے جن کے نام یہ ہیں۔نئی دنیا، ہندوستان ایکسپریس،جدید خبریں، روزنامہ خبریں،فاروقی تنظیم،سائبان،ہند نیوز،دعوت،ہمارا مقصد،سالار ہند،چوتھی دنیا،اردو تہذیب نیٹ،الجمیعہ،مسرت،سیاسی خبریں، میزائل ایکسپریس،قاصد،صحت اور سماج،اور مسلم دنیا۔

**ممبئی:**

ممبئی میں اردو والوں کی خاصی تعداد بڑھی ہے جو شہر سے مضافات کے دور دراز علاقوں تک پھیل گئی ہے۔ جن کی تعداد ایک اندازے کے مطابق ۴۰ سے ۵۰ لاکھ تک ہے۔ یہاں سے شائع ہونے والے آن لائن اخباروں میں روزنامہ اردو ٹائمز، ممبئی اردو نیوز، روزنامہ ہندوستان اور میرا بھارت ٹائمز شامل ہیں۔

**اورنگ آباد:**

اورنگ آباد دکن کا قدیم علاقہ ہے جو بعد میں مہاراسٹرا میں ضم کر دیا گیا۔ یہاں بھی اردو والوں کی اچھی خاصی تعداد پائی جاتی ہے۔ اسی لئے اس چھوٹے سے شہر سے بھی تین آن لائن اخبار اورنگ آباد ٹائمز، ڈیلی ہندوستان، اور ایکسپریس ایشیاء شائع ہوتے ہیں۔ اردو روزنامہ اورنگ آباد ٹائمز نے ابھی ایک اور دو اپریل ۲۰۱۷ء کو اپنی گولڈن جبلی تقریب منائی ہے۔ اس تقریب کے تحت قومی کونسل برائے فروغ زبان نئی دہلی کے توسط سے دوروزہ قومی سیمینار اردو صحافت کے موضوع پر منعقد کیا گیا جس میں ہندوستان بھر سے کثیر تعداد میں لوگوں نے شرکت کی۔

مندرجہ بالا فہرست سے ہمیں اس بات کا اندازہ تو ہو گیا کہ ہندوستان میں آن لائن شائع ہونے والے اخبار کی ایک کثیر تعداد ہے جو اردو زبان وادب کی خدمت انجام دے رہے ہیں۔ ان اخباروں میں زیادہ تر اخبار ایسے ہیں جو شہرت تو نہیں رکھتے مگر یہ کیا کم ہے کہ انھوں نے عصری منظر نامے پر قدم رکھ کر انفارمیشن ٹکنالوجی سے اردو زبان وادب کو جوڑنے کی کوشش ضرور کی ہے۔

**ہندوستان کے اہم آن لائن اردو اخبار:**

ہندوستان کے اہم آن لائن اردو اخباروں میں روزنامہ راشٹریہ سہارا ردو، انقلاب، سیاست، منصف، اور اعتماد ہی ایسے اخبار ہیں جو قدر کی نگاہ سے دیکھے جاتے ہیں اور ان کا سرکیولیشن بہت زیادہ ہیں۔ جن میں انقلاب اور روزنامہ راشٹریہ سہارا دو ایسے اخبار ہیں جو کئی ریاستوں کے ساتھ ساتھ کئی شہروں سے ایک ساتھ شائع ہوتے ہیں، اس کے علاوہ سبھی اخبار اپنے اپنے علاقوں میں مقبولیت رکھتے ہیں۔

اب تک ہم نے ان اخباروں پر روشنی ڈالنے کی کوشش کی ہے جو پیپر پر پرنٹ ہوتے ہیں۔ اب ایسے اخباروں پر بھی نظر ڈال لی جائے جو صرف اور صرف آن لائن اپلوڈ کیے جاتے ہیں۔

اخباروں کو پرنٹ کرنا اور دور دراز علاقوں تک پہنچانا ایک مشکل عمل ہے، اس کام سے بچنے کے لیے کچھ افراد نے کارخیر کو مدنظر رکھتے ہوئے آن لائن اخبار شروع کیا جن میں ایک اہم نام www.baseeratonline.com کا ہے، جنھوں نے اس سائٹ پر ایک آن لائن اخبار ''بصیرت'' کے نام سے نکالنا شروع کیا۔ یہ ہندوستان میں اردو دنیا کا پہلا اخبار ہے جو ۲۴ گھنٹے اپڈیٹ رہتا ہے۔ اس اخبار کو مندرجہ حصوں میں تقسیم کیا گیا ہے۔

۱۔ سرورق
۲۔ ہندوستان
۳۔ اخبار جہاں
۴۔ مسلم دنیا
۵۔ خاص خبریں
۶۔ شمع فروزاں
۷۔ مضامین ومقالات
۸۔ جہان بصیرت
۹۔ تاریخ وادب
۱۰۔ سیرت وشخصیت
۱۱۔ اسلامیات
۱۲۔ خواتین واطفال
۱۳۔ طب وسائنس

ساحل آن لائن نیٹ (sahilonline.net):

بھٹکل سے آن لائن اپلوڈ ہونے والا اخبار ہے اس اخبار کی ایک خصوصیت یہ ہے کہ یہ ایک ساتھ تین زبانوں اردو، انگریزی، اور کنڑ میں شائع ہوتا ہے۔

اخبار اردو ڈاٹ کام (www.akhbarurdu.com):

ہندوستان کی بے حد مقبول سائٹ ہے اس سائٹ پر ہندوستان سے

شائع ہونے والے ہندی اردو اور انگریزی کے تمام اخبار اپلوڈ کردیے جاتے ہیں۔آن لائن اخبار کو سرچ کرنا ہر ایک کے بس کی بات نہیں اس سائٹ نے اس کمی کو پورا کرنے میں نمایاں رول ادا کیا ہے۔

مضامین ڈاٹ کام: اس سائٹ کا قیام ایک اپریل ۲۰۱۶ ءکو عمل میں آیا اس کا بھی مقصد ہندوستانی عوام تک روزانہ شائع ہونے والے اخبارات کو پہنچانا ہے۔

آخر میں ہم اس نتیجہ پر پہنچتے ہیں کہ جام جہاں نما کلکتہ ۱۸۲۲ء سے شروع ہونے والے اخبار نے آج عصر حاضر میں ترقی کے کئی منازل طئے کر چکی ہیں۔عصر حاضر میں ہمیں اب اخبار آنے کا انتظار نہیں رہتا بلکہ ہم اپنے موبائل، لیپ ٹاپ یا ڈیسک ٹاپ پر آن لائن اخبار پڑھ لیتے ہیں۔ بہت سے اخبار کے باقاعدہ طور پر موبائل ایپ بھی تیار کئے گئے ہیں، جہاں پر ہمیں روز کا اخبار موصول ہو جارہا ہے۔ یہ ایک خوش آئند خبر ہے کہ اردو کو عام کرنے میں ان اخباروں کے ساتھ ساتھ انفارمیشن ٹکنالوجی نے بھی نمایاں رول ادا کیا ہے۔

☆☆☆☆

ڈاکٹر نوری خاتون
اسسٹنٹ پروفیسر (سی) عثمانیہ یونیورسٹی کالج فار ویمنس

# محمد علی اثر کی شاعری میں فکر و فن کا تنوع

پروفیسر محمد علی آثر کا شمار اردو کے ان معدودے چند محققوں میں ہوتا ہے جن کی تخلیقات نے اردو زبان و ادب کے ذخیرے میں گراں قدر اضافہ کیا۔

ماہر دکنیات اور محقق و نقاد کی حیثیت سے انہوں نے اپنی صلاحیتوں کا لوہا منوایا ہے۔ رفیق ہوں یا رقیب ہر کوئی ان کی خدمات کا معترف ہے۔ برصغیر ہند و پاک کے محققین اور نقادوں میں آپ ایک اہم مقام کے حامل ہیں، لیکن یہ بات بہت کم لوگ جانتے ہیں کہ آپ جتنے بڑے محقق ہیں اتنے ہی اچھے شاعر بھی ہیں تحقیق جیسے خشک موضوع پر کام کرنے کے ساتھ ساتھ آپ نے اپنے جذبات احساسات، تجربات و خیالات کو شعری سانچے میں ڈھالا۔ ان کی شاعری کا معتد بہ حصہ مذہبی شاعری پر مبنی ہے۔ یعنی حمد، مناجات، نعت، سلام۔ ان کے حمدیہ ونعتیہ کلام کے پانچ مجموعے شائع ہو چکے ہیں۔

۱۔ نعتِ رسول خدا (طویل نعت) 2000ء
۲۔ انوارِ خطِ روشن (مجموعہ حمد و نعت) 2003ء
۳۔ اللہ جل جلالہٗ (مجموعہ حمد و نعت) 2007ء
۴۔ قلم کی سجدہ ریزیاں (حمدیہ ونعتیہ رباعیاں) 2010ء
۵۔ ثنائے حامد و محمود 2017ء

حمد و نعت اردو شاعری کی ایک موضوعاتی صنف ہے اس کے لیے کوئی خاص ہیئت مقرر و متعین نہیں شاعری کی کسی بھی صنف یا ہیئت میں اس کو برتا جا سکتا ہے۔ یعنی غزل، نظم، مثنوی، رباعی، قطعہ ثلاثی، مخمس، مسدس، ہائیکو، ماہیے، ترائیلے وغیرہ وغیرہ حمد کیلیے اللہ تعالیٰ سے کامل عشق اور جذبے کی صداقت کی ضرورت ہے۔ اللہ تعالیٰ کی توفیق کے بغیر انسان دو رکعت نماز نہیں پڑھ سکتا، کوئی بھی نیک کام نہیں کر سکتا تو یہ کیسے ممکن ہے کہ اس کی رضا کے بغیر کوئی شخص اس کی حمد و ثنا کرے۔ اللہ تعالیٰ یہ اعزاز اپنے ان بندوں کو عطا کرتے ہیں جن کا ظاہر و باطن پاک ہو۔ عام انسان تو صرف ظاہری پاکیزگی کو دیکھتا ہے اور اسی سے متاثر ہوتا ہے مگر اللہ تعالیٰ کی نگاہ میں ظاہر سے زیادہ باطن کی اہمیت ہے وہ پاکیزہ دل و پاکیزہ دماغ کو ہی اپنی خوشبو سے معطر کرتا ہے۔ محمد علی آثر اللہ رب العزت کے ان خوش نصیب وانعام یافتہ بندوں میں شامل ہیں جن کی زبان سے اللہ سبحان تعالیٰ اپنی تعریف سننا پسند کرتے ہیں۔ آزمائشوں، پریشانیوں اور بیماریوں میں گھرے رہنے کے باوجود بھی جو شخص اللہ رب العزت کا شکر ادا کرتا ہے تو ایسے مخلص بندے پر اللہ کی عنایت کیوں کر نہ ہو؟ شاید ان کی اسی ادا نے خدا کے دربار میں سرخروئی پائی اور انہیں یہ شرف ملا کہ وہ حمدیہ ونعتیہ شاعری موزوں کرنے لگے۔ اچھی شاعری موزوں کرنے کے لئے اس میں قافیہ پیمائی کے ساتھ ساتھ نغمگی، سلاست، روانی، بہترین الفاظ کا انتخاب، خیال کی ندرت، شوکت الفاظ اور معنی آفرینی کا ہونا بے حد ضروری ہے اس کے بغیر کلام میں دلکشی پیدا نہیں ہو سکتی اور شاعری صرف الفاظ کا انبار معلوم ہوتی ہے۔ حمدیہ اور نعتیہ شاعری لکھنے کے لیے شاعر کو اور بھی زیادہ محتاط رہنے کی ضرورت ہے کیونکہ یہاں صرف محبت کا اظہار معنی نہیں رکھتا بلکہ عقیدت و احترام کا التزام بھی ضروری ہے۔

اثر صاحب کی پہلی نظم ''حمد'' 66 ابیات پر مشتمل ہے جو ''اللہ'' کے اعداد 66 کی مناسبت سے نظم کی گئی ہے اس میں محمد علی اثر نے اپنے جدتِ فن کو پرواز دی اور مشکل قافیہ پیمائی کے ساتھ دلکشی پیدا کرنے کی کوشش کی سخت زمین اور قافیہ استعمال کرتے ہوئے انہوں نے اپنی مشکل پسندی کا ثبوت دیا مثلاً ممکنات، سومنات، نوازشات، مشکلات، تنزّلات، مسلّمات، تغیّرات، مؤثّرات، مضمّرات، مطالعات، تحفظات، تنازعات، تفکّرات، محرّکات، کائنات، شکاریات، تحیّرات تصرّفات، جواہرات، دکنیات، مطالبات، لفظیات، وغیرہ وغیرہ اس طویل نظم کی خوبی یہ ہے کہ نہ ہی خیالات بوجھل معلوم ہوتے ہیں اور نہ ہی الفاظ کی تکرار ہوتی ہے بلکہ ہر

شعر معنوی اعتبار سے ندرت لیے ہوئے ہے۔ اس نظم کے چند اشعار نمونتاً پیش ہیں:

ہر بات ترے بس میں ممکنات میں ہے
ہماری عقل تو غلطاں تحیّرات میں ہے
وہی مالک بھی ہے، مومن بھی ہے مھیمن بھی
اسی کا سکّہ رواں ساری کائنات میں ہے
تو ہی کریم ہے، رحمان بھی، غفور بھی تو
مرا بھروسہ یقیناً سبھی صفات میں ہے
زمیں سے تا بہ فلک تیری جلوہ آرائی
ہماری عقل تو حیراں تجلّیات میں ہے

حمد میں عام طور پر شعراء اللہ تبارک تعالیٰ کے اوصاف بیان کرتے ہیں، مخلوقات پر اس کے احسانات کا اقرار کرتے ہیں اور اس کے خالق، قادر، رحمٰن و رحیم، غفار، ستار اور رزاق، واحد اور ماجد وغیرہ ہونے کا اعتراف کرتے ہیں۔

حمد یہ رباعی:

معبودِ حقیقی کا تو عابد بن جا
وہ حمد کے لائق ہے تو حامد بن جا
مولیٰ ہے وہ، ذوالجلال اعلیٰ، اکبر
وہ واحد و ماجد ہے تو ساجد بن جا

ڈاکٹر محمد علی اثر نے اپنے حمدیہ کلام میں اللہ تعالیٰ کے تقریباً تمام مبارک و متبرک اسمائے صفات کا سہارا لے کر التجائیں کیں ہیں، کبریائی ۳ بیان کی ہے وہ اپنی مدح سرائی کو بھی خدا کی دین کہتے ہیں:

اپنے بس کی نہیں ہے حمد وثنا
رب کی شانِ نزول ہوتی ہے

اثر صاحب کی حمدیہ و مناجاتی شاعری کے متعلق شمس الرحمٰن فاروقی کہتے ہیں:

''حمد و مناجات کے میدان میں آپ کی کاوشیں قابلِ قدر ہیں ان میں بعض اشعار بہت دلکش ہیں خاص کر وہ جن میں سہل ممتنع کا رنگ آ گیا ہے۔'' ۱

اثر صاحب نے حمد و مناجات کو نہ صرف غزل اور قطعہ کے پیرائے میں پیش کیا ہے بلکہ ماہیے، ترائیلے، ثلاثیاں اور قطعات میں بھی خدائے بزرگ و برتر کی بڑائی و کبریائی کا ذکر کیا ہے۔ کہتے ہیں ..

ماہیۓ (۱) طوفان میں نیّا ہے (۲) معبود ہے تو میرا
پار لگا مولا سر کو جھکاتا ہوں
بس تو ہی کھویا ہے مسجود ہے تو میرا

ثلاثی تیرا جلوہ ہے چار سو سائیں
پھول میں چاند میں ستاروں میں
ذرّے ذرّے میں تو ہی سائیں

اثر صاحب کے مندرجہ بالا شعری تجربات پر تبصرہ کرتے ہوئے سردار سلیم کہتے ہیں:

''ماہیے'' کہنے پر آئے تو ماہیوں کے انبار لگا دیا، ہائیکو، ترائیلے، سانیٹ، ثلاثی وغیرہ وغیرہ نہ جانے کن کن ہیئتوں میں انہوں نے اپنے اشہب قلم کو دوڑایا ہے لیکن ایک بات ہے وہ جس صنف میں بھی طبع آزمائی کرتے ہیں پورے شعور و حساسیت کے ساتھ خود کو شاعری کی تخلیقی فضا میں لے جاتے ہیں'' ۲

محمد علی اثر نے اپنی حمدیہ و مناجاتی شاعری میں سورۃ فاتحہ کی ٹکنک کو اپنایا ہے یعنی پہلے اپنے خالق کی تعریف و توصیف اس کے بعد اپنی بندگی کا اعتراف اور پھر عز و انکساری کے ساتھ مناجات کا بیان ہے۔ محمد علی اثر کے حمدیہ کلام میں مناجات کا عنصر غالب ہے ان کی بعض حمدوں میں سے دو تین اشعار حمد کے علٰحدہ کر دیئے جائیں تو پوری نظم دعا و مناجات کی صورت میں رہ جاتی ہے۔ یہ بھی اللہ تعالیٰ کی عنایات میں سے ایک ہے کہ بندہ صبح و شام، دن رات، خوشی و غم، تکلیف و راحت ہر ایک موقع پر اپنے خالق کو یاد کرے اسی سے التجا کرے، اسے راضی رکھنے کی کوشش کرے۔ دعا کی اہمیت اس حدیثِ مبارکہ سے بھی واضح ہوتی ہے کہ '' **اَلدُّعاءُ مُخّ العِبادَ ۃِ** '' (دعا عبادت کا مغز ہے) یعنی جو بندہ جتنی زیادہ دعائیں کرتا ہے وہ اتنا ہی زیادہ عبادت گزار ہے۔ اللہ تعالیٰ اس بندے کو محبوب رکھتے ہیں جو اپنی بے بسی کا اظہار کرتے ہوئے عاجزی و انکساری سے اس سے طلب کرے۔ محمد علی اثر کی مناجات ایک ایسا گلدستہ ہے جس میں ہر رنگ و خوشبو کے پھول ملیں گے کہیں بے بسی کا اظہار ہے، تو کہیں شکر گزاری، کہیں درد و غم کی انتہا

ہے تو کہیں خوشی کا احساس، کہیں مایوسی اور نا اُمیدی ہے تو کہیں بلند حوصلگی اور پُر اُمیدی ہے۔ غرض انکی اپنی ذاتی زندگی سے جڑے ہوئے واقعات و حادثات کی ترجمانی ہے۔ کہیں وہ اپنی بے بسی، لاچاری، رنج وغم کی انتہا کو پہنچ کر اللہ تعالیٰ سے ان تکالیف کا اظہار کرتے ہیں اور اپنے حالات زندگی میں بہتری کی التجا کرتے ہیں۔

غم دیئے ہیں جب اتنے اے مالک
مجھ کو طاقت بھی صبر کی دے دے
دل کی دھڑکن بھی تو مولا اب سنی جاتی نہیں
تو نے سناٹا لکھا میری سماعت کے لیے
درد سہنا بھی اثر اس نے سکھایا مجھ کو
لکھ کے خود درد بھرا میرا مقدر اس نے
چلتا رہوں اوروں کا سہارا لے کر کب تک
اپنے پیروں پر چلنے کے قابل کر دے
یا الٰہی دعا مری سن لے
آس میری ملول ہوتی ہے

حمد یہ رباعی:

خود ہی میں مگن رہنا ہے عادت میری
اپنوں کو بلا لاتی ہے چاہت میری
حجرے میں ہوں میں مثل مزار، اے اللہ!
بس اتنی سی ہے گھر میں ضرورت میری

محمد علی اثر نے اللہ تعالیٰ سے نہ صرف اپنی تکالیف کا اظہار کیا ہے بلکہ اس کی بے پناہ نعمتوں کا ذکر کرتے ہوئے اس کی رضا میں راضی رہنے والے اشعار بھی قلمبند کئے ہیں جس سے ان کی سعادت مندی اور عبدیت کا اندازہ ہوتا ہے۔ ایسے اشعار کے مطالعہ سے غمگین وملول قاری بھی مایوسی کی اتاہ گہرائیوں سے نکل کر امید کا دامن تھام لیتا ہے۔

تیری یہ خُو کہ مسلسل نوازشات میں ہے
یہ بندہ پھر بھی سمجھتا ہے مشکلات میں ہے

کفر ہے اے اثر یہ مایوسی
لطف اس کا تجھی پہ سارا ہے
اس میں بھی مصلحت یقیناً ہے
جن دعاؤں کو ٹال دیتا ہے
دیا ہے ہم کو طلب سے بھی کچھ سوا لیکن
ہماری خوئے گدائی مطالبات میں ہے

محمد علی اثر کے پاس رنج وغم تکالیف اور ظلمتوں سے مایوس نہ ہونے اور خدا کی رحمتوں سے ہمیشہ پُر امید رہنے کا درس بھی ہے چنانچہ وہ کہتے ہیں:

تکلیف بھی راحت کا سبب ہوتی ہے
ہاں! ویسے مگر صبر طلب ہوتی ہے
اللہ نے رکھا ہے ہر اک کام کا وقت
عجلت تو اثرؔ! سوئے ادب ہوتی ہے
تنویر قمر دیکھ کے خوش ہو جاؤ
گرمی میں شجر دیکھ کے خوش ہو جاؤ
اللہ سے مایوس کبھی مت ہونا
آثارِ سحر دیکھ کر خوش ہو جاؤ

اللہ تبارک وتعالیٰ نے انسان کی تخلیق کے بعد فرمایا کہ یہ تو خطا کا پتلا ہے غلطیاں اور لغزش اس سے ہمیشہ سرزد ہوتی رہیں گی۔ لیکن مومن وہی ہے جسے اپنی غلطی کا احساس ہوا اور وہ اس پر شرمندہ ہو۔ اللہ تعالیٰ نے جو جو نعمتیں انسان کو ودیعت کی ہیں ان میں سب سے اہم نعمت اپنے گناہوں کا احساس ہے۔ رابعہ بصریؒ سے کسی شخص نے پوچھا کیا گناہ گار کی توبہ قبول ہوتی ہے؟ تو آپ نے فرمایا کہ جب اسے توبہ کی توفیق مل گئی تو توبہ قبول ہونا بھی بعید نہیں۔ اللہ تعالیٰ جس انسان سے محبت کرتے ہیں اسے گناہوں سے بچا کر رکھتے ہیں یا کبھی اس سے کوئی خطا سرزد ہو جائے جو کہ اس کی فطرت میں شامل ہے تو جلد ہی اسے اس کی غلطی کا احساس کرا دیتے ہیں الحمد اللہ یہ خوبی بھی اثر صاحب کے کلام میں موجود ہے اسی لیے لکھتے ہیں:

کوئی لغزش جو ہو اثرؔ ہم سے
عرقِ انفعال دیتا ہے
رو رہا ہوں خطاؤں پر اپنی

آنکھ میں آنسوؤں کا دھارا ہے

ضمیر بن کر جو چھتا ہے ہر برائی پر
ہمارے سینے کے اندر وہ خار تیرا ہے
ضمیر بن کے بدی سے جو روکتا ہے مجھے
مرے وجود میں پاسباں اس کا ہے

محمد علی اثر نے اپنے کلام میں جا بجا اللہ تعالیٰ سے اپنے گناہوں کی مغفرت طلب کی ہے اپنے گناہ گار ہونے کے ذکر کے ساتھ اللہ تعالیٰ کے ستار العیوب، وغفار الذنوب ہونے کا اعتراف بھی کیا ہے کہتے ہیں:

میری خطاؤں کو یا رب تو درگزر فرما
غفور، عفو وکرم بھی تری صفات میں ہے
ہے تیری شانِ کریمی معاف کر دینا
فروگزاشت تو انسان کی صفات میں ہے

محمد علی اثر کا طرز زندگی نہایت سادہ ہے وہ دنیاوی عیش وآرام، آرائش وزیبائش کو کوئی اہمیت نہیں دیتے بلکہ دنیا کو ایک دھوکہ قرار دے کر اس کے فریب میں نہ آنے کا مشورہ دیتے ہیں کہتے ہیں کہ یہ دنیا ہیچ ہے جو شخص آخرت میں کامیاب وکامران ہوگا وہی حقیقت میں سرفراز ہوگا اس لیے وہ خاتمہ بالخیر کی دعا کرتے ہیں:

دنیا تو ہے پیروں میں اک دامِ اثر
جو نشہ بڑھا دیتا ہے وہ جامِ اثر
عقبیٰ کی بھلائی کے بھی ساماں کرو
ہو خاتمہ بالخیر تو آرامِ اثر

حدیث مبارکہ میں آیا ہے کہ جو شخص اپنے اہلِ خانہ کے لیے حلال روزی کماتا ہے تو گویا وہ بھی خدا کی راہ میں جہاد کرتا ہے محمد علی اثر کے یہاں بھی ہم کو بار بار حلال و پاکیزہ کمائی کا ذکر ملتا ہے، اس بات پر وہ اللہ تعالیٰ کا شکر ادا کرتے ہوئے نہیں تھکتے کہ اس نے ہی انہیں یہ توفیق دی کہ وہ اپنے اور اپنے اہلِ خانہ کے لئے حلال رزق کا بندوبست کرے۔

یہ کرم ہے ترا کہ تو مولا
مجھ کو رزقِ حلال دیتا ہے
زرو جواہر مال و دولت سب اس کے
میری کمائی میں بھی برکت اس کی ہے

ترے رستے پہ چلتا ہوں بُرائی سے میں بچتا ہوں
مجھے تو صرف محنت کی کمائی دے مرے اللہ

حلال رزق کے ساتھ محمد علی اثر نے اپنے پیشۂ تدریس سے جڑے رہنے کا بھی بار ہا ذکر کیا ہے۔ پہلے وہ خود علم کی دولت سے مالا مال ہوئے اور پھر اس گراں مایہ سرمائے کو اپنے شاگردوں میں لٹانے لگے۔ نہایت ہی شفیق ومہربان استاد کی حیثیت سے وہ اپنے شاگردوں میں ممتاز ہیں۔ آپ کے پُرخلوص رویے کا معترف آپ کا ہر شاگرد ہے۔ استاد کا ہمدرد اور غم خوار ہونا اور ساتھ ہی ساتھ بحر العلوم بھی ہونا شاگردوں کے لیے سونے پہ سہاگے کا کام کرتا ہے۔ اور خود اثر صاحب کو اس بات کا شدت سے احساس ہے کہ رب کریم نے جب انہیں معلم کے منصب پر فائز کیا ہے تو طالب علم کی طلب کو پورا کرنا ان کے فرائض منصبی میں شامل ہو گیا اس لیے وہ کہتے ہیں:

پڑھنے کے لیے اور پڑھانے کے لیے
نیکی پہ سدا چلنے چلانے کے لیے
رب نے ہمیں تعلیم کی خاطر بھیجا
کم علم کو ذی علم بنانے کے لیے
ہر پیاسے کی پیاس بجھانا سیکھا
ہم نے تو یہی پینا پلانا سیکھا
ہم کو جب بنایا ہے معلم رب نے
بس علم کی دولت کو لٹانا سیکھا

ڈاکٹر محمد علی اثر اپنی ساری صلاحیتوں کو اللہ تعالیٰ کی نذر کرتے ہوئے کہتے ہیں کہ اگر اللہ کا کرم نہ ہوتا تو میری زبان سے اس کا ذکر جاری نہ ہوتا اور اس پاک ورد کی بدولت ہی دنیا میں مجھے اعزازت، انعامات، کمالات حاصل ہوئے ہیں۔ یہ اللہ رب العزت کی شان کریمی ہے کہ وہ جسے چاہتا ہے نوازتا ہے کہتے ہیں:

الٰہی ذکر میں تیرے اگر شاغل نہیں ہوتا

کسی خوبی کا میں ہرگز کبھی حامل نہیں ہوتا
کوئی قابل نہیں ہوتا، کوئی عاقل نہیں ہوتا
بغیر از بندگی ہرگز سکوں حاصل نہیں ہوتا
جس کو چاہے علم وفن کی آگہی دیتا ہے تو
چاہنے والوں کو اپنے برتری دیتا ہے تو

ایک بڑا فنکار اپنی تحریروں وکلام کو صرف اپنی ذات تک محدود نہیں رکھتا بلکہ وہ یہ سمجھتا ہے کہ خدا نے جو یہ کمال اسے ودیعت کیا ہے اس میں سماج کا حصّہ ہے اس لیے وہ اپنے اطراف واکناف، قریب وجوار پر عمیق نظر رکھتا ہے اور اپنے کلام کا ایک معتد بہ حصّہ ان کے لئے مختص کرتا ہے۔ ڈاکٹر محمد علی اثر صاحب چونکہ چلنے پھرنے سے قاصر ہیں اس لیے وہ اخبارات کے مطالعے اور ٹیلی ویژن کے مشاہدے کے ذریعہ ملک و بیرون ملک کے حالات سے واقفیت حاصل کرتے ہیں۔ اخبارات کا مطالعہ بھی وہ اتنا ہی ضروری سمجھتے ہیں جتنا تحقیقی، علمی اور ادبی کتابوں کا۔ اخبارات کے مطالعے سے وہ ملک و بیرون ملک کے سیاسی، سماجی، معاشی اور ادبی حالات سے بخوبی واقف ہوتے ہیں۔ دورِ حاضر میں مسلمانوں کی تباہی و بربادی اور ہلاکت وذلت پر ان کا دل خون کے آنسو روتا ہے۔ اور اسی غم میں ڈوبے ہوئے وہ خدا کے حضور دستِ دعا دراز کرتے ہیں:

ہراس وخوف و تشدد ہے جس طرف دیکھو
ترے حبیبؐ کی امت تفکرات میں ہے
تو ہم کو اپنے تحفظ کی ڈھال دے مولا
عدو کا آج مسلماں پہ وار ہے اللہ

فوج اصحابِ فیل آئی ہے
چونچ میں طائروں کی کنکر دے

رقص جاری ہے ضلالت کا یہاں پرائے اللہ
ہوگیا مشکل بچانا جان کو ایمان کو

رباعی: مظلوم ہوئے جاتے ہیں مصلوب یہاں
بے جرم ہوئے جاتے ہیں معتوب یہاں
اب تو ہی اے اللہ! محافظ ہے ان کا
معصوم ہوئے جاتے ہیں مغضوب یہاں

ڈاکٹر محمد علی اثر نے اپنی شاعری سے اصلاحِ معاشرہ کا کام بھی لیا ہے اور قربِ الٰہی حاصل کرنے کے ذرائع بھی بتائے ہیں۔

رباعی:

اللہ کے بندوں کا سہارا بن جا
اس دور کی ظلمت میں اجالا بن جا
ہے قربِ الٰہی کی جو خواہش تو، اثر
بندوں کے ہر اک غم کا مداوا بن جا

ڈاکٹر محمد علی اثر کے یہاں حمد ومناجات کے علاوہ نعت کا بھی کافی ذخیرہ موجود ہے۔ صوفیاء کرام نے تصوف کی رو سے عشقِ حقیقی کے ۳ر مدارج مقرر کیے ان میں سب سے پہلا فنافی الشیخ، دوسرا فنافی الرسول اور تیسرا فنافی اللہ ہے۔ اللہ تعالیٰ کی توجہ اپنی جانب مبذول کروانے کا بہتر اور کارگر طریقہ اس کے محبوبِ خاص یعنی حضور اکرم ﷺ کی محبت اپنے دل میں پیدا کرنا ہے۔ آپؐ سے محبت ایمان کا جزو ہے۔ آپؐ کے اوصاف حمیدہ کو اپنانا آپؐ کے طریقہ کار پر چلنا، آپؐ پر درود وسلام بھیجنا اللہ تعالیٰ کا قرب حاصل کرنے کا بہترین ذریعہ ہے۔ اثر صاحب نے ایک طویل اور یادگار نعت ''نعتِ رسولؐ خدا'' کے نام سے نظم کی ہے اس نعت پاک کی امتیازی خصوصیت یہ ہے کہ اس کے اشعار کی تعداد اسمِ مباک ''محمدؐ'' کے اعداد کے برابر ہے۔ 92 اشعار پر مشتمل اس طویل نعت کی خصوصیت اس کی روانی، شگفتگی اور تسلسل میں مضمر ہے طویل اور مترنم بحر کی اس نعت شریف کے بیشتر اشعار مرصع ہیں چند اشعار ملاحظہ ہوں:

تمہیںؐ ہو ہر اک جہاں کے سرور، درود تمؐ پر سلام تمؐ پر
تمہیںؐ ہو آقا شفیعِ محشر، درود تمؐ پر سلام تمؐ پر
تمہاریؐ خاطر بنی یہ دنیا، تمہارےؐ دم سے ہے بزمِ عقبیٰ
ہر ایک منظر تمہاراؐ منظر، درود تمؐ پر سلام تمؐ پر

حضور اقدس ﷺ کی ذاتِ مبارک ایسی بابرکت اور متبرک ہے کہ خود اللہ تعالیٰ اور فرشتے آپؐ پر درود وسلام بھیجتے ہیں اور انبیاء ومرسلین میں آپؐ ہی کو یہ اعزاز حاصل ہے کہ آپؐ کا اسمِ مبارک لینے اور آپؐ پر درود پڑھنے سے انسان کے 10 گناہ معاف ہوتے ہیں، 10 نیکیاں لکھی جاتی ہیں اور 10 درجات بلند ہوتے ہیں۔

تمہارا پیکر ہے نورِ اوّل، تمہیں ہو نبیوں میں سب سے افضل
تمہارا ثانی نہ کوئی ہمسر، درود تم پر سلام تم پر

قدیم دور میں جو نعتیں لکھی جاتی تھیں ان میں زیادہ تر آپؐ کے ظاہری خدوخال کو واضح کیا جاتا تھا آپؐ کے حسن و جمال، لب و رخسار، چشم و ابرو، زلف عنبریں وغیرہ کا ذکر ہوتا تھا۔ یعنی سراپا نگاری تک ہی نعت گوئی کو محدود رکھا گیا تھا۔ 1857ء یعنی ہندوستان کی پہلی جنگ آزادی کے بعد جس طرح زندگی کے ہر شعبے میں تبدیلیاں آئیں اسی طرح ادب میں بھی تغیرات رونما ہوئے اب ادب برائے ادب کے بجائے ادب برائے زندگی کو فروغ حاصل ہوا۔ یعنی ادب میں معاشرے کی بھی عکاسی کی گئی اور ساتھ ساتھ اصلاحِ معاشرہ کا کام بھی لیا جانے لگا جس طرح نثر اور شاعری کی تمام اصناف میں تبدیلیاں رونما ہوئیں اسی طرح نعت گوئی کے موضوعات میں بھی تبدیلی آئی۔ اب صرف سراپا نگاری پر ہی شاعر اکتفا نہیں کرنے لگا بلکہ آپؐ کے اوصافِ حمیدہ، آپؐ کی سیرت و کردار، انداز و اطوار، لب و لہجہ، جود و سخا، حلم و حیا، رحم و کرم کی تشہیر بے انتہا ضروری تھی جس کے بیان کا مقصد انسان کی اصلاح تھا۔ وہ محبوبِ کبریا کے ان صفات سے واقف ہو کر ان کو اپنی زندگی میں شامل کریں تاکہ دنیا و آخرت سنور جائے۔ ڈاکٹر محمد علی اثر کی نعتوں میں یہ دونوں عنصر ملتے ہیں چند اشعار دیکھیے:

سراپائے مبارک بدن تمہارا ہے نورِ پیکر، تو رشکِ یوسفؑ ہے روئے انور
تمہاری زلفیں ہیں مشک و عنبر، درود تم پر سلام تم پر

سیرتِ مبارکہ:

تمہارے جود و سخا مثالی، تمہارے لطف و عطا مثالی
تمہارا منہاج سب سے بہتر، درود تم پر سلام تم پر
تمہارے صدق و صفا مثالی، تمہارے حلم و حیا مثالی
تمہیں ہو رحم و کرم میں اشہر، درود تم پر سلام تم پر

حضور ﷺ کو یہ شرف و امتیاز حاصل ہے کہ تمام انبیاء و مرسلین میں آپؐ نے اپنی زندگی میں جنت و دوزخ کی سیر کی اور اللہ تعالیٰ کے دیدار سے شرف یاب ہوئے اور اللہ تعالیٰ نے آپؐ کو بلندیوں کی معراج تک پہنچا دیا۔

کیا شان ہے، عظمت ہے، مرے آقا کی
کیا حشمت و شوکت ہے مرے آقا کی
معراج کی شب رب نے بنایا مہمان
کیا رفعت و عزت ہے مرے آقا کی

محمد علی اثر نے نہ صرف غزلیات و رباعیات میں بلکہ جدید صنفِ شاعری ماہیے میں بھی آپ ﷺ کی مدحت بیان کی ہے۔

۱۔ وہ شافع محشر ہیں
۲۔ مایوس نہیں بندہ
پاک نبیؐ میرے نام ترا مولا
بخشش کا سمندر ہیں ہے دل پہ میرے کندہ
۳۔ جنگل ہو کہ صحرا ہو
۴۔ وہؐ دین کے رہبر ہیں
راج فقط تیرا نور کا دریا بھی
دنیا ہو کہ عقبیٰ ہو طاہر ہیں مطہر ہیں

محمد علی اثر کہتے ہیں کہ جو شخص اپنے دل میں حضور ﷺ کی محبت پیدا کرتا ہے اسے یقیناً اللہ تعالیٰ کا قرب و چاہت نصیب ہوتی ہے۔

جس میں حبِ رسول ہے اس کو
رب کی چاہت وصول ہوتی ہے

اثر صاحب کی نعتیہ شاعری کی تعریف کرتے ہوئے ڈاکٹر راہی فدائی صاحب نے آپ کی شخصیت کی بھی عکاسی کی ہے کہتے ہیں:

"درود و سلام پر مشتمل اس نعتیہ نظم کو پڑھتے ہوئے بے اختیار چشم بینا سے اشک ہائے عقیدت رواں ہو جاتے ہیں اور دل گواہی دینے لگتا ہے کہ ڈاکٹر اثر کا سینہ یقیناً یقیناً عشقِ رسول اکرم ﷺ سے معمور و ضیابار ہے، ورنہ ایسی اثر آفرینی جو قلب و نظر کو معطر و منور کر دے اور اور ایسی کیفیت جو دل و دماغ کو یک گونہ تقدس و ترفع سے ہمکنار کرے کسی سطحی اور کھوکھلی تخلیق سے عیاں ہو، یہ ناممکن و محال ہے"

محمد علی اثر نے اپنے کلام کو قرآنی آیات کی مطہر و معطر خوشبو سے بھی مہکایا ہے اس حقیقت سے سبھی واقف ہیں کہ نثر کی بہ نسبت شاعری لوگوں کو

زیادہ متاثر کرتی ہے اشعار کے سانچے میں مذہبی و دینی پیغام لوگوں میں جوش پیدا کرتا ہے اس لیے تو الطاف حسین حالی نے ''مدو جزر اسلام'' لکھ کر اس دور کے مسلمانوں کو خواب غفلت سے بیدار کیا تھا۔ علامہ اقبال کی شاعری نے تو سارے عالم اسلام میں نئی روح پھونک دی تھی۔ غرض شعراء نے قرآنی آیات اور احادیث مبارکہ کو بھی شعر کا جامہ پہنا کر ہر خاص و عام کے لئے اس کا سمجھنا سہل کر دیا محمد علی اثر کی شاعری میں بھی یہ رنگ و آہنگ ملتا ہے ذیل میں چند قرآنی آیات اور ان کا منظوم ترجمہ پیش کیا جا رہا ہے۔ دیکھیے...

۱. اِهْدِنَا الصِّرَاطَ الْمُسْتَقِيْمَ. صِرَاطَ الَّذِيْنَ اَنْعَمْتَ عَلَيْهِمْ غَيْرِ الْمَغْضُوْبِ عَلَيْهِمْ وَلَا الضَّآلِّيْنَ. آمین

پیدا کیا احسان ترا، یا اللہ
مجھ کو تو دکھا دے ان کی سیدھی راہ
انعام دیا جن لوگوں کو تو نے
مغضوبوں کے رستے سے بخش پناہ

۲۔ اَللّٰهُ جَمِيْلٌ وَيُحِبُّ الْجَمَالَ.

جمیل بھی ہے محبّ جمال بھی تو ہے
یہ تیرے حسن کا پرتو ہی کائنات میں ہے

۳۔ كُلُّ مَنْ عَلَيْهَا فَانٍ وَّ يَبْقٰى وَجْهُ رَبِّكَ ذُو الْجَلٰلِ وَالْاِكْرَامِ

موجود اس کی ذات ہے اور سارے ذی حیات
ہیں صورت بقاء میں فنا سے جڑے ہوئے
تیری مخلوق سب فنا ہوگی
دائمی صرف ذات تیری ہے

۴۔ لَا تَقْنَطُوْا مِنْ رَّحْمَةِ اللّٰهِ

کفر ہے اے اثر یہ مایوسی
لطف اس کا تجھی پہ سارا ہے

۵۔ اِنْ كُنْتُمْ تُحِبُّوْنَ اللّٰهَ فَاتَّبِعُوْنِيْ يُحْبِبْكُمُ اللّٰهُ

ترے فرشتے بھی ان پر درود پڑھتے ہیں
مرے نبیؐ کو پہنچتا سلام تیرا ہے

۶۔ يُخْرِجُهُمْ مِنَ الظُّلُمٰتِ اِلَى النُّوْرِ

قدم قدم پر منور کیے اسی نے چراغ
ہر ایک گام پہ تھیں ورنہ ظلمتیں کیا کیا

۷۔ اِنَّ اللّٰهَ وَ مَلٰٓئِكَتَهٗ يُصَلُّوْنَ عَلَى النَّبِيِّ يَا اَيُّهَا الَّذِيْنَ آمَنُوْا صَلُّوْا عَلَيْهِ وَ سَلِّمُوْا تَسْلِيْمًا

خدا، فرشتے، حضورؐ پر صلوٰۃ و تسلیم بھیجتے ہیں
یہ حکم ہم کو بھی ہے سراسر، درود تم پر سلام تم پر

۸۔ بِسْمِ اللّٰهِ الرَّحْمٰنِ الرَّحِيْمِ

جب کام نیا کرنا
نام سے اللہ کے
آغاز کیا کرنا

دیگر شعراء کی طرح اثر صاحب کو بھی یہ خواہش ہے کہ ان کا کلام مقبول خاص و عام ہو اسی لیے وہ بارگاہ رب العزت میں دعا گو ہیں کہ ان کے لہجے کی پذیرائی ہو، قلم میں روانی ہو، تحریر میں اخلاص اور تقریر میں صداقت ہو۔ اشعار ملاحظہ ہوں...

مرے شعروں میں جان آئے، میری پہچان بن جائے
مرے لہجے میں کچھ ایسی سمائی دے مرے اللہ
پھر رواں ہو مرا قلم ربی
میرا قائم رہے بھرم ربی
بخش دے لہجے میں تازگی
اور شعروں کو عطا کر زندگی
عطا ہو ژرف نگاہی کا کچھ ہنر مولا
ترے کرم سے مرا ذوق دکنیات میں ہے
ہاتھ میں تیرے ہیں میری وسعتیں
میں ہوں نقطہ اور تو پرکار ہے

دعاء و عرض داشت کے علاوہ محمد علی اثر کے کلام میں تعلّی بھی پائی جاتی ہے۔ یہ شاعرانہ تعلّی نہیں ہے بلکہ اپنے اخلاق و عادات و

خیالات سے آگہی کے بعد اس کی تشہیر ہے اس بات پر بھی وہ اللہ رب العزت کا شکرادا کرتے نہیں تھکتے کہ اشعار میں جو حسن ادا ہے، اور تحقیق میں جو کمال ہے سب اسی کا ہے۔

اللہ کا ہے فضل اسی کی یہ دین ہے
ہیں شعر میرے حسنِ ادا سے جڑے ہوئے
میری تحقیق دین ہے تیری
شعر میں بھی کمال تیرا ہے

رباعی:

تصویر وفا اور محبت ہیں ہم
اخلاص کے پیکر ہیں، مروت ہیں ہم
اللہ سے ڈرتے ہیں، بہرحال سنو
اس دور کی لازمی ضرورت ہیں ہم

محمد علی اثر صاحب کی حمدیہ و مناجاتی شاعری کے بغور مطالعہ کے بعد علقمہ شبلی یہ کہتے ہیں...

"حمدیہ مجموعے کم شائع ہوئے ہیں آپ جیسے عالم، شاعر اور دانشور کی اس طرف پیش کرتے ہیں
مسرت خیز ہے آپ کو فن پر دسترس حاصل ہے اور شاعری کے رموز پر بھی آپ کی نگاہ ہے۔" [4]

الغرض محمد علی اثر کی مذہبی شاعری میں ان کی پوری زندگی کا عکس واضح ہے۔ کہیں وہ اپنے والد اور والدہ کا ذکر ان کے اسم گرامی کے ساتھ کرتے ہیں تو کہیں اپنی اولاد کی تفصیل پیش کرتے ہیں کہیں اپنی بے بسی ولاچاری کا اظہار ہے تو کہیں اپنے نام اور کلام کی شہرت پر شکر گزاری۔ انہوں نے زیادہ تر حمد و نعت میں مختصر مگر مترنم بحور کا استعمال کیا ہے۔ اندازِ بیاں صاف و سلیس اور سلجھا ہوا ہے۔ اشعار میں روانی اور بے ساختگی ہے جو ان کے کلام کو دلکش اور ہر دل عزیز بناتی ہے۔

## حوالے و حواشی


۱ ڈاکٹر راحت سلطانہ "محمد علی اثر کی حمدیہ ونعتیہ شاعری" ص 10
۲ ڈاکٹر راحت سلطانہ "محمد علی اثر کی حمدیہ ونعتیہ شاعری" ص 127,126
۳ ڈاکٹر راحت سلطانہ "محمد علی اثر کی حمدیہ ونعتیہ شاعری" ص 12
۴ ڈاکٹر راحت سلطانہ "محمد علی اثر کی حمدیہ ونعتیہ شاعری" ص 11,10

آفرین بانو
ریسرچ اسکالر شعبہ فارسی علی گڑھ مسلم یونیورسٹی، علی گڑھ

# عہد وسطیٰ میں تعلیمی سرگرمیاں- سرسید کی روشنی میں

اصل میں تعلیم کیا ہے؟ یہ ایک بنیادی سوال ہے۔ جس کے بارے میں لوگوں کے خیالات ایک دوسرے سے مختلف ہیں۔ ایک فلسفی اس کے معنی اپنے نظریات کے مطابق لیتا ہے تو ایک سائنس داں اپنے نظریہ کے مطابق۔ اس طرح ایک استاد اس کے معنی اپنے صلاحیت کے مطابق دوسرا معنی اخذ کرتا ہے۔ اور ایک تاجر اس کو دوسرا معنی پر محمول کرتا ہے۔ دراصل ان کے خیالات میں خود ان کا نظریہ زندگی میں چھلکتا ہے اس لیے قبل اس کے ہم تعلیم کی مختلف تعریفوں پر بحث کریں۔ یہ ضروری ہے کہ تعلیم کے لغوی معنی پر غور کریں۔ لفظ تعلیم یا ایک لاطینی لفظ (Educere) سے لیا گیا ہے۔ جس کے معنی پرورش کرنا ہے۔ اس مناسبت سے اس کا مطلب پرورش کرنا اور بچّے کو دماغی، جسمانی اور اخلاقی تربیت دینا ہے۔ یہ مفہوم لفظ تعلیم سے ادا نہیں ہوتا کیوں کہ تعلیم لفظ علم سے نکلا ہے جس کے معنی علم حاصل کرنا یا علم کے حصول میں مدد دینا ہے۔ مگر دراصل تعلیم سے مراد صرف علم حاصل کرنا یا علم کے حصول میں مدد دینا ہی نہیں بلکہ تربیت دینا بھی شامل ہے تعلیم کی ایک تعریف یہ بھی ہے کہ تعلیم دراصل انسان کی اس کے ماحول سے ہم آہنگی اور ماحول کی نئی تشکیل کا نام ہے۔ جس کے ذریعے فرد اور معاشرے دونوں کو فائدہ پہنچے۔ ایک اور نظریہ کے مطابق تعلیم وہ عمل ہے جس سے بچوں کی مربوط اور متوازن بڑھوار قائم رکھی جاتی ہے تاکہ بچہ بڑا ہوکر ایک متوازن اور مربوط شخصیت کا مالک بن سکے۔

یہ ہوا تیرے موافق خود بخود ہوجائے گی
لاعلوم نو کا عصری آگہی کا آئینہ لے

افراد، ملت اور قوم کے بنانے سنوارنے کا سب سے اہم اور بنیادی ذریعہ تعلیم ہوتی ہے اس لیے اقوام وملل کے عروج وزوال کا تعلق براہ راست تعلیم سے جُڑا ہوتا ہے۔ تعلیم کے ذریعہ ہی زوال وپس ماندگی سے نجات پائی جاسکتی ہے اور تعلیم کے ذریعے ہی بام عروج تک پہنچا جاسکتا ہے۔ کامرانی وفتح مندی اور جس تعلیم میں تغیر وتبدل عمل، نئی جہتوں کی تلاش اور نئی دریافتوں کی کوشش اور روانی و بہاؤ کی کیفیت نہیں ہوتی وہ تعلیم ٹھہرے ہوئے اس پانی کی طرح ہے جو جلد ہی سڑ جاتا ہے اور مختلف بیماریاں پیدا کرنے کا سبب بننے والا ہے اس لیے نظام، تعلیم، نصاب تعلیم اور طریقہ تعلیم لچک دار اور اصلاح وتغیر پسند ہونا چاہیے تاکہ تبدیلی واصلاح کا عمل بتدریج جاری رہے۔

عہدِ وسطیٰ میں ہندوستانی مسلمانوں کی تعلیمی سرگرمیاں غزنوی دور سے ہی شروع ہوجاتی ہے۔ اس میں عربی علوم وفنون کے علاوہ فارسی زبان وادب کے داخلے کا آغاز بھی اسی دور میں مانا جاتا ہے مگر اس زبان وادب کو ترقی شہاب الدین غوری کی فتح کے بعد ہندوستان میں قائم ہونے والی مسلم حکومتوں کے ذریعے حاصل ہوئی۔ مملوک، البری، خلجی، تغلق، سید، لودی اور مغل کے علاوہ ہندوستان کے مختلف خطوں میں قائم ہوئیں۔ چھوٹی بڑی سلطنتوں نے فارسی زبان وادب کی ترویج واشاعت کے لیے ہر ممکن کوشش کی۔ ہندوستان میں فارسی ادب کے ہر میدان میں مثلاً تاریخ، لغت، تذکرہ، تفسیر، تراجم، نیز یہ کہ ہر علوم وفنون پر کئی تصانیف لکھی گئیں۔ مگر سب سے زیادہ جس میدان میں ترقی ہوئی وہ شاعری کا میدان تھا اور اس شاعری میں جس طرح اور جس خوبی سے استعارہ، تشبیہ، حسنِ تعلیل، مراۃ النظیر اور تلمیح کا استعمال ہوا ہے دوسری زبانوں میں اتنی برجستگی اور تسلسل سے کم نظر

آتا ہے۔ ہندوستانی سرزمین نے فارسی زبان کے ایسے ایسے شعراء پیدا کیے جن تک شہرتوں کے طوفان نے اصفہان وشیراز کے قصر تک ہلا دیئے جیسا کہ فارسی ادب کے ہر میدان میں ہندوستانی سرزمین پر تصنیف وتالیف کا دور چلا اسی طرح فارسی شاعری کے ہرصنف میں یہاں کے شعراء نے خوب طبع آزمائی کی۔شاعری کے میدان میں ہندوستانی مسلمانوں کی گراں قدر خدمات بھی دیکھنے کو ملتی ہے اس میں صرف ہندوستانی مسلمان ہی نہیں بلکہ ایران سے آنے والے مہاجرین کی کاوشیں بھی خاصی اہمیت کی حامل ہے۔اوران شعراؤں نے بھی ہرصنف میں اپنے علوم وفنون کا خوب زور دکھایا۔فارسی زبان کی ادبی تاریخ کا مطالعہ کریں تو معلوم ہوتا ہے کہ جتنا مغل دور میں فارسی زبان وادب کا رواج رہا اور اس کو ترقی ملی کسی اور دور میں نہیں ملتی۔مغل دور کے شعراؤں نے تو اپنے ہنروفن کا کمال دکھایا ہی اس کے ساتھ ساتھ اس دور کے بادشاہ بھی علم وادب کا ذوق رکھتے تھے۔اور شاعری بھی کرتے تھے۔'ظہیر الدین محمد بابر' نہ صرف ایک عظیم الشان سپاہی تھا بلکہ یہ ایک بلند پایہ اہل علم اور قابل قدر شاعر بھی تھا۔بابر کی ایک معروف تصنیف ترکی زبان میں ''ترک بابری'' ہے اور ایک مثنوی، مبین، جس نام سے تصنیف کی۔ اس دربار کی ''واقعات بابری'' جو کہ فارسی ترجمہ ہی اور فتاوئ بابری بھی ایک مشہور ومعروف تصنیف ہے۔

''ہمایوں'' کے دربار میں بھی شعراء ادباء اور حکماء کی بھیڑ رہتی تھی۔ یہ اس کی علم نوازی اور معارف پروری کی دلیل ہے۔اس کے عہد کی تصنیفیں ''جوالبرنامہ ہمایوں'' گلِ افشاں اور قصیدہ حفظ صحت، وغیرہ بہت قابل قدر مانی جاتی ہے۔''اکبر'' کی علم وفن سے دلچسپی کا اظہار اس بات سے ہوتا ہے کہ اس کے دربار میں ایسے ۱۲ ارباب کمال جمع ہو گئے تھے جو کسی ایک عہد یا ایک دربار میں مشکل سے ہی ملتے ہیں اس کے عہد میں متعدد کتابیں تصنیف ہوئیں اور فارسی زبان میں ترجمہ بھی ہوئیں۔ مثلاً سنگھاسن بتیسی کا ترجمہ ہوا جس کا نام اکبر نے ''خسرو افزاد'' رکھا اور مہابھارت کا ترجمہ جس کا نام ''رزم نامہ'' رکھا گیا۔رامائن، کامیلہ ورمنہ انجیل، لیلاوتی، اتھرین اور چوتھے کا فارسی میں ترجمہ ہوا۔ تذکرہ ہمایوں واکبر، حیاۃ الحیوان یہ سب تصنیفیں اکبر کے دربار کی خاص اہمیت کی حامل ہیں۔

''جہانگیر'' فارسی زبان کا ایک بہترین انشاء پرداز تھا۔ یہ شعروادب کا دلدادہ تھا۔'تزکِ جہانگیری' اس کا علمی شاہکار ہے اس کے دربار کی علمی یادگار تالیف اقبال نامہ جہانگیری، مائثہ جہانگیری دولتِ بیدار، انداز نامہ، مجالس المومنین، وغیرہ بہت مشہور ومعروف ہیں۔''شاہجہاں'' نے اگرچہ بابر ہمایوں اور جہانگیر کی طرح کوئی علمی تصنیف نہیں چھوڑی لیکن اس کی زندگی علمی دلچسپیوں سے خالی نہیں۔اس کے بھی عہد میں مختلف صنف میں ادباء وشعراء نے خوب طبع آزمائی کی۔ جیسے ظفر نامہ، شاہجہانی بادشاہ نامہ، معدالآثار، ناز ونیاز اور مہر وماہ وغیرہ قابل ذکر ہیں۔

''اورنگ زیب'' چار زبانوں سے واقف تھا۔عربی، فارسی، ترکی اور ہندوستانی۔ یہ اعلیٰ درجہ کا انشاء پرداز تھا۔یہی وجہ ہے کہ اس کے بھی عہد میں بہت ساری کتابیں تالیف ہوئیں۔ جیسے: فتاوی عالمگیری، ظفرنامہ عالمگیری، ثمرات الحیات، شمع وپروانہ، تذکرہ سرخوش، نغمات العشق، حسن وعشق کلمات الشعراء، قضاوقدر، طور معرفت، چہار عنصر طلسم حیرت، محیط اعظم وغیرہ اس کے عہد کی شاہکار تصنیف ہے۔

اورنگ زیب کی وفات دراصل مغلیہ حکومت کی زوال کی ابتدا تھی۔جس کا خاتمہ بہادر شاہ ظفر پر ہوا۔اس کے بعد ایک ایسا وقت آتا ہے جس میں مسلمان تعلیمی پسماندگی کا شکار ہوئے چلے گئے اور تعلیمی میدان میں کوئی قابل ذکر کارنامے انجام نہ دے سکے۔تعلیمی بیداری کے لیے متعدد مصلحین قوم بیدار ہوئے جن میں خاص طور سے سرسید احمد خاں کی شخصیت ناقابلِ فراموش ہے۔جنھوں نے مسلمانوں کی تعلیمی سرگرمی کے لیے اس میدان میں اہم کردار وانسانی ترقی کے لیے تعلیم کا حصول نہایت ضروری ہے۔اسی نقطہ نظر کو سرسید خاں نے نہ صرف اپنی سوچوں تک محدود

رکھا۔ بلکہ اس کو عمل میں لا کر رہتی دنیا کے لیے مشعل راہ بنا دیا۔ سرسید نے اپنی تباہ شدہ مفلوک الحال قوم کی اصلاح اور اسے ترقی کی جانب گامزن کرنے کا بیڑا اٹھایا اور اس کے لیے فوری طور پر دو اہم ترین تدبیریں اختیار کیں۔ ایسے رسالے لکھنا جس سے انگریزوں کی غلط فہمیاں دور ہوں جو ہندوستانیوں بالخصوص مسلمانوں کی طرف سے پیدا ہوگئی ہیں تاکہ آپسی مفاہمت کی صورت پیدا ہو سکے اور مسلمانوں کو ان کی موجودہ حالت سے نکالنے میں معاونت مل سکے۔ چنانچہ اپنے اسی مقصد کی تکمیل کے لیے انھوں نے رسالہ ''اسبابِ بغاوتِ ہند''، ''سرکشی ضلع بجنور'' اور لائل محمڈنز آف انڈیا'' جیسے رسالوں کی تصنیف واشاعت کی۔ موجودہ تباہی اور زبوں حالی سے نجات دلانے کے لیے عصری اور جدید انگریزی تعلیم حصول کے لیے تعلیمی اداروں اور تنظیموں کا قیام کیا اور مختلف علوم وفنون کے فروغ کے لیے انھوں نے زوردار مہم چلائی جو بعد میں ''علی گڑھ تحریک'' کے نام سے موسوم ہوئی اور مدرسۃ العلوم یا محمڈن اینگلو اورینٹل کالج (ایم۔اے۔او۔کالج) کا قیام کرکے اور اس کو مثال بنا کر پورے برصغیر میں عصری اور مغربی تعلیم کے فروغ کی کوششیں کیں اور سب سے پہلے ۱۸۵۹ء میں مراد آباد میں ایک مدرسہ کا قیام کیا جس میں انگریزی زبان کے ساتھ دیگر مضامین کی تعلیم فارسی زبان میں دی جاتی تھی۔ اس کے علاوہ غازی پور میں بھی انھوں نے ایک اسکول قائم کیا جو دراصل ان کی مجوزہ وسیع تعلیمی ادارے کے قیام کے لیے ابتدائی اور تجرباتی کوششیں تھی اور بالآخر ۱۸۷۶ء میں علی گڑھ میں 'مدرسۃ العلوم' یا محمڈن اینگلو اورینٹل کالج کا قیام عمل میں آیا جو بعد میں ۱۹۲۰ء میں علی گڑھ مسلم یونیورسٹی کے نام سے مشہور ہوئی۔ بقول سرسید احمد خاں:

> ''تعلیم وتربیت کی مثال کمہار کے آوے کی سی ہے کہ جب تک تمام کچے برتن بہ ترتیب ایک جگہ نہیں چُنے جاتے اور ایک قاعدہ داں کمہار کے ہاتھ سے نہیں پکائے جاتے کبھی نہیں پکتے پھر اگر تم چاہو ایک ہانڈی کو آوے میں رکھ کر پکا لو وہ ہرگز درستی سے نہیں پک سکتی۔ ہنر فن اور علم ایسی عمدہ چیزیں ہیں کہ ان میں ہر ایک چیز کو نہایت اعلیٰ درجہ تک حاصل کرنا چاہیے ایک متعصب انسان ان تمام دلچسپ اور مفید باتوں سے جو نئی تحقیقات اور نئے نئے علوم سے حاصل ہوتی ہیں اپنے تعصب کے بناء پر جاہل اور ناواقف رہتا ہے اس کی عقل اور اس کے دماغ کی قوت بیکار ہو جاتی ہے اور تربیت وشائستگی تہذیب وانسانیت کا مطلق نشان نہیں پایا جاتا''۔ ۲؎

مذکورہ بالا اقوال سے سرسید احمد خاں کے جس قسم کے تعلیمی تصورات کی وضاحت ہوتی ہے اس کا مرکزی نقطہ ہے کہ ہندوستانیوں کو بالخصوص مسلمانوں کو تعلیم کے حصول میں سرگرم عمل ہو جانا چاہیے۔ تعلیم کا انتظام اپنے ہاتھ میں رکھنا چاہیے اور ہر صورت اعلیٰ تعلیم تک رسائی حاصل کرنا چاہیے کیوں کہ تعلیمی بیداری اور تعلیمی ترقی کی صورت میں ہمیں ہر حال میں باعزت اور باوقار شہری کی حیثیت حاصل ہوگی۔ اور ہمارے حقوق کے حصول کی راہ بخود بخود ہموار ہو جائے گی۔ سرسید یہ قطعی نہیں چاہتے تھے کہ مسلمانوں کی تعلیم کا معاملہ محض سرکاری اسکولوں کے بھروسہ رہے اور یہ سب چیزیں اس وقت ممکن تھا جب تعلیمی ادارے مسلمانوں کے اپنے ہوں۔ چنانچہ اس موقع پر بھی انھوں نے اپنے خیالات کا اظہار کیا تھا۔

> ''ہندوستانیوں کی ترقی اس وقت ہوگی جب وہ اپنے باہمی چندے، اپنے انتظام، اپنی قوت سے بلا مداخلت گورنمنٹ اور اس کے افسروں کی خودسری اور مرض کے موافق اپنے بچوں کی تعلیم کریں''۔ ۳؎

سرسید احمد خاں کے تعلیمی تصورات میں مفید اور کارآمد تعلیم کے علاوہ ہندو مسلم کے علاوہ ہندو مسلم اتحاد، قومی جذبے اور فروغ وطنیت، بین المسلمین اتحاد واتفاق اور معاشی ترقی اردو زبان وادب کی توسیع واشاعت اور عدم لسانی تعصب کی تیز رفتاری ہم ہم آہنگ ہونے کی سرگرمی بھی کچھ شامل تھے اور ان سب کے لیے انھوں نے تعلیم کو ہی ذریعہ بنایا تھا۔ ہندوستانی

مسلمانوں کی صحیح ومثبت رہنمائی کرنے میں اور ان کے تعلیمی تصورات میں اس نصاب تعلیم کو بھی بنیادی حیثیت حاصل ہے جو انھوں نے ''مدرسۃ العلوم'' کے قیام کے بعد اس میں تعلیم کے لیے ترتیب دیا تھا۔ جس میں ان کی تعلیمی فکر، تربیتی سوچ اور تعلیم وتربیت سے متعلق ان کی عملی کارکردگی بھی شامل تھی ذیل میں ان کے ترتیب کردہ نصاب تعلیم کو پیش کیا جارہا ہے۔

**(۱) علم وادب:** زبان دانی وانشاء پردازی، اردو، فارسی، عربی، انگریزی اور لاطینی زبان وادب کے علاوہ تاریخ، جغرافیہ، اخلاقیات، مینٹل سائنس، منطق، فلسفہ اور سیاسیات۔

**(۲) علم ریاضیات:** علم حساب، جبر ومقابلہ، علم ہندسہ، فروعات اور علم اعلیٰ در یاضی۔

**(۳) علم دینیات:** فقہ، اصول فقہ، حدیث، اصول حدیث، تفسیر، اور سیرت اور عقائد

**(۴) علم طبیعات:** علم سکون، علم حرکت، علم آب، علم ہوا، علم ناظر، علم برق، علم ہیئت، علم آواز، علم حرارت اور نیچرل فلاسفی۔

**(۵) علوم خاص:** انجینئرنگ، علم حیوانات، اٹانوی (تشریح)، علم نباتات، طبقات الارض، علم جمادات، اور کیمیا۔

سرسید احمد خاں کی شخصیت انتہائی دور اندیش تھی۔ انھوں نے اپنے دور کے حالات کے آئینے میں آنے والے سائنس ترقی کے زمانے کا نہ صرف عکس دیکھ لیا تھا بلکہ اس کے قدموں کی آہٹ اور معیار ومزاج کا ایک انتہائی تجربہ کار حکیم ونباض کی حیثیت سے بالکل صحیح اندازہ لگا لیا تھا کہ آئندہ کے سیاسی، سماجی، معاشی اور سائنسی ترقی کے ماحول میں جدید مغربی تعلیم کے حصول کے بغیر کسی طرح بھی مسلمان ہم آہنگ ہونے والے نہیں ہیں۔ اس لیے انھوں نے مسلمانوں کی عصری تعلیم پر زور دیا ان کے ذہن میں ہندوستانی مسلمانوں کے لیے جس جدید انگریزی تعلیم اور مغربی سائنس کے حصول کا تصور تھا وہ نہایت وسیع اور ہمہ گیر تھا۔ اس کے لیے سرسید احمد خاں نے جدید طرز کے تعلیمی اداروں کے قیام کو ضروری قرار دیا اور ایک ایسے تعلیمی ماحول کی تشکیل کا منصوبہ بنایا جس میں عقیدہ وایمان کے تحفظ وبقا اور مذہب وثقافت کی برقراری کے ساتھ ہندوستانی مسلمان آنے والے ترقی یافتہ حالات سے ہم آہنگ ہونے میں کامیابی حاصل کریں۔

سرسید احمد خاں نہ یکسر مشرق تھے اور مغرب پسند۔ ان کا مقصد صرف اور صرف مسلم نوجوانوں کے لیے ایک ایسا تعلیم یافتہ طبقہ پیدا کرنا چاہتے تھے جس میں ذہنی وفکری بیداری ہو، اپنے حقوق کے حصول جرات ہو، حقائق پسندی ہو اور وقت وحالات کے قدموں کی آہٹ پہچاننے کی صلاحیت ہو اور نسل در نسل علم وفن اور ہنر وحرفت کے چراغ سے چراغ جلانے کی روایت قائم کرنے کی اہلیت رکھتا ہو۔

سرسید احمد اس طرح رقم طراز ہیں:

''فلسفہ ہمارے دائیں ہاتھ میں ہوگا اور نیچرل سائنس بائیں ہاتھ میں اور کلمہ لا الٰہ الا اللہ محمد رسول اللہ کا تاج سر پر''۔

''مسلمانوں کے لیے یہ بھی ضروری ہے کہ عربی زبان کی تحصیل نہ چھوڑیں یہ ہمارے باپ دادا کی مقدس زبان ہے۔ یہ فصاحت وبلاغت میں سمٹک زبانوں میں لاثانی ہے اس زبان میں ہمارے مذہب کی ہدایتیں ہیں، لیکن جب ہماری معاش، ہماری بہتری، ہماری زندگی بہ آرام بسر کرنے کے ذریعے بلکہ ہمارے اس زمانے کے موافق انسان بنانے کے وسائل انگریزی زبان سیکھنے میں ہیں تو ہم کو اس طرح بہت توجہ کرنی چاہیے''۔

''مدرسۃ العلوم بے شک ایک ذریعہ قومی ترقی کا ہے۔ یہاں پر قوم سے مراد صرف مسلمان ہی نہیں بلکہ ہندو اور مسلمان دونوں ہیں''۔[۹]

**خلاصہ کلام** یہ ہے کہ تعلیم وتربیت کا سلسلہ ابتداء سے ہی اپنی تمام تر جہہ جہت خصوصیات کے ساتھ ہندوستان میں رائج

رہی۔عہد کے زوال کے بعد جب تعلیمی سرگرمیاں سرد پڑنے لگیں تو دیگر مصلحین قوم بیدار ہوئے جن میں سرسید کی شخصیت نا قابلِ فراموش ہے جنھوں نے ہندوستانی مسلمانوں کی تعلیمی و انسانی ترقی کے لیے تعلیم کا حصول نہایت ضروری قرار دیا۔ پھر ہندوستانی مسلمانوں کی حالت زار کا باریک بینی سے مشاہدہ کیا اور پھر اپنے اس نقطہ نظر کو سرسید نے ایک تعلیمی ادارہ علی گڑھ مسلم یونیورسٹی کے قیام کے ذریعے رہتی دنیا کے لیے علم و ادب کے ایک عظیم ذخیرے کے دہانے کو انسانیت
کے لیے کھول دیئے۔

☆☆☆

کتابیات:


۱؎ تعلیم اور تعلیمی افکار، ڈاکٹر ایم نسیم اعظمی، افضال احمد ڈومن پوری، مئوناتھ بھنجن، اصیلہ پریس، ۲۰۱۱ء، ص: ۱

۲؎ ایضاً، ص: ۱۸

۳؎ ایضاً، ص: ۱۸

۴؎ ایضاً، ص: ۲۰

نغمہ تبسّم
پی ایچ ڈی اسکالر شعبۂ اُردو مولانا آزاد نیشنل اُردو یونیورسٹی، حیدرآباد

# پریم چند کے افسانوں میں ہندوستانی تہذیب و معاشرے کی عکاسی

اُردو ادب کی تاریخ میں پریم چند کا شمار ان معدودے چند افسانہ نگاروں میں کیا جاتا ہے۔ جن کا نام اُردو اور ہندی دونوں زبانوں کے افسانوی ادب کے لیے بنیادی اہمیت کا حامل ہے۔ انھوں نے اُردو افسانے کو ایک نئی سمت و رفتار عطا کرنے میں اہم رول ادا کیا۔

ایک فنکار کے لحاظ سے پریم چند کی غیر معمولی اہمیت کا اندازہ ان کے افسانوں کے موضوعات کے تنوع سے بہ خوبی لگایا جاسکتا ہے۔ چونکہ پریم چند گاؤں کی زندگی سے بھرپور واقفیت رکھتے ہیں۔ اس لیے انھوں نے ہندوستان کے دیہی معاشرے کی زندگی کو اپنے بیشتر افسانوں میں موضوعِ بحث بنایا ہے۔ غریب کسان، مزدوروں کی زندگی، کاشتکاروں کے رہن سہن، افلاس و استحصال کے شکار نچلے طبقے کی جیتی جاگتی تصویریں پیش کی ہیں۔ ساتھ ہی ہندوستانی معاشرے کی قبیح رسوم، بیوہ عورتوں کے مسائل، بے جوڑ شادی، جہیز کی لعنت، ذات پات جیسے موضوعات کو زیرِ بحث لاکر اپنی فنی بصیرت کا ثبوت فراہم کیا ہے۔

پریم چند نے جس وقت لکھنا شروع کیا اس وقت ہندوستان میں ملک کی آزادی کے لیے مختلف طرح کی تحریکیں وجود میں آرہی تھیں۔ جن سے پریم چند نے براہِ راست اثر قبول کیا اور آزادی کے حصول کے لیے ہندو مسلم آپسی اتحاد و اتفاق کو لازمی قرار دیا۔ ان کا کہنا ہے کہ رنگ و نسل، زبان و عقائد، طرزِ فکر و طرزِ زندگی وغیرہ کے فرق کے باوجود سارے ہندوستانی آپس میں ایک دوسرے سے زنجیر کی کڑیوں کی طرح جڑے ہوئے ہیں۔

پریم چند نے اپنے جن افسانوں میں ہندوستانی تہذیب و معاشرے پر قلم اٹھایا ہے۔ وہاں وہ گاندھیائی تحریک سے بہت زیادہ متاثر نظر آتے ہیں۔ پریم چند اور گاندھی جی دونوں کا شمار ہمارے ملک کی عظیم ہستیوں میں ہوتا ہے۔ دونوں کا مقصد ایک ہی تھا، ایک نے اپنی آواز کا جادو جگایا اور ایک نے اپنی قلم کا، گاندھی جی تنگ نظری، فرقہ پرستی، ذات پات، رنگ و نسل، اور مذہب و ملت کی تفریق کے سخت مخالف تھے۔ ان کا کہنا تھا کہ ہندوستان میں بسنے والی دو قومیں ہندو اور مسلمان میری دو آنکھوں کی دو پتلیاں ہیں۔ ان کا یہ بھی خیال تھا کہ دنیا میں جتنے بھی مذہب ہیں سب کے سب اعلیٰ ہیں اور ایک ہی مقام تک پہنچنے کے الگ الگ ذرائع ہیں۔ لہٰذا گاندھی جی کا مذہب کے معاملے میں اندازِ فکر تنگ نظری سے کوسوں دور تھا۔ وہ انسان کے اخلاقی پہلو پر زور دیتے ہیں۔

گاندھی جی کے اقوال و نظریات کی روشنی میں اگر ہم پریم چند کی کہانیوں کو پیشِ نظر رکھتے ہیں تو بہت سی باتیں آئینہ کی طرح صاف ہو جاتی ہیں اور یہ اعتراف کرنا پڑتا ہے کہ دونوں کے خیالات و نظریات میں یکسانیت پائی جاتی ہے۔ جس کا عکس جابجا ہمیں پریم چند کی تحریروں میں نظر آتا ہے۔ اس ضمن میں پریم چند کے ان افسانوں کا ذکر کرنا ناگزیر ہوگا جو نہ صرف گاندھی جی کے خیالات کی عکاسی کرتے ہیں بلکہ پریم چند کے سیکولر ہونے کا بین ثبوت بھی پیش کرتے ہیں۔

اس طرح کے افسانوں میں پریم چند کا جو جذبہ اپنے پورے آب و تاب کے ساتھ جلوہ گر ہے وہ انسان دوستی، مساوات، محبت و خلوص اور ہمدردی کا جذبہ ہے۔ انھوں نے اپنے جن افسانوں میں ہندوستانی تہذیب معاشرے کو پیشِ نظر رکھا ہے وہاں ایک ایسے کردار کو خلق کیا ہے جو نیکی و ایمانداری کا پتلا ہے۔ جو نہ ہندو ہے اور نہ مسلمان بلکہ ہندوستانی مشترکہ تہذیب و ثقافت کی اقدار و روایات کا پروردہ ہے۔ جس کی نگاہ میں انسان

دوستی، مساوات، نیکی و شرافت جیسی قدریں سب سے اعلیٰ ہیں۔

اس کی بہترین مثال بچوں کے لئے لکھا گیا افسانہ ''عیدگاہ'' ہے۔ اس افسانے میں پریم چند کا فنی شعور انسانی سماج اور انسانیت کی بقا و تحفظ کے لیے ایک ایسے مناظر کی جستجو کرتا ہوا نظر آتا ہے۔ جہاں امیر و غریب، اعلیٰ و ادنیٰ کے درمیان کوئی رقابت نہ رہے۔ پریم چند کو یہ منظر عید کی نماز میں نظر آتا ہے۔

اگر چہ پریم چند مذہبی نقطۂ نظر سے ہندو ہیں اور مارکسٹ بھی، مگر اس افسانے میں عید کو رمضان سے منسلک کیا ہے۔ رمضان جو روحانیت کی علامت ہے۔ پھر پریم چند نے عید کے اثر کو پورے ماحول بلکہ پوری کائنات پر مثبت ہوتے دکھایا ہے۔ درخت، کھیت، آسمان اور آفتاب طبیعات کا حصہ ہیں مگر عید نے انھیں کچھ اور ہی بنا دیا ہے۔ پریم چند کے افسانوں میں مساوات، اور اخوت کے انسانی رشتوں کا ذکر افسانہ ''عیدگاہ'' کے تناظر میں کرتے ہوئے ڈاکٹر فردوس قاضی رقمطراز ہیں:

> ''پریم چند کی نظروں میں سب انسان برابر ہیں۔ وہ طبقاتی درجہ بندی سے ساتھ اٹھتے بیٹھتے نظر آتے ہیں۔ جہاں کوئی بڑا تھا نہ چھوٹا۔ اس ہم آہنگی نے پریم چند کو ایک وجدانی کیفیت سے دو چار کر دیا اور اخوت کے اس رشتے سے وہ اتنا متاثر ہوئے کہ افسانہ عیدگاہ نے جنم لیا۔''

(جدید اُردو افسانے میں سماجی و ثقافتی جہات صفحہ نمبر 219)

عیدگاہ یعنی ایک ایسا عبادت خانہ جہاں بیک وقت سیکڑوں بلکہ ہزاروں کی تعداد میں انسان بغیر کسی طبقاتی رقابت کے اللہ کی عبادت کرتے ہیں۔ عیدگاہ میں عید کی نماز کے دوران ہزاروں انسانوں کا ایک ساتھ رب ذوالجلال کی بارگاہِ رسالت میں کھڑے ہونا اور ایک ساتھ اٹھنا بیٹھنا، یہاں نہ کوئی چھوٹا ہے اور نہ کوئی بڑا ہے۔ یہاں سب برابر ہیں۔ دیہاتیوں نے وضو کیا اور جماعت میں شامل ہوگئے کتنی باقاعدہ اور منظّم جماعت گویا بھائی چارگی کا رشتہ دلوں کو جوڑے ہوئے ہے۔ دراصل پریم چند ہندوستان میں طبقاتی درجہ بندی اور سماجی اونچ نیچ سے قطع نظر ایک ایسے معاشرے کا تصور کرتے ہیں جہاں پر ہر انسان کو مذہبی اور سماجی اعتبار سے یکساں حقوق حاصل ہوں۔ اقتباس ملاحظہ ہوں:

> ''عیدگاہ نظر آئی۔ اوپر املی کے گھنے درختوں کا سایہ ہے نیچے کھلا ہوا پختہ فرش ہے جس پر جازم بچھی ہوئی ہے اور نمازیوں کی قطاریں ایک کے پیچھے دوسری نہ جانے کہاں تک چلی گئی ہے۔ کئی قطاریں کھڑی ہیں جو آتے ہیں پیچھے کھڑے ہو جاتے ہیں۔ آگے اب جگہ نہیں ہے۔ یہاں کوئی رتبہ کوئی عہدہ نہیں دیکھا جاتا۔ اسلام کی نگاہ میں سب برابر ہیں۔ دیہاتیوں نے بھی وضو کیا اور جماعت میں شامل ہوگئے۔ کتنی باقاعدہ اور منظّم جماعت ہے۔ لاکھوں آدمی ایک ساتھ جھکتے ہیں اور ایک ساتھ بیٹھ جاتے ہیں اور یہ عمل بار بار ہوتا ہے۔ ایسا معلوم ہو رہا تھا۔ گویا بجلی کی لاکھوں بتیاں ایک ساتھ روشن ہو جائیں اور ایک ساتھ بجھ جائیں اور یہی سلسلہ چلتا رہا۔ کتنا بے مثال منظر تھا جس کی ہم آہنگی اور وسعت دلوں پر ایک وجدانی کیفیت پیدا کرتی ہے۔ کوئی ایسی کشش ہے جس نے سب کو ایک لڑی میں پیرو دیا ہے۔'' (افسانہ ''عیدگاہ'' پریم چند)

ہندوستان کی گنگا جمنی تہذیب کے زیرِ اثر تشکیل پانے والے معاشرے میں تہوار خاص اہمیت رکھتے ہیں۔ چونکہ ہندوستان مشترکہ تہذیب والا ملک ہے۔ یہاں مختلف مذاہب کے لوگ آباد ہیں۔ تہوار چاہے کسی بھی مذہب کے ماننے والے کا ہو پورا معاشرہ اسے آپسی اتحاد اور پورے جوش و خروش سے مناتا ہے۔ جیسے یہ تہوار کسی خاص فرقہ کا نہ ہو کر پورے معاشرے کا ہو۔ یہی وجہ ہے کہ ہندوستان میں منائے جانے والے بیشتر تہوار جیسے عید، ہولی، دیوالی اور دسہرہ وغیرہ قومی یک جہتی کی علامت اختیار کر گئے ہیں۔ ان تہواروں نے لوگوں کے

دلوں کو جوڑ کر ایک طرح سے بھائی چارگی کے رشتے کو قائم کیا ہے۔ پورے معاشرے کی شمولیت نے خارجی سطح پر ان تمام تہواروں کو ایک جیسا بنا دیا ہے۔ حالانکہ یہ ایک جیسے ہی معلوم ہوتے ہیں۔ اگر چہ ان کو منانے کی وجوہات مختلف ہیں اور اس کی بنیادی روح ایک دوسرے سے جدا ہے۔ افسانہ ''عجیب ہولی'' میں ہولی کی خوشی اور دھوم دھام ملاحظہ ہوں:

''دعوت پا کر سب کی باچھیں کھل گئیں۔ بھنگ کا نشہ چڑھا ہی ہوا تھا۔ ڈھول مجیرے چھوڑ چھاڑ کر نور علی کے ساتھ چلے اور صاحب کے کھانے کے کمرے میں کرسیوں پر جا بیٹھے۔ نور علی نے وسکی کی بوتل کھول کر گلاس بھرے اور چاروں نے ڈھالنا شروع کر دیا۔ ٹھرا پینے والوں نے جب یہ مزیدار چیزیں پائیں تو گلاس پر گلاس چڑھانے لگے۔۔۔۔ ایک نے پھاگ چھیڑا ، دوسرے نے سر ہلایا اور گانے ہونے لگے۔ نور علی نے ڈول مجیرا لا کر رکھ دیا۔ وہیں مجلس جم گئی۔ گاتے گاتے ایک اٹھ کر ناچنے لگا، دوسرا اٹھا۔ حتیٰ کی سب کے سب کمرے میں چوکڑیا بھرنے لگے۔

(افسانہ ''عجیب ہولی'' پریم چند )

ہندوستانی تہذیب و معاشرے میں تہواروں کی کثرت کی وجہ سے جہاں رام لیلا ، کرشن لیلا اور نوٹنکی وغیرہ کا سماجی تقریبات کے طور پر وجود عمل میں آیا ، وہیں مختلف طرح کے کھیلوں جیسے جوسر ، چوپڑ اور شطرنج وغیرہ کو بھی ہمارے ہندوستانی معاشرے میں زمانۂ قدیم سے اہمیت حاصل رہی۔ افسانہ ''شطرنج کی بازی'' میں پریم چند نے شطرنج کے کھیل کا ذکر اس طرح کیا ہے:

''دونوں کھلاڑی بازی پر ڈٹے ہوئے تھے۔ گویا وہ خون کے پیاسے سورما موت کی بازی کھیل رہے ہوں۔ مرزا متواتر تین بازیاں ہار چکے تھے۔ اب چوتھی بازی کا بھی رنگ اچھا نہ تھا۔ وہ بار بار جیتنے کا مستقل ارادہ کر کے ، خوب سنبھل سنبھل کر طبیعت پر زور دے دے کر کھیلتے تھے۔ لیکن ایک نہ ایک چال ایسی خراب پڑ جاتی تھی کہ ساری بازی بگڑ جاتی تھی۔''

(افسانہ ''شطرنج کی بازی'' پریم چند )

ہندوستانی تہذیب کے زیرِ اثر ہمارے ملک میں ایک ایسے صالح معاشرے کا قیام عمل میں آیا ، جہاں معاشرتی تقریبات کے تحت مختلف طرح کے رسم و رواج کو بھی خاص اہمیت حاصل ہے۔ مثال کے طور شادی بیاہ کی رسمیں جو شادی سے کچھ دن پہلے انجام دی جاتی ہیں اور یہ کئی دن تک چلتی ہیں۔ ہندوستانی معاشرے میں ازدواجی زندگی کو ایک معاشرتی ادارے کی حیثیت حاصل ہے اور شادی بیاہ کی رسموں کو ہندوستان کی مشترکہ تہذیب کا ایک اہم عنصر قرار دیا جا سکتا ہے۔ پریم چند نے افسانہ ''بوڑھی کاکی'' میں ہندوستانی معاشرے میں شادی بیاہ کی رسموں کا ذکر بڑے دلچسپ پیرائے میں کیا ہے:

''بدھ رام کے دروازے پر شہنائی بج رہی تھی اور گاؤں کے بچوں کا جمِ غفیر نگاہِ حیرت سے گانے کی داد دے رہا تھا۔ چار پائیوں پر مہمان لیٹے ہوئے نائیوں سے ٹکیاں لگوا رہے تھے۔ قریب ہی ایک بھاٹ کھڑا گیت سنا رہا تھا۔۔۔۔ گھر میں مستورات گا رہی تھی اور روپا مہمانوں کی دعوت کا سامان کرنے میں مصروف تھی۔ بھٹیوں پر کڑاہ چڑھے ہوئے تھے۔ ایک میں پوریاں کچوریاں نکل رہی تھیں۔ دوسرے میں سموسے اور پیڑا کیں بنتی تھیں۔''

(افسانہ ''بوڑھی کاکی'' پریم چند)

ہمارے ملک میں منائے جانے والے تہواروں ، سماجی تقریبات وغیرہ کو ہندوستانی تہذیب و معاشر میں خاص اہمیت حاصل ہے۔ جو نہ صرف دلوں کو جوڑنے اور آپسی اتحاد و اتفاق کی فضا قائم کرنے میں اہم رول ادا کرتے ہیں بلکہ ملک کی تہذیب و تمدن کو عظمت کی بلندیوں پر پہنچانے کے لیے ملک و قوم

کے تئیں ہر شخص کے دلوں میں وطن دوستی اور وطن پرستی کا جذبہ بھی پیدا کرتے ہیں، کیونکہ وطن سے محبت بھی ہندوستانی تہذیب کا ایک اہم حصّہ ہے۔ پریم چند کے متعدد افسانے وطن دوستی اور وطن پرستی کے جذبات سے معمور ہو کر لکھے گئے ہیں۔ افسانہ ''قاتل'' کا شمار پریم چند کے ایسے ہی افسانوں میں کیا جاتا ہے۔ جس کا مرکزی کردار اپنی ماں کو وطن کی عظمت بتاتے ہوئے کہتا ہے:

''تم نے مجھے یہ زندگی عطا کی ہے اسے تمہارے قدموں پر نثار کر سکتا ہوں لیکن مادرِ وطن نے تمہیں اور مجھے دونوں ہی کو زندگی عطا کی ہے۔ اور اس کا حق افضل ہے۔ اگر کوئی ایسا موقع ہاتھ آ جائے کہ مجھے مادرِ وطن کی حمایت میں تمہیں قتل کرنا پڑے تو میں اس ناگوار فرض سے بھی منھ نہ موڑ سکوں گا۔'' (افسانہ ''قاتل''، پریم چند)

ہندوستانی تہذیب و معاشرے میں انفرادی طرزِ زندگی کی بجائے اجتماعی طرزِ زندگی کو فوقیت حاصل ہے اور گھر کو ایک بنیادی اکائی تصور کیا جاتا ہے۔ جس کے زیرِ اثر ہندوستان میں مشترکہ خاندان کا تصور وجود میں آیا۔ جس میں کئی پیڑھیاں نسل در نسل زندگی گزارتی ہیں۔ مشترکہ خاندان معاشرے کا ایک ایسا متحرک معاشرتی ادارہ ہے، جو ملک کی مشترکہ تہذیب و ثقافت کا ایک اہم جز ہے۔ جہاں سے ہمیں نہ صرف رشتوں کے تئیں ادب و احترام کا درس ملتا ہے بلکہ محبت اخوت، صبر و قناعت اور آپسی اتحاد و اتفاق جیسی تعلیم بھی ملتی ہے۔ جس سے ایک دوسرے کے لیے ایثار و قربانی کا جذبہ پیدا ہوتا ہے۔ مشترکہ خاندان میں مرکزی حیثیت عورتوں کو حاصل ہے۔ جو اپنے حسنِ اخلاق اور حسنِ انتظام سے گھر کو جنت بناتی ہے۔ جس کی عمدہ مثال پریم چند کا افسانہ ''مالکن'' ہے۔ اقتباس ملاحظہ ہوں:

''کئی مہینے گزر گئے۔ پیاری کے اختیار میں آ کر جیسے اس گھر میں بہار آ گئی۔ اندر باہر جہاں دیکھئے ایک لائق منتظم کی سلیقہ شعاری،، صفائی پسندی اور خوش مذاقی کے آثار نظر آنے لگے۔ پیاری نے گرہستی کی مشین کی ایسی کنجی کس دی کہ سب ہی پرزے ٹھیک ٹھیک چلنے لگے۔'' (افسانہ ''مالکن''، پریم چند)

اس میں کوئی شک نہیں کہ پریم چند ایک غیر متعصب ادیب کی حیثیت رکھتے ہیں۔ حالانکہ ان کے زیادہ تر افسانے ہندو تہذیب کی عکاسی کرتے ہیں لیکن جہاں انھوں نے مسلم تہذیب و معاشرے کو اپنی کہانیوں کا موضوع بنایا ہے وہاں ان کے مشاہدے کی گہرائی و گیرائی انتہائے کمال پر پہنچی ہوئی ہے۔ جس کی عمدہ مثال افسانہ ''حج اکبر'' ہے۔ جو مسلم معاشرے سے پریم چند کے حد درجہ متاثر ہونے کا بین ثبوت پیش کرتا ہے۔

منشی صابر حسین متوسط طبقے سے تعلق رکھتے ہیں۔ ان کا ایک بیٹا نصیر ہے۔ جس کی پرورش کے لیے ایک دایہ عباسی ملازمہ رکھی ہے۔ صابر حسین کی بیوی عباسی کو مالی بوجھ سمجھتی ہے اور اس کو اکثر تنگ کرتی ہے جس کی وجہ سے وہ ملازمت چھوڑ کر چلی جاتی ہے۔ چونکہ نصیر عباسی سے بہت مانوس ہوتا ہے اور یہ صدمہ برداشت نہیں کر پاتا ہے اور بیمار پڑ جاتا ہے۔ اتفاقاً بازار میں اس کی ملاقات صابر حسین سے ہوتی ہے۔ وہ اسے بیٹے کی بیماری کا حال سناتا ہے۔ عباسی بے قرار ہو اس کے ساتھ چلی جاتی ہے۔ نصیر کا چہرہ اس کو دیکھ کر کھل جاتا ہے۔ عباسی صابر حسین کو بتاتی ہے کہ وہ حج پر جا رہی ہے۔ مگر صابر حسین بچے کی بیماری کو بیان کر کے اس کو جانے سے روک لیتا ہے۔ بعد میں جب عباسی اس سے کہتی ہے کہ تم نے مجھے حج پر نہیں جانے دیا تو صابر حسین کہتا ہے کہ تم نے میرے نصیر کو بچا کر حجِ اکبر کر لیا۔

''نصیر کا زرد مرجھایا ہوا چہرہ روشن ہو گیا۔ جیسے بجھے ہوئے چراغ میں تیل جائے۔ ایسا معلوم ہوا۔ گویا وہ کچھ بڑھ گیا ہے۔ ایک ہفتہ گزر گیا صبح کا وقت تھا۔ نصیر آنگن میں کھیل رہا تھا۔ صابر حسین نے آ کر اسے گود میں اٹھا لیا اور پیار کر کے بولے۔ ''تمہاری انا کو مار کر بھگا دیں گے۔'' نصیر نے منھ بنا کر کہا۔ ''نہیں

روئے گی۔'' عباسی بولی'' کیوں بیٹا! مجھے تو تو نے کعبہ شریف نہ جانے دیا۔ میرے حج کا ثواب کون دے گا ۔صابر حسین نے مسکرا کر کہا۔'' تمہیں اس سے کہیں زیادہ ثواب ہو گیا۔ اس حج کا نام حج اکبر ہے۔'' ( افسانہ ''حجِ اکبر'' پریم چند )

بظاہر یہ ایک عام سی کہانی معلوم ہوتی ہے۔ لیکن اس کے اندر بڑی گہری معنویت چھپی ہوئی ہے۔ معاشرے میں اس وقت عزت کا معیار صرف دولت ہی کو سمجھا جاتا ہے۔ آج کے اس ترقی یافتہ معاشرے میں تقویٰ، پرہیز گاری، صلہ، رحم اور ہمدردی کا کوئی مول نہیں ہے۔ پریم چند نے اس افسانے کے ذریعہ یہ ثابت کرنے کی کوشش کی ہے کہ کسی شخص کے بزرگ ہونے کا انحصار اس بات میں نہیں ہے کہ وہ مذہب سے کتنا لگاؤ رکھتا ہے بلکہ اس بات پر ہے کہ اس کا وجود معاشرے کے لیے کتنا سودمند ہے اور یہی نیکی کا اصل معیار ہے۔

ہندوستانی معاشرے میں مذہب کا تصور اگر چہ اجتماعی حقیقت کے بجائے ہمیں انفرادی سچائی کی طرف متوجہ کرتا ہے کیونکہ انفرادی تبدیلی ہی سماجی تبدیلی کا باعث بنتی ہے اور آپسی اتحاد سے رہنے کی ترغیب دیتی ہے۔ جس کی وجہ سے معاشرے میں نیکی و شرافت اور عفو کے تصور کو تقویت ملتی ہے۔ ہندوستان کی مشترکہ تہذیب کی نشو نما میں نیکی اور عفو کے تصورات کو ہر دور میں تسلیم کیا جاتا رہا ہے۔ مذہبی نفرتوں اور تفریق کی فضا میں افسانہ ''عفو'' خاص اہمیت کا حامل ہے۔ یہ افسانہ ہسپانیہ کے پس منظر میں لکھا گیا ہے۔ پریم چند نے اس افسانے میں مذہبِ اسلام کے اصل جوہر کو پیش کرنے کی کوشش کی ہے اور یہ ثابت کیا ہے کہ اس مذہب میں ذاتی بغض وعناد کچھ نہیں ہوتا۔ اس دنیا میں جو کچھ بھی ہوتا وہ سب کچھ اللہ کی مرضی اور حکم پر مبنی ہوتا ہے۔ یہی وجہ ہے کہ جب عربوں کا دشمن داؤد شیخ حسن کے اکلوتے بیٹے جمال کو قتل کر دیتا ہے اور جب داؤد کے لیے فرار کے تمام راستے بند ہو جاتے ہیں تو وہ حسن کے خیمہ میں پناہ مانگتا ہے۔ حالانکہ یہ اس کے بیٹے کا قاتل ہے پھر بھی انتہائی غم وغصہ کے باوجود شیخ حسن داؤد کو کوئی سزا نہیں دیتا ہے۔ بلکہ عفوو رحیم اور بھائی چارگی کا مظاہرہ کرتے ہوئے نہ صرف اسے معاف کر دیتا ہے بلکہ اس کو محفوظ مقام پر پہنچنے کے لیے اپنی اونٹنی بھی پیش کرتا ہے۔ اقتباس ملاحظہ ہوں:

> ''شیخ حسن ایک لمحہ تک سکوت میں کھڑا رہا۔ پھر بولا ۔میں نے تمہیں معاف کیا۔۔۔۔ ہمارے نبی نے وہ تعلیم نہیں دی تھی جس پر ہم آج عمل کر رہے ہیں۔ وہ خود عفوو رحیم کے بلند ترین معیار تھے۔ میں اسلام کے نام کو بٹہ نہ لگاؤں گا۔ میری اونٹنی لے لو اور راتوں رات جہاں تک بھاگ سکو، بھاگ جاؤ۔''
>
> (افسانہ ''عفو''، پریم چند)

ہندوستانی تہذیب و معاشرے میں مذہب کا یہی وہ مثبت پہلو ہے جو سماج میں ردِ عمل کے سلسلے کو منقطع کر کے ہمیں یہ تعلیم دیتا کہ ہم آپسی رنجش کو بھلا کر ایک دوسرے کو معاف کر کے اتحاد کے ساتھ مل جل کر رہیں کیونکہ یہی وہ عناصر ہیں جو ہندوستانی معاشرے میں مشترکہ تہذیب وثقافت کی کامیابی کا ضامن ہیں۔

آخر میں یہ کہنا غلط نہ ہوگا کہ پریم چند نے اپنے افسانوں میں ہندوستانی تہذیب و معاشرت کو پیش کرنے میں اپنی وسیع النظری اور ذہنی وسعت کا ثبوت فراہم کیا ہے۔ خاص بات یہ ہے کہ ہندوستانی تہذیب ومعاشرے کی ترجمانی خالص ہندوستانی ماحول میں کی گئی ہے۔ یہی وجہ ہے کہ ان کے افسانوں میں ہندوستان کی مشترکہ تہذیب کے مختلف عناصر کی عکاسی ملتی ہے۔ مذکورہ بالا تنقیدی جائزے سے یہ بات واضح ہو جاتی ہے کہ پریم چند کے افسانوں سے اگر ہندوستانی تہذیب اور معاشرت کو الگ کر دیا جائے تو ان کی اصل قدر و قیمت کا تعین کرنا مشکل ہے۔ بہر حال اردو افسانے میں پریم چند ایک مختلف اور منفرد حیثیت کے مالک ہیں اور اسی بات میں ان کی عظمت کا راز پوشیدہ ہے۔

محمد انور داؤدی
اعظم گڈھ، یوپی

# اور ہندوستان آزاد ہو گیا

اسی مہینہ کی 15 / تاریخ کو پورا ملک 72 / ویں یوم آزادی کے جشن میں ڈوبنے والا ہے، اس حوالے سے میں نے اپنی گفتگو کو چار حصوں میں تقسیم کیا ہے (1) ملک ہندوستان کا تعارف (2) انگریزوں کی آمد اور تسلط سے لے کر آزادی تک اور اس میں مسلمانوں کی جدوجہد (3) آزادیٔ وطن کے بعد ملک کے حالات اور مسلمانوں کی حکمت عملی (4) ملک کی موجودہ صورت حال حکومت، حالات اور اندیشے (1) میرے خوبصورت ملک ہندوستان کا تعارف۔ جس ملک میں ہم رہتے ہیں اسے کئی ناموں سے جانا جاتا ہے۔ جیسے بھارت، ہندوستان، انڈیا، آریہ ورت۔ ہندوستان کی شکل ایک جزیرہ نما کی ہے، اتر میں ہمالیہ اور قراقرم پہاڑ ہے، دکھن میں بحر ہند، مغرب میں بحر عرب اور مشرق میں خلیج بنگالہ ہے۔ نیپال، بھوٹان، چین، سری لنکا، بنگلہ دیش، میانمار اور پاکستان، یہ وہ ممالک ہیں جو ہندوستان کی سرحدوں سے ملحق ہیں۔ ہندوستان رقبہ کے حساب سے دنیا میں ساتویں نمبر پر ہے اس کا کل رقبہ 3287263 کلومیٹر ہے، ملک کی کل آبادی 2011 / کی رائے شماری کے مطابق ایک عرب اکیس کروڑ ایک لاکھ ترانوے ہزار چار سو بائیس ہے (1210193422)۔ ہمارے ملک ہندوستان کا قومی پرچم ترنگا یعنی تین رنگ کا ہے، زعفرانی رنگ، ہمت و قربانی پر دلالت کرتا ہے، سفید رنگ، زندگی کے پاک، بیلوث اور پرامن ہونے کا اشارہ کرتا ہے، ہرا رنگ، ملک کی زرخیزی پر دلالت کرتا ہے اور بیچ میں گول چکر، زندگی کے رواں دواں ہونے اور ترقی کا پتہ دینے پر دال ہے۔

قومی کرنسی کا نام روپیہ ہے، نوٹوں اور سکوں پر تین شیر نظر آتے ہیں وہ اشوک استمبھ ہے، جو الہ آباد میں سنگم کے قریب منٹو پارک میں موجود اشوک کی لاٹ سے لیا گیا ہے اشارہ اس بات کی طرف ہے کہ یہ خونخوار جانور آپس میں کس طرح ملکر رہتے ہیں اسی طرح ہمارے ملک میں مختلف نسل و مذاہب کے لوگ مل جل کر باہم زندگی گزارتے ہیں۔ اس ملک میں مختلف افکار و خیالات کے لوگ بستے ہیں اور سب کو آئینی اعتبار سے آزادی حاصل ہے یہی تنوع اور رنگارنگی اس ملک کی خوبصورتی اور پہچان ہے، یہ الگ موضوع ہے کہ عمل میں تعصب کا شکار ہو گیا۔

محمد بن قاسم کے آنے سے بہت پہلے یہاں مسلمان آباد ہو چکے تھے۔ عرب و ہند کے تعلقات انتہائی قدیم ہیں۔

قومی زبان ہندی اور قومی گیت جن گن من ہے۔

انگریزوں کی آمد اور آزادی کی جدوجہد

آزاد ہندوستان کی تاریخ میں دو دن انتہاء اہمیت کے حامل ہیں، ایک 15 / اگست جس میں ملک انگریزوں کے چنگل سے آزاد ہوا۔ دوسرا 26 / جنوری جس میں ملک جمہوری ہوا یعنی اپنے دیس میں اپنا قانون نافذ اور لاگو ہوا۔ ملک پر قابض و جابر انگریزی سلطنت بہت بڑی طاقت تھی اس کے خلاف مورچہ کھولنا، علم بغاوت بلند کرنا اور ملک چھوڑو کی تحریک چلانا موت کو دعوت دینا تھا اور سچائی بھی یہی ہے کہ آج بہار اور جشن کے یہ دو دن ایک دو انگلی کٹا کر نہیں ملے، ایک دو سال احتجاج کر کے نہیں ملے اگر آپ 1857 / کی بغاوت سے تاریخ کا حساب کریں گے تب بھی 1947 / تک 90 / سال بنتے ہیں۔ یہ سچ ہے کہ 18 / ویں صدی میں مغلیہ سلطنت کے زوال سے انگریزوں کو عروج ملا مگر انگریزوں

کا پہلا جہاز 1601 / میں دور جہانگیری میں ہی آ چکا تھا اس حساب سے ہندوستان جنت نشان سے انگریزوں کا انخلاء 47 / میں 346 / سال بعد ہوا، اس دوران ظلم و بربریت کی ایک طویل داستان لکھی گئی جس کا ہر صفحہ ہندوستانیوں کے خون سے لت پت ہے، جذبہ آزادی سے سرشار اور سر پر کفن باندھ کر وطن عزیز اور اپنی تہذیب کی بقاء کیلئے بے خطر آتش افرنگی میں کودنے والوں میں مسلمان صف اول میں تھے، جنگ آزادی میں مسلمانوں کی قربانی الگ کر دیں گے تو ہندوستان کبھی آزاد نہ ہوگا ۔1498 / میں پرتگال (یورپ) والے ایک عربی ملاح "واسکوڈی گاما" کی مدد سے پہلی مرتبہ بحری راستے سے ہندوستان پہنچے اور کلکتہ سے اپنی تجارتی سرگرمیوں کا آغاز کیا اور ایک عرصے تک خوب منافع کمایا، ان کی دیکھا دیکھی یورپ کے دوسرے ممالک مثلاً ہالینڈ، اور انگلستان والوں نے بھی ہندوستانی دولت لوٹنے کا پلان تیار کیا، چنانچہ انگلستان کے 101 / تاجروں نے 30 / ہزار پونڈ (انگریزی روپیہ) جمع کر کے "ایسٹ انڈیا کمپنی" کے نام سے ایک کمپنی بنائی اور 1601 / میں ان کا پہلا جہاز ہندوستان آیا۔ اس وقت ہندوستان میں جہانگیر بادشاہ کی حکومت تھی (یہ اکبر بادشاہ کا لڑکا تھا اس کا اصل نام سلیم نورالدین اور لقب جہانگیر تھا، اس نے انگریزوں کا خیر مقدم کیا لیکن انگریزوں کو باقاعدہ تجارت کی اجازت جہانگیر کے دوسرے لڑکے شاہ خرم (شاہجہاں) نے دی، رفتہ رفتہ اس کمپنی نے تجارت کی آڑ میں اپنی فوجی طاقتوں میں اضافہ کرنا شروع کیا (یعنی مال کی جگہ ہتھیار اور ملازم کی آڑ میں فوجیوں کی آمد) لیکن مرکز میں مغلیہ سلطنت اس قدر مضبوط تھی کہ انگریزوں کو خاطر خواہ کامیابی نہیں ملی، شاہجہاں کے دوسرے لڑکے اورنگزیب عالمگیر کی وفات کے بعد مغلیہ سلطنت کمزور ہونے لگی، اٹھارہویں صدی میں مغلیہ سلطنت کی عظمت کا سکہ کمزور ہوتے ہی طوائف الملوکی کا دور شروع ہو گیا۔ عیار اور شاطر انگریزوں نے پورے ملک پر قبضے کا پلان بنالیا، ہندوستانیوں کو غلامی کی زنجیروں میں جکڑنے کا منصوبہ طے کر لیا انکے خطرناک عزائم اور منصوبے کو بھانپ کر سب سے پہلے میدان پلاسی میں جس مرد مجاہد نے انگریزوں سے مقابلہ کیا اور 1757 / میں جام شہادت نوش کیا وہ شیر بنگال نواب سراج الدولہ تھا، پھر 1799 / میں سرنگا پٹنم میں انگریزوں کا مردانہ وار مقابلہ کرتے ہوئے شیر میسور سلطان ٹیپو نے ملک پر جان قربان کر دی، جس کی شہادت پر انگریز فاتح لارڈ ہارس نے فخر و مسرت کیساتھ اعلان کیا تھا کہ '' آج ہندوستان ہمارا ہے۔ واقعہ انکے مقابل اب کوئی اور نہیں تھا دہلی تک راستہ صاف تھا 1803 / میں انگریزی فوج دہلی میں فاتحانہ انداز میں داخل ہوئی اور بادشاہ وقت "شاہ عالم ثانی" سے جبراً ایک معاہدہ لکھوایا کہ "خلق خدا کی، ملک بادشاہ سلامت کا اور حکم کمپنی بہادر کا"۔ یہ بات اس قدر عام ہوگئی کہ لوگ کہنے لگے۔ ''حکومت شاہ عالم از دہلی تا پالم''۔

یہ معاہدہ گویا اس بات کا اعلان تھا کہ ہندوستان سے اب اسلامی اقتدار ختم ہو چکا ہے، وحشت و بربریت، ظلم و ستم کی گھنگور گھٹائیں پوری فضا کو گھیر چکی ہیں، اب وطنی آزادی اور مذہبی شناخت ان کے رحم و کرم پر ہوگی احساس سب کو تھا مگر امراء اپنی بچی کھچی نوابی بچانے کیلئے اور عوام اپنی جان بخشی کیلئے خاموشی میں عافیت سمجھے تھے ایسے بھیانک ماحول اور پرفتن حالات میں ایک بوریہ نشیں فقیر شاہ ولی اللہ محدث دہلوی کے بیٹے شاہ عبدالعزیز دہلوی نے پوری جرأت و بیباکی کے ساتھ فتوی جاری کیا کہ ہندوستان دارالحرب ہے، یعنی اب ملک غلام ہو چکا ، للہذا بلاتفریق مذہب وملت ہر ہندوستانی پر انگریزی تسلط کیخلاف جہاد فرض ہے۔ اس فتوی کے بعد شاہ صاحب نے اپنے معتقد خاص حضرت سید احمد بریلوی کو نواب امیر خان (جو انگریزوں کیخلاف متحدہ محاذ قائم کئے تھے) کی فوج میں شامل ہونے کا حکم دیا جہاں سید صاحب 7 / سال رہے پھر دہلی واپس ہوئے۔ شاہ صاحب کے فتوی کی روشنی بڑے بڑے علماء کی مشاورت میں ایک جماعت بنائی گئی جس

کا مقصد عوام میں دینی بیداری پیدا کر کے انقلاب کا ماحول بنانا تھا۔ چنانچہ 1818/ میں سید احمد کی قیادت اور شاہ اسماعیل کی موجودگی میں پہلا قافلہ دہلی سے روانہ ہوا۔ شاہ عبدالعزیز دہلوی نے روانگی کے وقت اپنے ہاتھ سے اپنی سیاہ دستار اور اپنا سفید کرتا حضرت سید احمد کو پہنا کر سفر کی اجازت دی ،ان لوگوں نے پورے ملک کا دورہ کر کے قوم کو جگایا اور ہر طرف آزادی کی آگ لگادی اور 1831/ کو بالاکوٹ کی پہاڑی پر لڑ کر جام شہادت نوش کیا۔ دھیرے دھیرے پورے ملک میں انگریزوں کے خلاف ماحول بننے لگا، انگریزوں کے مظالم کوئی ڈھکے چھپے نہ تھے۔ چنانچہ میلکم لوئین جج عدالت عالیہ مدراس وممبر کونسل نے لندن سے اپنے ایک رسالہ میں ظلم و بربریت پر لکھا تھا کہ ہم نے ہندوستانیوں کی ذاتوں کو ذلیل کیا انکے قانون وراثت کو منسوخ کیا، بیاہ شادی کے قاعدوں کو بدل دیا، مذہبی رسم ورواج کی توہین کی، عبادت خانوں کی جاگیریں ضبط کرلیں، سرکاری کاغذات میں انہیں کافر لکھا، امراء کی ریاستیں ضبط کرلیں، لوٹ کھسوٹ سے ملک کو تباہ کیا، انہیں تکلیف دیکر مال گزاری وصول کی، سب سے اونچے خاندانوں کو برباد کر کے انہیں آوارہ گرد بنا دینے والے بندوبست قائم کیے۔ (مسلمانوں کا روشن مستقبل ص 110)

1857/ میں پھر دہلی کے چونتیس علماء نے جہاد کا فتوی دیا جس کی وجہ سے معرکہ کارزار پھر گرم ہوگیا۔ دوسری طرف انگریزی فوجیں پورے ملک میں پھیل چکی تھیں اور ہندوستان سے مذہبی بیداری وسرگرمی ختم کرنے کیلئے انگریزوں نے بے شمار عیسائی مبلغین (پادری) کو میدان میں اتار دیا تھا جسے انگریزی فوج کی پشت پناہی حاصل تھی جو جگہ جگہ تقریریں کرتے اور عیسائیت کا پرچار کرتے، اسی دوران یہ خبر گشت کرنے لگی کہ انگریزی حکومت نے ہندو مسلم کا مذہب خراب کرنے کیلئے اور دونوں کے درمیان اختلاف پیدا کرنے کیلئے آٹے میں گائے اور سور کی ہڈی کا برادہ ملا دیا ہے، کنویں میں گائے اور سور کا گوشت ڈلوادیا ہے تاکہ پانی ناپاک ہوجائے اور ہندو مسلم آپس میں لڑ جائیں اسکے علاوہ یہ بات چرچے میں آگئی کہ انگریزی فوج میں استعمال ہونیوالے کارتوسوں میں گائے اور سور کی چربی ملادی گئی ہے اور ہر فوجی کو وہ کارتوس منھ سے کھولنا لازم ہے ان واقعات نے ہندوستانیوں کے دلوں میں انگریزوں کے خلاف نفرت کی ایک آگ لگادی، انگریزوں کی ان مذہب مخالف پالیسیوں کی وجہ سے انگریزی فوج میں ملازم ہندو مسلم سب نے زبردست احتجاج کیا، کلکتہ سے یہ چنگاری اٹھی اور دھیرے دھیرے بارک پور، انبالہ لکھنو، میرٹھ، مرادآباد اور سنبھل وغیرہ تک پہنچتے پہنچتے شعلہ بن گئی۔ احتجاج کرنیوالے سپاہی اور انقلابی منگل پانڈے اور انکے ساتھیوں کو پھانسی دیدی گئی، اور جہاں جہاں احتجاج ہوا اس پر سنجیدگی سے غور کرنے کے بجائے سخت قوانین بنادئے گئے، احتجاجیوں کی بندوقیں چھین لی گئیں، وردیاں پھاڑ دی گئیں، قید بامشقت کی سزائیں سنائی گئیں، جسکی وجہ سے عوام وخواص میں سخت اشتعال پیدا ہوگیا ہندو مذہب مخالف پالیسی کی وجہ سے ہندوؤں کی رہنمائی پنڈت کررہے تھے اور مسلم مذہب مخالف پالیسی کیوجہ سے مسلمانوں کی رہنمائی علماء کررہے تھے، ہندو مسلم مشترکہ جلسہ کرتے اسی دوران شاہ جہاں پور میں مفتی مظہر کریم کے گھر پر یکم مئی 57/ کو جلسہ ہوا جس میں ہندو مسلم دونوں شریک ہوئے، انقلابی تقریریں ہوئیں نعرے لگے اور پورے ملک میں ایک ساتھ بغاوت کا منصوبہ بنا۔ دوسری طرف 1857/ میں ہی جبکہ ہر طرف بغاوت کی لہر پھوٹ چکی تھی، تھانہ بھون کے مشہور رئیس قاضی عنایت علی کے بھائی قاضی عبدالرحیم اپنی ضرورت سے ہاتھی خریدنے کیلئے سہارنپور گئے تھے کسی نے انگریزوں کو مخبری کردی کہ یہ بغاوت کیلئے ہاتھی خریدرہے ہیں چنانچہ انھیں گرفتار کر کے پھانسی پر لٹکا دیا گیا جس سے پورے تھانہ بھون میں بھی کھلبلی مچ گئی اور نفرت کی چنگاری شعلہ بن کر بھڑک اٹھی ، لوگ جہاد کیلئے

ادھرادھر سے آ کر حاجی امداداللہ مہاجرمکی کے ہاتھ پر بیعت ہونے لگے اوران کی قیادت میں انگریزوں سے مقابلہ کیلئے بیتاب ہوگئے بانی دارالعلوم دیوبند مولانا قاسم نانوتوی سپہ سالار متعین ہوئے، مولانا رشیداحمد گنگوہی دائیں، مولانامنیراحمدصاحب بائیں بازوکے افسرمقرر ہوئے ،سہارنپور سے شاملی توپ خانہ جارہاتھا مولانارشیداحمدگنگوہی نے ساتھیوں کی ساتھ رات میں حملہ کیااورانگریزوں سے چھین لیا، صبح میں شاملی میں انگریزوں کی ایک فوجی چھاؤنی پرحملہ کیا گیالیکن حافظ ضامن صاحب کی شہادت نے کایاپلٹ دی اورناکامی ہاتھ لگی۔ دوسری طرف جگہ جگہ بغاوت پھوٹنے کے بعدزیادہ ترانقلابی فوجیوں نے دہلی کارخ کیااورجنرل بخت خان کے ساتھ ملکر پورے عزم وحوصلہ کے ساتھ دہلی شہراورمغلیہ حکومت کادفاع کرتے رہے، ناناصاحب،تاتیاٹوپے،رانی لکشمی بائی،رانابینی مادھو سنگھ وغیرہ بھی پیش پیش تھے مگرانگریزوں کی منظم فوج کے سامنے بغاوت ناکام ہوگئی اور انگریزوں نے 20 /ستمبر 1857 /کولال قلعہ پر باقاعدہ قبضہ کرلیااورسلطنت مغلیہ کے آخری چراغ بہادرشاہ کوگرفتار کر کے رنگون (برما) جلاوطن کردیا گیا۔

ستاون کی بغاوت جسے انگریزوں نے غدرکانام دیا تھااوراپنےظلم وبربریت پرپردہ ڈالنے کیلئے بغاوت کاالزام انھیں ہندوستانیوں پرلگادیااوربغاوت ناکام ہونے کے بعدانگریزوں نے ہندوستانیوں پرظلم وستم کی جوبجلیاں گرائی ہیں(الامان والحفیظ)

سرسیداحمدخان نے ایک رسالہ "اسباب بغاوت ہند" لکھ کرحکام گورنمنٹ کوآئینہ دکھایا۔ بہرحال چونکہ اب تک انگریزوں سے لوہالینے میں مسلم علماءاورعوام صف اول میں تھے اس لئے بدلہ بھی ان سے خوب لیا گیا،مولویت بغاوت کے ہم معنی قراردیدی گئی۔ایسٹ انڈیا کمپنی کی طرف سے یہ حکم جاری کیا گیا تھا کہ لمبی داڑھی اور لمبے کرتے والے جہاں ملیں تختہ دار پرچڑھادیاجائے،قتل وپھانسی کایہ سلسلہ تقریباًدوہفتہ چلتارہا،ہزاروں جانبازوں کوبیدردی کیساتھ قتل کیا گیا۔مفتی سلمان منصورپوری صاحب نے ''تحریک آزادی میں مسلم علماء اورعوام کاکردار'' نامی کتاب میں قیصرالتواریخ کے حوالے سے لکھاہے کہ دہلی پرقبضہ کے بعد 27 / ہزارافرادکوپھانسی پرلٹکایا گیااورمولانااسیرادروی صاحب نے ایک انگریزمصنف کے حوالے سے لکھاہے کہ چاندنی چوک ہی نہیں بلکہ شہرکے ہرچوراہے پرسولیاں نصب کردی گئیں،جوبھی معززمسلمان ملے پھانسی پرلٹکادیا گیا،زمین پرلٹاکرآرے سے چیراگیا،سورکی چربی لگاکر جلتے ہوئے تندوروں میں پھینکا گیا،ہاتھیوں کے پیروں سے باندھ کرمخالف سمت ہانک دیا گیا،توپ کے منھ پر باندھ کرتوپ چلادی گئی جس سے جسم کے پرخچے اڑجاتے۔

ایک ہندومؤرخ میوارام گپت کے بقول ایک اندازے کے مطابق 1857 / میں پانچ لاکھ مسلمانوں کوپھانسیاں دی گئیں ۔ایڈورڈٹائمس کی شہادت ہے کہ صرف دہلی میں 500 / علماء کوتختہ دارپرلٹکایا گیا

(ابھی تک گاندھی جی یا کانگریس کاوجودنہیں ہے کیونکہ گاندھی جی 1869 میں پیداہوئے تھے)

30 /مئی 1866 /کواکابرین امت اوربچے کھچے مجاہدین نے دیوبند میں ایک مدرسہ کی بنیادڈالی جوآگے چل کردارالعلوم دیوبند کے نام سے مشہورہوا۔ 1878 / میں اسی درسگاہ کے ایک فرزندمولانامحمودحسن دیوبندی نے (جوآگے چل کرشیخ الہند کے نام سے مشہورہوئے انگریزوں کے لئےمسلسل دردسربنے رہے۔

تحریک ریشمی رومال

یاتحریک شیخ الہند بزبان حکومت برٹش ریشمی خطوط سازش کیس انہیں کی پالیسی کاحصہ تھی) ثمرۃ التربیت کے نام سے یک انجمن قائم کی جس کامقصد انقلابی مجاہدین تیارکرناتھا 1885 / میں انڈین نیشنل کانگریس کی بنیادڈالی

گئی، کچھ عرصہ کے بعد لوک مانیہ بال گنگا دھر تلک نے سوراج ہمارا پیدائشی حق ہے کا نعرہ بلند کیا اور 1909/ میں جمعیۃ الانصار کے نام سے ایک تنظیم قائم ہوئی جس کے پہلے ناظم مولانا عبیداللہ سندھی منتخب ہوئے اور 1911/یا 12/ میں مولانا ابوالکلام آزاد نے کلکتہ سے الہلال اخبار کے ذریعہ آزادی کا صور پھونکا۔ 1915/ میں ریشمی رومال کی تحریک چلی 1916/ میں ہندو مسلم اتحاد کی تحریک چلی اور 1919/ میں دہلی میں خلافت کانفرنس کا اجلاس ہوا اور اسی جلسے میں باضابطہ جمعیۃ علماء ھند کی تشکیل ہوئی جس کے پہلے صدر مفتی کفایت اللہ صاحب منتخب ہوئے۔ 1919/ میں ہی امرتسر کے جلیاں والا باغ کے ایک جلسے میں انگریزوں کی فائرنگ سے ان گنت ہندو مسلم کا خون بہا۔ 1920/ میں حضرت شیخ الہند نے ترک موالات کا فتوی دیا جسے مولانا ابوالمحاسن سید محمد سجاد بہاری نے مرتب کر کے جمعیت کی طرف سے شائع کیا۔ 1921/ میں مولانا حسین احمد مدنی نے کراچی میں پوری جرأت کی ساتھ اعلان کیا کہ گورنمنٹ برطانیہ کی اعانت اور ملازمت حرام ہے۔ 1922/ میں ہندو مسلم اتحاد ختم کرنے کیلئے انگریزوں نے شدھی اور سنگھٹن تحریکیں شروع کیں جس کی وجہ سے فرقہ وارانہ فسادات پھوٹے۔ 1926/ میں کلکتہ میں جمعیت کے اجلاس میں جس کی صدارت مولانا سید سلیمان ندوی نے کی، مکمل آزادی کی قرارداد منظور ہوئی۔ 1929/ اور 30/ میں گاندھی جی نے ''ڈانڈی مارچ اور نمک ستیہ گرہ (نمک سازی تحریک)'' چلائی۔ 1935/ میں حکومت ہند کا ایک دستور بنایا گیا تھا جس میں کچھ اختیارات ہندوستانیوں کو سونپے گئے تھے اسی میں مدنی فارمولا پیش کیا گیا تھا اور الیکشن کا پاور ملا تھا لیکن مذہب کو بنیاد بنایا گیا یعنی ہندو صرف ہندو امیدوار کو اور مسلم صرف مسلم امیدوار کو ووٹ دے گا۔ یہیں سے انگریزوں نے ہندو مسلم اتحاد کی مضبوط دیوار میں سینندھ لگائی اور یہیں سے مسلم لیگ نے جمعیت سے اتحاد کیا اور اسے عروج ملنے لگا۔ 1939/ میں دوسری جنگ عظیم چھڑ گئی۔ 1942/ میں انگریزو! ہندوستان چھوڑو تحریک چلی۔ سب سے پہلے 5/ اگست کو جمعیت علماء کے 4/ اہم ارکان نے اپنے دستخط کیساتھ انگریز ہندوستان چھوڑ دے کا اخباری بیان جاری کرایا اس کے بعد 8/ اگست کو کانگریس نے اپنے اجلاس بمبئی میں " کوئٹ انڈیا" کی تحریک چلائی، جمعیت علماء نے اسکی حمایت کی جس کی پاداش میں حکومت نے کانگریس کے کارکنان اور تحریک آزادی کے رہنماؤں (بطور خاص،

مولانا ابوالکلام آزاد، مولانا حفظ الرحمٰن، مولانا محمد میاں دیوبندی، مولانا نورالدین بہاری قابل ذکر ہیں،

مولانا حسین احمد مدنی کو پہلے ہی گرفتار کر لیا گیا تھا) کو گرفتار کرنا شروع کر دیا جس سے عوامی غیض وغضب اور پھوٹ پڑا، ریل کی پٹریاں اکھاڑ دی گئیں، بجلی کا نظام معطل ہو گیا، سرکاری دفاتر، تھانوں اور کچہریوں کو آگ لگا دی گئی حکومت نے بھی مزید سختی سے کام لیا اور بیدریغ باغیوں کی بھیڑ پر گولیاں چلانے لگی لیکن آزادی کے متوالے سر سے کفن باندھ کر نکلتے تھے بالآخر انگریزوں نے محسوس کر لیا کہ اب ہندوستان کو غلام بنا کر رکھ پانا بہت مشکل ہے اور 15/اگست 1947/ کو آدھی رات میں ملک کی آزادی کا اعلان کر دیا۔

المختصر! وطن عزیز کو آزاد کرانے میں زبردست قربانیاں پیش کی گئیں اور ظلم و بربریت کی ایک طویل داستان لکھی گئی جسکا ہر صفحہ ہندوستانیوں خصوصا مسلمانوں کے خون سے لت پت ہے، جذبہ آزادی سے سرشار اور سر پر کفن باندھ کر وطن عزیز اور اپنی تہذیب کی بقاء کیلئے بے خطر آتش افرنگی میں کودنے والوں میں مسلمان صف اول میں تھے، جنگ آزادی میں مسلمانوں کی قربانی الگ کر دیں تو ہندوستان کبھی آزاد نہ ہوگا

آزادی کے بعد ملک کے حالات اور مسلمانوں کی حکمت عملی

مجاہدین ملت کی بے پناہ قربانیوں کے بعد آزادی تو مل گئی لیکن

شاطر انگریز ہندو مسلم لڑانے میں کامیاب ہوگئے۔ملک کی آزادی کیساتھ وطن کی تقسیم کا ناخوشگوار سانحہ بھی پیش آیا۔ویسے تو مسلم لیگ 1940/ سے ہی پاکستان کے نام سے الگ ملک کا مطالبہ کررہی تھی اور 1945/ کے الیکشن میں اس نے مسلمانوں کی نمائندہ جماعت باور کرانے میں جی توڑ کوشش کیا اور ہندو مسلم منافرت کی ہوا بنائی اور یہ نشہ اتنا چڑھا کہ اسکے حامی پاکستان کے مخالفین کے موقف کو سننے تک تیار نہیں تھے،خصوصا مولانا مدنی کیساتھ بدترین گستاخیاں کی گئیں ۔شروع میں کانگریس بھی تقسیم کیلئے تیار نہیں تھی مگر یہ ہونا تھا اور دو نظریہ قائم ہوگیا،مسلم لیگ چاہتی تھی کہ انھیں بلاشرکت غیر اقتدار مل جائے۔دوسری طرف متعصب ہندو لیڈر رراج گوپال آچاریہ سردار پٹیل،اور پنڈت گووند ولبھ پنت جیسے لوگ تھے جو جلد از جلد ایک وسیع ہندو مملکت کا خواب دیکھ رہے تھے،انگریز پہلے سے ہی موقع کی تلاش میں تھے،یہاں تک کہ گورنر جنرل لارڈ مائنٹ بیٹن نے 3/ جون 1947/ کو تقسیم ہند کی منظوری دیدی،واضح رہے کہ ہم شروع سے تقسیم کے مخالف تھے اس تقسیم کے ذمہ دار ہم نہیں ہیں تم نے دستخط کیا،تم راضی ہوئے۔اگست میں ہندوستان کو آزادی دیدی،لوگ تقسیم وطن کے درد کو تھوڑی دیر کیلئے بھول گئے اور جشن آزادی میں مشغول ہوگئے،وطن کی مکمل آزادی کی خوشیاں اور شہنائیاں ابھی تھمی بھی نہیں تھیں کہ پنجاب اور بنگال سے تبادلہ آبادی کی بناپر فرقہ وارانہ فسادات پھوٹ پڑے،مغربی پنجاب میں مسلمان اپنے پڑوسی ہندوؤں اور سکھوں کا قتل عام کررہے تھے اور مشرقی پنجاب میں مسلمانوں کا قتل عام ہورہا تھا،ٹرینیں ہندو مسلم کی لاشوں سے بھری ہوتی تھیں،سیکڑوں گھرانے راستے میں موت کے گھاٹ اتار دیئے گئے۔پنڈت سندلال کے بیان کے مطابق اس ہنگامے میں فریقین کے کم از کم 5/ لاکھ افراد قتل کئے گئے،اربوں کا مالی نقصان ہوا،مسلمان عورتوں کی عصمت دری کی گئی،افراتفری کا ماحول تھا،مسلمانوں کے قدم اکھڑ چکے تھے،پاکستان کے نام پر تحریک چلانے والے انھیں بے سہارا چھوڑ کر جاچکے تھے۔یہی وہ اندیشے اور برے دن تھے جس کیلئے قائدین خصوصا جمعیت کے اکابرین تیار نہیں تھے نیز یہ کہ کروڑوں مسلمان ہندو اکثریت کے علاقوں میں اقلیت بن کر رہ جائیں گے،پاکستان ہجرت کرکے جانیوالے سالوں وطنی اور نسلی طعنوں سے نکل نہ پائیں گے اور اسلام کے نام پر الگ ملک کا مطالبہ وہ لوگ کررہے تھے جن کی عملی زندگی میں دور دور تک اسلام کی کوئی نشانی نہیں تھی۔پاکستان کیلئے دیگر اکابرین کے خیالات انتہائی پاکیزہ تھے ان کے خیال میں ہندوستان سے بغاوت یا ہندوستان کو کمزور کرنا بالکل نہیں تھا ان کے ذہن میں صرف یہ بات تھی کہ اس طرح اسلام کے احکامات وحدود کی پاسداری ہوگی۔محدث عظیم مولانا زکریا صاحب نے آپ بیتی میں لکھا ہے کہ مولانا رائے پوری اور مولانا مدنی ان کے مکان پر آئے تھے مشورہ ہوا اور پاکستان ہجرت کرنیوالوں کی تعداد سہارنپور کیمپوں میں بڑھ رہی تھی،حضرت مدنی نے زور دے کر کہا کہ یہاں کے مسلمانوں کو بے سروسامانی کے عالم میں اور خوف ودہشت کے ماحول میں،میں چھوڑ کر نہیں جاسکتا اور مذکورہ دونوں اکابر نے ہندوستان رہنے کا فیصلہ کیا۔الغرض آزادئ ھند کے بعد حالات انتہائی خراب ہوگئے تھے،آزادی سے قبل علماء خاص کر جمعیت علماء سیاست میں مکمل دخیل تھی مگر آزادی کے بعد سیاست سے کنارہ کشی میں عافیت سمجھی اور ساری توانائی مسلمانوں کو بسانے میں صرف کرنے کی منصوبہ بندی کی۔

ملت اسلامیہ ہند مولانا حسین احمد مدنی اور مولانا ابوالکلام آزاد اور مولانا حفظ الرحمٰن سیوہاروی اور مولانا احمد سعید رحمھم اللہ کے احسانات کا کبھی حق ادا نہیں کرسکتی جنھوں نے اپنی تقریروں تحریروں اور بھاگ دوڑ کے ذریعہ مسلمانوں کی ڈھارس بڑھائی،صبر واستقلال کا درس دیا اپنی جان کی بازی لگا کر مسلمانوں کے اکھڑے قدم جمایا۔سوچو تو سہی،اگر سب

لوگ پاکستان چلے جاتے تو مساجد وخانقاہیں، اسلامی شعائر مقابر، اوقاف اور لاکھوں کروڑوں کی جائداد کا کیا ہوتا؟ اس کے علاوہ بھی مصلحتیں تھیں جیسا کہ گزرا اسی لئے دسمبر 1947 لکھنؤ کی کانفرنس میں پارلیمانی سیاست سے دست برداری کا اعلان ہوا، البتہ انفرادی طور سے حصہ لینے کا راستہ کھلا رہا۔

آزادی کے بعد سب سے بڑا مسئلہ تھا ملک کا دستور کیسا ہو؟ اقلیت واکثریت کے درمیان حقوق کس طرح طے کئے جائیں آزادی کے بعد ملک میں سیکولر جمہوری نظام نافذ کرانے میں جمعیت علماء ہند کا رول نظر انداز نہیں کیا جا سکتا، جمعیت کے ناظم عمومی مولانا حفظ الرحمن سیوہاروی نے بحیثیت رکن دستور ساز اسمبلی اقلیتوں کو مراعات دلانے میں نمایاں حصہ لیا۔ چنانچہ آئین ہند کے ابتدائی حصے میں صاف صاف یہ لکھا گیا ہے کہ ہم ہندوستانی عوام تجویز کرتے ہیں کہ انڈیا ایک آزاد، سماجوادی، جمہوری ہندوستان کی حیثیت سے وجود میں لایا جائے جس میں تمام شہریوں کیلئے سماجی، معاشی، سیاسی، انصاف، آزاد خیال، اظہار رائے، آزادئ عقیدہ ومذہب وعبادات، انفرادی تشخص اور احترام کو یقینی بنایا جائے گا اور ملک کی سالمیت ویکجہتی کو قائم ودائم رکھا جائیگا۔
1971 / میں اندرا گاندھی نے دستور کے اسی ابتدائیہ میں لفظ "سیکولر" کا اضافہ کیا۔

ملک کی موجودہ صورتحال، حالات اور اندیشے

ایک طویل جدوجہد اور بے شمار سردھڑ کی بازی لگا کر دیش آزاد کرایا گیا تا کہ ملک میں خوشحالی آئے، مذہبی آزادی پھر سے میسر ہو۔ چنانچہ ہندو مسلم اتحاد نے اسے ثابت کر دکھایا لیکن کیا واقعی آج ہم آزاد ہیں؟

آزادی کی حقیقی ومعنوی تعبیر مل چکی؟ کیا شہیدان وطن اسی موجودہ ہندوستان کو چاہتے تھے۔ خدا جانے میرے خوبصورت وطن کو کس کی نظر لگ گئی ہے کہ پورے ملک میں بدامنی اور بے چینی بڑھتی جا رہی ہے، کچھ لوگوں کو یہاں کا میل جول ہندو مسلم اتحاد بالکل پسند نہیں ہے حالانکہ یہاں مختلف افکار وخیالات اور تہذیب وتمدن کے لوگ بستے ہیں اور یہی تنوع اور رنگارنگی یہاں کی پہچان ہے۔ چند فرقہ فرست عناصر ہیں جنہیں ملک کی یکتائی اور اسکا سیکولر نظام بالکل پسند نہیں وہ ساری اقلیتوں کو اپنے اندر جذب کرنے یا بالکلیہ انکا صفایا کرنے یا ملک کے جمہوری ڈھانچے کو تبدیل کرنے کیلئے بیتاب ہیں۔ بڑے تعجب کی بات ہے جن کا جنگ آزادی میں کوئی رول نہیں، وطن کی تعمیر میں کوئی کردار نہیں بلکہ ان کے سروں پر بابائے قوم گاندھی جی کا خون ہو، جسکی پیشانی پر مذہبی تقدس کو پامال کرنے کا کلنک ہو اور جس کے سروں پر ہزاروں فسادات، لاکھوں بےقصور انسانوں کے قتل اور اربوں کھربوں کی تباہی کا قومی گناہ ہو وہ ملک کو اپنا غلام بنانا چاہتا ہے لوگ کیسے اپنی گردنیں ان کے حوالے کر سکتے ہیں؟ ملک کی بے مثال جمہوریت اور خوبصورت نظام کا کیا حشر ہو رہا ہے یہ کوئی ڈھکی چھپی بات نہیں ہے، حکومت! دنگائیوں، بلوائیوں کے آگے بے بس ہے، روزافزوں مہنگائی، بیروزگاری کی بڑھتی شرحیں، آسمان چھوتی اشیاء کی قیمتیں، غیر محفوظ ماں اور بہنیں، پاکستان کی گھس پیٹیاں اور ہمارے جوانوں کو ہراساں کرنا، پڑھے لکھے جوانوں کی بیروزگاریاں، بنیادی تعلیم، علاج اور روٹی مکان جیسے سیکڑوں مدعے اور اہم ایشوز ہیں جن پر حکومت کو ترجیحی بنیاد پر فاسٹ کام کرنیکی ضرورت تھی لیکن اس طرف توجہ نہ کر کے لوگوں کے پرسنل مسائل پر توانائی صرف کر رہی ہے ،لوجہاد، موب لنچنگ، گئو رکھشک جیسے گھنونے میٹر پر خاموش تماشائی سرکار گویا انھیں مواقع فراہم کر رہی ہے۔ ملک میں ایک دوسرے سے نفرت کی آگ تیزی سے پھیل رہی ہے، ہندو مسلم اتحاد کی صدیوں پرانی اور مضبوط دیوار میں سیندھ نہیں دراڑیں پڑ رہی ہیں، مذہبی منافرت اور پولرائزیشن کی سیاست عام ہوتی جا رہی ہے، کھلے عام مارنے کاٹنے کی بات ہو رہی ہے۔ کیا اس

طرح الجھ کر ہم ایک مثبت وطن کی تعمیر کی توقع رکھ سکتے ہیں ؟ کیا ملک کی ترقی ممکن ہے ؟ کیا ہم خود اپنے ہاتھوں ملک کو کمزور نہیں کر رہے ہیں ،شہیدان وطن کو ہم کیا جواب دین گے؟ منتخب حکومتین بلاتفریق سب کیلیئے ہوتی ہیں انھیں اصولی اور آئینی حکومت چلانے میں کسی کا آلہ کار نہیں بننا چاہئے ۔ترقی ،اتحاد،محبت اور امن کی باتیں کر کے ملک

کو بحران سے بچانے کی فکر کرنی چاہئے ،ہم ایک خوبصورت، بلند، پھولوں سے لدے، خوشبوؤں سے مہکتے بھارت کی تعمیر چاہتے ہیں ،ایسی سوچ پر ہم آپ کے ساتھ ہیں کیا آپ بھی متفق ہیں

سارے جہاں سے اچھا ہندوستاں ہمارا
ہم بلبلیں ہیں اس کی یہ گلستاں ہمارا

مولانا انصار احمد معروفی
پورہ معروف، ضلع مئو، یوپی

# کتابوں کا ذوق

ایک وہ بھی زمانہ تھا، جب ایک دوسرے سے پوچھ پوچھ کر یہ معلوم کیا جاتا تھا کہ کون سی نئی کتاب چھپ کر آئی ہے؟اوراس نئی کتاب کے بارے میں مبصرین وناقدین کیا کہتے ہیں، ساتھیوں سے یہ پتہ کیا جاتا تھا کہ وہ کہاں سے ملے گی؟اس کی قیمت کیا ہے؟ باذوق قارئین پیسے جمع کر کے نئی اور پرانی کتابیں خریدتے تھے، ماہانہ ادبی ،نیم ادبی ،اور فلمی رسائل خرید کر پڑھتے تھے،موقعہ نکال کراس کا مطالعہ کرنے کے لئے بے چین رہتے تھے،سفر کے لئے اگر نکلنا ہوتا تھاتو اپنے بیگ میں دیگر سامانوں کے ساتھ کسی کتاب اور جریدہ کے لئے ضرور جگہ نکالتے تھے، کچھ نہیں تو کسی بڑے اسٹیشن پراتر ،یارک کرپلیٹ فارم پرموجود بک اسٹال کاضرور چکرلگا آتے، اوروہاں ہلکے پھلکے رسائل ضرورمل جایا کرتے تھے،اس طرح سفر بڑی آسانی اور محبت سے گزر جاتا ،اسی مجلّہ کے توسط سے دوسرے باذوق لوگوں سے رابطہ بھی ہوجایا کرتا، ادبی وسیاسی مسائل زیر بحث آجاتے ،اورسفر کی یہ معمولی دوستی کبھی دیرینہ رفاقت اورتعلق میں بدل جاتی۔

ہمیں یاد ہے جب سفر میں اپنی سیٹ مل جاتی، اور بیگ تک ہاتھ پہنچ جاتا تو سب سے پہلے ہم اس میں سے اپنی پسند کی کتاب ہی نکالتے ،اس کے بعدوقفہ وقفہ سے وہاں بیٹھے دیگر مسافروں پر چورنظروں سے دیکھتے بھی رہتے ،کہ وہ لوگ اس کتاب کی جانب دیکھتے بھی ہیں یانہیں؟اس دوران کئی لوگ اردو سے دل چسپی ظاہر کرنے کے لئے اس کتاب کے نام کوزور سے پڑھ کراپنی اردودانی کوواضح کردیتے ،اورساتھ ہی اس کتاب کے مطالعہ کے لئے اپنی چھپی چاہت کااظہار بھی ،کبھی کہہ دیتے کہ اچھا یہ فلاں صاحب کی لکھی ہوئی کتاب ہے؟ ذرا دیکھیں،ہم نے ابھی تک اس کو دیکھا بھی نہیں ہے، پھروہ اس کتاب کی فہرست پر ایک نظرڈال کراس کے افسانوں کاجومطالعہ شروع کردیتے توہمیں ایسا لگتا کہ انھوں نے ہی اس کتاب کو پانچ روپئے کے کثیرصرفے سے خریدی ہے،اوراب اس کے پڑھنے کاوقت ملا ہے۔مجبوراً ہم دوسری نئی کتاب نکال لیتے ،اور کتاب کے ساتھ اس نئے قاری کا بھی مطالعہ شروع کردیتے۔

ہم جب اپنے کسی دوست کے یہاں ملنے جاتے ہیں تواس کی ذاتی لائبریری کے دیکھنے کی خواہش کاضروراظہار کردیتے ہیں ،اس میں دوفائدے چھپے ہوتے ہیں، پہلا تو یہ کہ اپنے مطالعے کے ذوق کی تسکین کے سامان کی مفت فراہمی ہوجاتی ہے،کیوں کہ کتاب کومانگنے میں شرم وحیا کوصدیوں سے بالائے طاق رکھنے کاجورواج چلا آرہاہے،اس روایت کوآگے بڑھانا بھی ہوتاہے،دوسرافائدہ اس میں یہ کہ اس زیارت سے یہ معلوم کرنا ہوتاہے کہ ان کے یہاں میری کون کون سی کتاب میری لاعلمی میں آکرآرام کررہی ہے؟ جسے وہ چند دن کے لئے مانگ کرلائے تھے؟اور واپسی کی شرط والے کاغذ پران کے دستخط موجود تھے۔جسے میں خودفراموش کر چکا تھااس طرح ایک دوسرے سے بدلہ لینے میں بڑا لطف ملتا تھا، کتاب کی چوری کوبھی نہ جانے چوری کے زمرے میں شامل پہلے بھی نہیں کیا جاتا تھااوراب بھی وہ روایت آہستہ ہی سہی پیش قدمی کررہی ہے،آہستہ اس لئے کہ اب مطالعے سے دل چسپی میں ہی کمی آگئی ہے۔

ایک صاحب بڑے باذوق نکلے،وہ ہماری لائبریری میں روزانہ کتاب لینے کےسلسلے میں آتے جاتے تھے،اپنے ساتھ وہ ایک جھولا لانا کبھی نہ بھولتے تھے،دارالمطالعے میں وہ بہت کم

رکتے تھے،دوا یک کتاب نکالتے،اس کی انٹری کراتے،اور دیگر کتابوں کوایک نظر دیکھنے کے بہانے بہت ساری کتابیں نظر بچا کر اپنے بیگ میں رکھ لیتے،مگروہ جتنی تیزی سے ہمارے یہاں آئے،اتنی ہی تیزی سے کتابیں لائبریری میں کم ہونی شروع ہوگئیں،ہم لوگ ان سے بہت خوش فہمی میں تھے کہ بڑے باذوق اوروقت کے قدردان ہیں،بالآخران کی تیز رفتاری کودیکھ کران پرشبہہ ہوگیا کہ ہونہ ہویہی کتابیں منتقل کررہے ہیں،ایک دن ان کے گھرکسی بہانے ہم چلے گئے دیکھاتو سارامعاملہ کھل گیا،وہ ساری کتابیں ان کی لائبریری میں پڑی تھیں،ہمیں یہ سب دیکھ کر بڑاتعجب ہوا،وہ بھی شرمندہ ہوگئے،ہم نے کہاکہ جب ہماری ساری کتابیں یہیں آگئی ہیں توبہتر ہے کہ اب لائبریری کابورڈبھی یہیں لگوالیجئے۔

ڈاکٹرشکیل احمد ڈائرکٹر ریسرچ اسکالر اسکول مئو نے اپنی کتاب میں اپنے استاد پروفیسر محمودالٰہی کے ذکرخیر میں ایک جگہ لکھاہے کہ

''ایک روز کتابوں کی چوری کاذکر چھڑ گیا،ڈپارٹمنٹ میں موجودلوگوں نے اپنے تجربے بیان کئے،فارسی شعر ۔

دیوان ظہیر فاریابی ۔۔۔درمکہ بدزد اگر بیابی

تک بات پہنچی توفرمایا''جناب!میرے ساتھ بھی بڑادلچسپ واقعہ ہوا،سنئے!میرے پاس ایک کتاب تھی جوسچ مچ نایاب تھی،شہرکے ایک صاحب کومعلوم ہوگیا،بضد ہوگئے کہ میں انہیں مطالعہ کے لئے ضروردوں،وعدہ کیاکہ ہفتہ عشرہ میں واپس کردوں گا،میں نے اس تاکید کے ساتھ کتاب ان کے سپرد کردی کہ وعدے کے مطابق واپس کردیجئے گا،آپ کامعاملہ ہے ورنہ میں ایسی کتابیں کسی کونہیں دیتا،کئی ماہ گزرگئے،کچھ پتہ نہ چلا،تومجھے تشویش ہوئی،کسی کی زبانی یاددہانی کرائی،ملاقات ہوئی توپھرتقاضا کیا،خیرکسی صورت پانچویں مہینے کتاب لے کرحاضر ہوئے اور مجھے سپرد کرتے ہوئے بولے''ڈاکٹرصاحب!آپ کامعاملہ ہے تب میں یہ کتاب آپ کو دے رہاہوں ورنہ یہ نایاب کتاب میں کسی کونہیں دیتا،مطالعے کے بعدکسی سے بھجوایئے نہیں، میں خودلینے کے لئے حاضرہو جاؤں گا،میں نے کتاب اپنے ہاتھ میں لیتے ہوئے ان سے عرض کیا''جناب!آپ کواس کی زحمت نہیں کرنی پڑے گی،،کتاب اب اصل اپنے مالک کے پاس پہنچ گئی ہے،یادکیجئے!پانچ ماہ قبل میں نے یہ کتاب آپ کوصرف ہفتہ عشرہ کے لئے مستعاردی تھی،،(ازسمٹتا سائبان ،ڈاکٹرشکیل احمد،مئو،ص نمبر۳۰)

کتاب کے رسمِ اجراسے اندازہ ہوتا ہے کہ نئی نئی کتابیں چھپ رہی ہیں،اورابھی اتنی لوگوں میں ہمت اورسرمایہ ہے کہ وہ قارئین کی تعدادکااندازہ لگانے کے لئے اپنی پونجی کوداؤپرلگاسکتے ہیں،انہیں شاید معلوم نہیں کہ موبائل اورانٹرنیٹ وغیرہ کی دلچسپیوں میں تشویش ناک حدتک اضافہ ہوگیاہے، آبادیاں بڑھ رہی ہیں اورقارئین کاگراف نچلی سطح تک پہنچ گیا ہے،اگرلوگوں میں کچھ پڑھنے کاارادہ بھی ہوتاہے توبس وہی عام فہم تفریحی کتابیں جسے لوگ''لوکل کتاب،،کہتے ہیں،ایک صاحب جولوکل کتاب کوبھی چھوڑ چھاڑ کرصرف جذبات ابھارنے والی کتابیں پڑھتے تھے،ان سے ہم نے کہاکیاوجہ ہے کہ اب آپ فلاں فلاں افسانوی کتابیں نہیں پڑھتے؟بولے کہ مجھے ایسی کتابیں دستیاب ہوگئی ہیں جنھوں نے ان سے بے نیازکردیاہے،میں نے کہاکہ آپ کہنا کیا چاہتے ہیں؟بولے کچھ نہیں،بس یہ کہ افسانوی ادب میں افسانہ نگارجن باتوں کوکہہ نہیں پاتے تھے،اورجس موڑپرجاکرجذبات کے اظہارکے لئے ان کے پاس الفاظ ساتھ چھوڑدیتے تھے وہاں سے ہمارے فلاں رائٹرشروع کرتے ہیں،اس واقعہ کوجسے عام قلم کارالفاظ کاجامہ نہیں پہنا سکتے تھے انہیں وہ ایسابے جامہ کردیتے ہیں کہ بس ہم اینٹھ کررہ جاتے ہیں۔

ہماری عادت ہے کہ ہم جہاں کسی کتاب کا اجرا ہوتا ہے وہاں بلائے، بن بلائے ضرور پہنچ جاتے ہیں، لوگ اس حاضری کو ہماری اردو ادب سے بے پناہ محبت سے تعبیر کرتے ہیں ایسا نہیں کہ ہمارے یہاں وقت ہی وقت ہے اور ہم گھر کے بیکار ہیں، نہیں مصروفیت کے باوجود کرایہ لگا کر جانے اور وہاں جا کر مفت کتاب کا نسخہ ہاتھ لگ جانے کا جب ہم نے موازنہ کیا تو ہمیں یہ سستا سودا معلوم ہوا، بعض چھوٹی کتاب ہوتی ہے تو کئی عدد ہم لے کے چلے آتے ہیں اور اس طرح ہم اردو زبان و ادب کے قارئین میں اضافہ کا سبب بننے کیساتھ اس کی توسیع و اشاعت کا فریضہ بھی انجام دیتے ہیں، اگرچہ ہم مائک سے ضرور اعلان کر جاتے ہیں کہ لوگ اس کو خرید کر پڑھیں تاکہ کم از کم اس پروگرام کا خرچ تو نکل آئے، کتاب کی قیمت وصول ہو نہ ہو۔

ڈاکٹر ناظر حسین خان
گھورکھپور اتر پردیش

# ناموران ہند کو نذیؔر بنارسی کا خراج عقیدت

نذیؔر نے ہندوستان کی جن شخصیات کو اپنی شاعری کے ذریعہ خراج عقیدت پیش کی ہے ان میں بھگوان مہاویر، گرونا نک، کالی داس، کبیر داس، تلسی، بہادر شاہ ظفر، رانی لکشمی بائی، تاتیہ ٹوپے اور بھارتیندو ہریشچندر وغیرہ کے نام قابل ذکر ہیں۔

اس سلسلے کا سب سے پہلا نام بھگوان مہاویر کا ہے۔ نذیؔر بنارسی نے ان کی شخصیت پر روشنی ڈالتے ہوئے لکھا ہے کہ:

گماں آکاش کا ہوتا ہے ویشالی کی دھرتی پر
نیا سورج نکل آیا پرانی راجدھانی میں

آکاش سے مراد چھایا دینے سے ہے، ویشالی کی دھرتی یعنی ان کی جائے پیدائش۔ سورج کا نکلنا یعنی ساری دنیا میں روشنی پھیلانا، پرانی راجدھانی یعنی ویشالی قدیم دور میں ہندوستان کی راجدھانی رہا ہے۔ بھگوان مہاویر جین دھرم کے چوبیسویں گرو تھے۔ اس دھرم کے سبھی گروؤں میں سب سے زیادہ شہرت مہاویر صاحب کو ملی۔ انھوں نے عدم تشدد کو سب سے بڑا دھرم مانا۔ اس کے علاوہ انھوں نے جین دھرم کی بہت خدمت کی اور اسے ایک بلند مقام عطا کیا، اگر ہم یوں کہیں تو غلط نہ ہوگا کہ بھگوان مہاویر نے اس دھرم کے ماننے والوں کے لیے ایک نئے سورج کا کام کیا۔ ایسا سورج جو نہ صرف اس دھرم کے لوگوں کے لیے بلکہ پوری دنیا کے لیے ایک نئی روشنی لے کر آیا۔ لفظ آکاش کا استعمال یعنی آکاش ہر کسی کو ایک نظر سے دیکھتا ہے، اس کے یہاں اونچ اور نچلے طبقے کو لے کر کوئی تعصب نہیں، وہ ہر نفس کو اپنے سائے میں رکھتا ہے۔ بھگوان مہاویر کا کردار بھی اسی آکاش کی طرح تھا۔

اس شعر میں شاعر نے بھگوان مہاویر کو آکاش اور ان کی شخصیت کو نیا سورج کہا ہے، اس لیے یہاں استعارہ ہوگا۔

جوانی ایسا موسم ہے کہ سب سے چوک ہوتی ہے
مگر تم نے تو کیول گیان پایا ہے جوانی میں

بھگوان مہاویر کا ذہن بچپن سے ہی ترک دنیا کی طرف مائل تھا۔ ان کے والد کو اسی بات کا خدشہ تھا، اس لیے انھوں نے بچپن میں ہی ان کی شادی کر دی۔ ان کی ایک لڑکی بھی تھی، اس کے باوجود گھریلو زندگی میں ان کا من نہیں لگا۔ ۲۸ برس کی عمر میں گھر چھوڑ دیا اور صوفیوں کی زندگی اختیار کر لی اور بہت سخت ریاضت کی۔ شاعر نے اس واقعے کی طرف اشارہ کرتے ہوئے کہا ہے کہ جوانی کے عالم میں تقریباً سبھی نوجوان طبقے کے لوگ دنیاوی زندگی میں مشغول ہو جاتے ہیں، مگر اس عالم میں انھوں نے اپنی پوری زندگی سخت ریاضت میں گزار دی۔

تمھارے ایک ایک سندیش میں ہے درد انساں کا
حقیقت سانس لیتی ہے تمھاری ہر کہانی میں

بھگوان مہاویر نے جو بھی سندیش دیے ہیں ان میں انسانی درد عیاں ہوتا ہے، اس کی ایک وجہ یہ ہے کہ انھوں نے ہندوستان کے اندر نچلے طبقے کے لوگوں کے ساتھ ہو رہے مظالم کو بہت قریب سے دیکھا اور اسے محسوس کیا۔ اس لیے ان کے ذریعہ جو بھی سندیش عوام کو دیا گیا اس میں ایک حقیقت دیکھائی دی۔

اس ضمن میں اگلا نام گرونا نک کا ہے۔ گرونا نک سکھوں کے پہلے گرو ہیں، ان کی پانچویں شتابدی پر بنارس میں سکھوں نے ایک جشن کا انعقاد کیا۔ ہر طرف خوشی کا ماحول تھا، ایسے میں نذیؔر بنارسی کا قلم کیسے خاموش رہتا۔ انھوں نے اپنے قلم کو ہلکی سے جنبش دی اور گرونا نک کی شان میں 'بابا گرونا نک کی پانچویں شتابدی پر' کے عنوان سے ایک نظم ادب کو تحفے کی شکل میں ملی، نظم کا

پہلا بند ملاحظہ فرمائیے:

نہانے اترا ہے پونم کا چاند پانی میں
نہ سورگ سانس لے کیوں رات کی جوانی میں
اضافہ کیوں نہ ہو گنگا تیری روانی میں
گرو کا جشن ہے شنکر کی راجدھانی میں
قریب ہے جو گرو باغ آستانے سے
ہوائیں کاشی میں آتی ہیں نان کانے سے

گرونانک نے ہر کسی کو انسانیت کی تعلیم دی، سچ کا ساتھ دینے کے لیے آمادہ کیا، شاعر بھی نانک کی انھیں خوبیوں کا طالب ہے۔

ہر آدمی کو جو تعلیم آدمیت دے
ہر ایک رند کو ستسنگ کی جو دعوت دے
جو دیس واسیوں کو دیس کی محبت دے
بغیر جام کے جو قلب کو حرارت دے
باب چھیڑ کے مردانۂ گرونانک
مجھے پلا وہی پیمانۂ گرونانک

اس کے علاوہ انھوں نے پوری دنیا کو یکجہتی کا پیغام دیا اور سب کو ایک ڈور میں باندھنے کی کوشش کی ، یہ بند اس حقیقت کو واضح کرتا ہے:

نئے سرے سے محبت کا اہتمام کیا
ہر اک شراب کو تم نے شریک جام کیا
ہر ایک مذہب و ملت کا احترام کیا
جو کام کر نہ سکا کوئی بھی وہ کام کیا
وہ مئے پلائی کہ ہوش آ گیا زمانے کو
سلام رندوں نے بھیجے گروگھرانے کو

گرونانک کی ان تمام خوبیوں کی بنیاد پر شاعر نے ان کو ہندوستان کی شان بتایا ہے:

وفا کی روح صداقت کی جان ہو بابا
ہمالہ کی طرح سے مہان ہو بابا
خدا گواہ خدا کی امان ہو بابا
مرے وطن کی حقیقی نشان ہو بابا
ادائے فرض بہ صد احترام کرتا ہے
تمھیں صفیرِ بنارس سلام کرتا ہے

گرونانک نے عوام کو جو پیغام دیا کہ 'سب کا مالک ایک ہے' ان کا یہ تصور اسلامی تصور سے میل کھاتا ہے، اس لیے نذیر نے سکھوں سے اپیل کی ہے کہ گرونانک صرف تمھارے ہی نہیں بلکہ ہمارے بھی ہیں اور ان کی کتاب 'گروگرنتھ' سبھی قوموں کے لیے امانت ہے، یہ بند ملاحظہ فرمائیے:

کہاں ہو ائے گرونانک کے قفس بردارو
نہیں تمھارے ہی سر سہرا اونچی دستارو
ہمیں بھی ساتھ لو بابا کے ائے علم دارو
فقط تمھاری ہی دولت نہیں ہے سردارو
طرح طرح سے ہے مرقوم حمد اس رب کی
گروگرنتھ امانت ہے سب کے مذہب کی

اس سلسلے کو جاری رکھتے ہوئے نذیر نے اگلی خراج عقیدت کالی داس کو پیش کیا ہے۔ سنسکرت زبان میں کالی داس کی نظمیں اور ڈرامے اپنا ایک الگ مقام رکھتے ہیں، ان کی سات تخلیقات ہیں جن میں تین ڈرامے اور چار طویل نظمیں ہیں۔ ابھگیان شکنتلم، وکرم آروشی اور رتو سمہار وغیرہ کا شمار ڈراموں میں اور رگھوونش، کمار شمبھو، میگھ دوت اور رتو سمہار وغیرہ کا شمار نظموں میں ہوتا ہے۔ نذیر بنارسی نے ان کی تعریف اس انداز میں کی ہے:

ہر حسیں منظر کی آڑ میں گزر ان کا
ہنس پڑے ادھر جلوے رخ ہوا جدھر ان کا
ان کو سب سے ہے نسبت وہ ہیں شاعرِ فطرت
ہر کلی میں دل ان کا پھول میں جگر ان کا

کالی داس کی سبھی تخلیقات میں سب سے زیادہ مقبولیت 'شکنتلا' کو ملی۔ اس کی مقبولیت اس درجے کو پہنچی کہ اس کا ترجمہ

یورپ اور جرمنی میں ہوا۔اس ڈرامے کی تخلیق مہابھارت سے مواد حاصل کر کے اس میں ترمیم و اضافے کے ساتھ کی گئی۔ یہ ڈرامہ راجہ دشینت اور شکنتلا کے عشق پر مبنی ہے۔کالی داس نے اپنی تخلیقی قوت سے اسے زندہ جاوید بنا دیا۔اس ڈرامے کی ایک سین راجہ دشینت اور شکنتلا کے ہجر کا ہے، جسے شاعر نے یوں بیان کیا ہے:

چھا گئے ہیں دنیا پر بن کے درد کا بادل
آنسوؤں کی بھاشا میں لکھ گئے ہیں 'شاکنتل'
آشرم کی ویرانی غم اور اتنا طوفانی
کانپ کانپ اٹھے پنچھی، چینکھ چینکھ اٹھا جنگل
اک شکنتلا کا غم اور سب کی آنکھیں نم
پھوٹ کر رشی روئیں روئے ہرنیوں کا دل
لوگ پڑھتے جاتے ہیں ہوش اڑتے جاتے ہیں
عشق کی کہانی کیا، جو بنا نہ دے پاگل
سر جھکانا پڑتا ہے ایک ایک اپما پر
کالی داس چھائے ہیں آج ادب کی دنیا پر

اگلا نام سنت کبیرؔ کا ہے۔کبیر داس کے متعلق یہ بات عام ہے کہ یہ ایک ناجائز اولاد تھے، بدنامی کے ڈر سے ان کی ماں نے ان کو راستے میں رکھا تھا، جس کے بعد یہ نورو اور نعیما نام کے جولاہے کو ملے اور انھیں لوگوں نے ان کی پرورش کی (بعض کتابوں میں یہ بھی آیا ہے کہ کبیر داس انھیں کے لڑکے تھے )۔نذیرؔ صاحب نے اس واقعے کا ذکر ان الفاظ میں کیا ہے، ملاحظہ فرمائیے:

ایک ماں کے کلنک کا ٹیکا
لگ گیا تھا زمیں کے ماتھے پر
لہرتارا کے سونے راستے میں
ایک بچہ پڑا تھا لاوارث
اک 'نعیما' کو مل گئی نعمت
ایک 'نورو' کو نورعین ملا

نذیر بنارسی نے کبیر داس کی تاریخ کو شاعری کے قالب میں ڈھال کر بہت ہی خوبصوتی سے ہمارے سامنے پیش کیا ہے۔مثلاً جب کبیرؔ نے رامانند سے اس بات کی گزارش کی کہ وہ انھیں اپنا شاگرد بنالیں، تو رامانند نے انکار کر دیا، پھر کبیرؔ کو یہ پتا چلا کہ رامانند روزانہ صبح کو گنگا کے گھاٹ پر نہانے جاتے ہیں، تو کبیرؔ ایک روز صبح کو اٹھ کر گھاٹ کی سیڑھیوں پر لیٹ گئے، جب رامانند نہانے کے لیے گھاٹ کی سیڑھیوں پر اتر رہے تھے اس وقت ان کا پیر کبیرؔ کے بدن پر پڑا۔اس واقعے کو شاعر نے شعری انداز میں یوں بیان کیا ہے، ملاحظہ فرمائیے:

یہی گنگا تھی جس کی لہریں آج
گا رہی ہیں کبیر کے دوہے
اسی گنگا کی ایک سیڑھی پر
آکے سوئی تھی دیش کی تقدیر
ایک ٹھوکر میں جاگ اٹھی قسمت
واہ رے رامانند کی ٹھوکر

کبیرؔ داس کے متعلق یہ بات عام کردی گئی کہ وہ ایک برہمن کے لڑکے ہیں مگر ان کی پرورش تو مسلم گھرانے میں ہوئی تھی، اس لیے دونوں قوموں کے ماننے والوں میں کبیرؔ داس کو لے کو کافی محبت تھی اور یہی محبت فساد کی جڑ بھی، کیوں کہ دونوں قوم ان کو اپنا مانتی، مگر کبیرؔ داس نے کسی ایک کا ہونے سے انکار کر دیا اور دونوں کو محبت کا پیغام دے کر انھیں یکجہتی کے ڈور میں باندھنے کی کوشش کی۔ یہ اشعار ملاحظہ فرمائیے:

تھا مسلماں کے آبروؤں پر بل
تھی شکن برہمن کے ماتھے پر
اس نے واتاورڑ بدلنے کو
پورے ماحول سے بغاوت کی
سب کے غصے کی آگ سے کھیلا
دل میں طوفان انقلاب لیے
دل میں سب کے دلوں کی دھڑکن تھی
سب کی بھاشا نہ کیسے اپناتا
ایک مرکز یہ سب کو لے آیا

توڑ کر ذات پات کی دیوار
طے کیا اس نے ہر مقام بلند
اٹھ کے گنگا کی ایک سیڑھی سے
وہ نظر بندے دیر و کعبہ نہیں

ہندواور مسلم دونوں طبقوں میں ان کی محبت کا یہ عالم تھا کہ ان کی موت کے بعد ایک طرف مسلم قوم کے لوگ ان کی لاش کو دفنانے کے لیے اڑے تھے تو دوسری طرف ہندو قوم کے لوگ جلانے کے لیے بضد تھے، مگر خدا کی قدرت کہ صبح جب دونوں فرقے کے لوگ ان کی آخری رسم کے لیے اکٹھا ہوئے تو ان کی لاش کی جگہ دو پھول تھے۔ ان اشعار کے ذریعہ یہ حقیقت یوں واضح ہوتی ہے:

مرنے والا نہ برہمن تھا نہ شیخ
صرف پیکر تھا آدمیت کا
آدمیت ہے ایسی شے جس کو
چھو سکا ہے نہ چھو سکے گا کوئی
لاش پر جب کھڑا ہوا جھگڑا
لاش پھولوں میں ہو گئی تبدیل
کوئی جسم کبیؔر چھو نہ سکا
پھول ہی پھول سب کے ہاتھ لگے
پھول گاڑے گئے جلائے گئے
وہ جلایا گیا نہ گاڑا گیا
اس کا مسلک تھا میل اور میلاپ
وہ تھا پروردگار یکجہتی
آج اس کی بہت ضرورت ہے
دیش کو بلکہ ساری دنیا کو

اس سلسلے کا اگلا نام بہادر شاہ ظفرؔ کا ہے۔ بہادر شاہ ظفرؔ مغلیہ سلطنت کے آخری بادشاہ تھے۔ ۱۸۵۷ء کی جنگ آزادی میں انگریزوں کے ذریعہ ان کی سلطنت کو تباہ کر دیا گیا۔ ان کی اس تباہی میں ان کے اپنے لوگوں کا بھی ہاتھ تھا، جن پر انھوں نے بھروسا کیا تھا۔ ان کے وہ مخلص جو انھیں جان سے بھی زیادہ عزیز تھے انھوں نے ان کو دغا دی۔ اس سلسلے میں یہ اشعار ملاحظہ فرمایئے:

چار دن کے واسطے آیا تھا روزِ امتحان
راز بن کر جو نہاں تھے، ہو گئے سب پر عیاں
مونس جاں بننے والے دشمن جاں ہو گئے
جتنے غدار وطن تھے سب نمایاں ہو گئے

جس وقت ظفرؔ کو سبھی لوگوں کے ساتھ کی ضرورت تھی اس وقت ملک کے لوگ ایک دوسرے کے ساتھ دغابازی اور لڑائیاں کررہے تھے۔ نذیرؔ کے یہ اشعار اس حقیقت کو واضح کرتے ہیں:

آچکا تھا ہوش انگریزوں کی مکاری کے بعد
ہو گئے بے بس ظفرؔ اپنوں کی عیاری کے بعد
فتح یابی پر شکستوں کی اداسی چھا گئی
اک نیا ہندوستاں گھر کی لڑائی کھا گئی

آزادی کی اس جنگ جسے ہندوستان کی پہلی جنگ آزادی کے نام سے یاد کیا جاتا ہے میں انگریزوں نے نہ صرف ان کی سلطنت کو تباہ و برباد کیا بلکہ بدلے کے طور پر ان کے لوگوں کو بالخصوص مسلمانوں کو اپنے غصے کا نشانہ بنایا۔ اس سلسلے میں یہ اشعار ملاحظہ فرمایئے:

ہر طرف تھا گرم انگریزوں کا جوش انتقام
چار جانب تھا محبان وطن کا قتل عام
کشتیٔ ہندوستاں کو دیکھ کر گرداب میں
ہچکیاں لیتی تھی جمنا خون کے سیلاب میں
کسر آزادی ہوا مسمار تیاری کے بعد
سب کے سب مجرم بنے شہ کی گرفتاری کے بعد
کتنے سر پھانسی پہ لٹکے کتنے سر کاٹے گئے
بے کفن لاشوں سے دہلی کے کویں پاٹے گئے

تباہی کا یہ منظر دلی کے ہر گلی کوچے میں دکھائی دے رہا تھا۔ تاریخ شاہد ہے کہ اس وقت دلی پوری طرح سے ویران

ہو چکی تھی، اس جنگ میں بادشاہ کے بیٹوں کا سر کاٹ کر ان کے سامنے پیش کیا گیا:

اس بہادر شاہ کو ہم دیکھیں یا اس کا جگر
اپنی آنکھوں جس نے دیکھے اپنے شہزادوں کے سر
اس کے ایک اک شعر سے جھلکے نہ کیوں رنگِ ملال
جان سے مارے گئے اک ساتھ جس کے تین لال

خود بادشاہ کو بھی ہندوستان کی مٹی نصیب نہیں ہوئی:

جان سے مارے گئے اک ساتھ جس کے تین لال
روح دہلی میں تھی جسم ناتواں رنگون میں
وہ مجاہد جس کو دفنایا گیا رنگون میں
آج تک اس کی محبت دوڑتی ہے خون میں
جس نے دو گز بھی زمیں پائی نہ کوئے یار میں
اس کی شہرت آج بھی ہے کوچۂ دلدار میں

۱۸۵۷ کی جنگ آزادی کا ایک اہم نام تاتیہ ٹوپے کا ہے، جنھوں نے پہلی جنگ آزادی میں انگریزوں کا مقابلہ کر کے ان سے لوہے کے چنے چبوائے۔ نذیر نے ان کی شخصیت کو شعری انداز میں یوں پیش کیا ہے:

تیرا کیا کہنا سپہ سالار نانا پھڑنویس
ویرتا سے ہے تیری گورومئی ہندوستاں
اس طرح انگریز گھبراتے تھے تجھ کو دیکھ کر
جیسے پورا کارواں ہو ایک فرد کارواں
ناز کرتی ہیں نئی نسلیں تیرے اتحاس پر
لاکھوں جانیں تجھ پہ صدقے اے وطن کے پاسباں
جس طرف کا رخ کیا اس سمت ہلچل مچ گئی
فتح کا پرچم گڑا، تو نے قدم رکھا جہاں

آزادی کی اس لڑائی میں انگریزوں کے مقابلے ہماری طاقت کمزور تھی، اس کی ایک وجہ یہ بھی تھی کہ ہمارے اپنوں نے ہی ہمارے ساتھ غداری کی، اس لیے ہمارے مجاہدین کو اس جنگ میں مشکلوں سے دوچار ہونا پڑا، مگر وہ پھر بھی نہ گھبرائے اور آخر میں ہنس کر پھانسی کے پھندے پر چڑھ گئے۔ تاتیہ ٹوپے کا نام بھی اسی صف میں آتا ہے:

حوصلے سے توڑ کر گھیرے فرنگی جال کے
مسکرایا موت کی آنکھوں میں آنکھیں ڈال کے
ظالموں تم تاتیہ ٹوپے کو کر سکتے ہو قید
لیکن آزادی کا جذبہ قید کر سکتے نہیں
مدھیہ بھارت کے مجاہد نے یہ بتلایا ہمیں
جن کو مٹ جانا نہیں آتا ابھر سکتے نہیں
جنگ آزادی کا ہیرو اپنا سینا تان کے
چڑھ گیا پھانسی پہ بھی ساون کا جھولا جان کے

ایسے نوجوان جنھوں نے ملک کے لیے ہنس کر اپنی جان دے دی ہے، ان کا نام رہتی دنیا تک تاریخ میں یاد کیا جائے گا، بھلے ہی جسمانی طور پر ہمارے سامنے حاضر نہ رہیں، مگر ان کی یاد دلوں میں اور ذکر زبان پر ہمیشہ رہے گا۔ یہ اشعار ملاحظہ فرمائیے:

جان جو دیتے ہیں اپنی ماترِ بھومی کے لیے
وہ گزرنے پر بھی دنیا سے گزر سکتے نہیں
سورما پھانسی پہ چڑھ کر تو اترتے ہیں مگر
دیش بھگتوں کے دماغوں سے اتر سکتے نہیں
آج بھی جو جان دیتے ہیں وطن کے واسطے
رہتی دنیا تک رہیں گے زندہ مر سکتے نہیں
جن کو آتا ہے امر ہونا وہ مر جانے پہ بھی
چھین لیتے ہیں، ازل سے زندگی کا بانکپن

تاریخ میں رانی لکشمی بائی کا نام اجنبی نہیں ہے۔ یہ وہی لکشمی بائی ہیں جنھیں جھانسی کی رانی کے نام سے یاد کیا جاتا ہے۔ ملک کی آزادی کے لیے انگریزوں سے لڑتے ہوئے انھوں نے اپنی جان قربان کر دی۔ ان کی جائے پیدائش بنارس ہے۔ اس سلسلے میں نذیر بنارسی فرماتے ہیں:

جب ہوئی تاریخ جب آیا بنارس کا سوال

اس پرانے شہر نے دیکھے ہیں اتنے ماہ و سال
اپنے پیروں پر کھڑا ہے کب سے چپ سادھے ہوئے
مل نہیں سکتی کہیں اس بوڑھے سادھو کی مثال
گھاٹ پر وہ سر اٹھائے اونچی اونچی برجیاں
کرتی رہتی ہیں جو ہر دم شہریوں کی دیکھ بھال
جیوتشی ہیں آج بھی ، اور ایسے ایسے جیوتشی
دیکھ کر جن کو ستارے بھول جائیں اپنی چال
کیوں نہ جی اٹھیں اودھ کی شام کے مارے ہوئے
زندگی بکھرا رہا ہے صبح کاشی کا جمال
بالکہ ایک یاد آ جاتی ہے گنگا کی قسم
دل میں آجاتا ہے جب بھی دیش بھگتوں کا خیال
مسکرا کر ایک موج اٹھی تھی اسّی گھاٹ سے
زندگی لے کر بڑھی جو لکشمی کے ٹھاٹ سے

نظم کے اس بند میں شاعر نے بنارس کے تعلق سے مؤرخوں سے شکایت کی ہے کہ تاریخ میں اس قدیم شہر کو وہ اہمیت نہیں ملی جس کا یہ حامل ہے۔ شاعر نے اس شہر کی مثال اس بوڑھے سادھو سے دی ہے جو خاموش کھڑا ہو جو پوجا کرتا ہے۔ اس شہر کی جیوتشی کی تعریف میں شاعر نے بتایا ہے کہ ان کی علم کے آگے ستارے بھی اپنی چال بھول جاتے ہیں ان تمام خوبیوں کے ساتھ ساتھ اس شہر نے ملک کو ایک سے ایک جاں باز عطا کیے جنھوں نے ملک کی حفاظت میں اپنی جان قربان کر دی۔ ان میں ایک نام لکشمی بائی کا بھی ہے جن کا تعلق بنارس شہر سے تھا۔

۱۸۵۷ء تک انگریز ہندوستان میں رفتہ رفتہ اپنی نیو مضبوط کر چکے تھے۔ اس کے بعد دھیرے دھیرے انھوں نے اس ملک کو اپنے قبضے میں لینا شروع کیا۔ جن حکمرانوں نے انگریزوں کے اس فیصلے سے انکار کیا انھیں اس کے ساتھ جنگ کرنی پڑی۔ انگریزوں کی اس حکمت کے تحت جھانسی بھی آئی۔ رانی انگریزوں کی نیت کو بھانپ گئیں۔ وہ ان کی اس حکمت کو برداشت نہ کر سکیں اور جھانسی کے حفاظت کے لیے انگریزوں سے جنگ کا اعلان کر دیا۔

اس سلسلے میں یہ بند ملاحظہ فرمایئے:

اک نظر میں بھانپ لی ہر اک فرنگی کی نظر
تخت پر وہ ، ہاتھ اس کا قبضۂ شمشیر پر
فوج کے روکے رکا ہے جوش آزادی کہیں
بڑھ گیا دریائے دل اس باندھ کو بھی توڑ کر
آ گیا آزادئی ہندوستاں کا جب سوال
بن گیا فولاد کا دل اور پتھر کا جگر
کر دیا پیغام جاری کمپنی والوں کے نام
کٹ تو سکتا ہے مگر اب جھک نہیں سکتا ہے سر
لاش پر تعمیر آزادی کھڑی ہونے کو ہے
ہیں کمر بستہ سپاہی ، توپچی سینہ سپر
شیرنی بھارت کی کڑکی ، بڑھ کے بجلی کی طرح
قلعۂ جھانسی پہ انگریزوں کا قبضہ دیکھ کر
جم گئی اپنے ارادے پر ہمالہ کی طرح
اور اٹھی آگ کی اٹھتی سی جوالہ کی طرح

اس انکار کی وجہ سے انھیں انگریزوں سے جنگ کرنا پڑی، جس کا ایک ہلکا سا نقشہ نذیر بنارسی نے یوں کھینچا ہے۔ ملاحظہ فرمایئے:

گھن گرج توپوں کی اور گولوں کی دھوا دھوا دھائیں دھائیں
شہر بندوکوں کا جنگل ، گولیوں کی ٹھائیں ٹھائیں
جس طرف دیکھو ادھر حد نظر تک خون خون
لاش آگے ، لاش پیچھے، لاش دائیں ، لاش بائیں
اس کٹھن رستے پہ ہے رانی کا گھوڑا گامزن
سورما بھی اک نظر دیکھیں تو چھکے چھوٹ جائیں
اک بھیانک خامشی ہر ایک طرف گاتی ہوئی
موت کا خونی اندھیرا کر رہا ہے سائیں سائیں
راج ماتا کی نگاہوں میں اندھیرا چھا گیا
غوث خاں رخصت ہوا لیتا ہوا سر کی بلائیں
اپنا ننھا سا کنور سینے سے لپٹائے ہوئے
ہے خیال اس کا کہ انگریزوں کی نظریں کھا نہ جائیں

[آ نہ سکتی تھی مگر گھوڑا اڑا کر آ گئی
حکمراں جھانسی کی اب جھانسی کے باہر آ گئی

اس جنگ میں رانی انگریزوں سے بہت ہی بہادری سے لڑیں۔ شاعر نے ان کی دلیری کو شعری انداز میں یوں پیش کیا ہے:

موت سے کھلواڑ کرتی ، تیغ چمکاتی ہوئی
نارۂ حب وطن سے خون گرماتی ہوئی
اپنا بل دینے چلی ہے اپنے پیارے دیش پر
اپنی تہذیب اور اپنے بل پہ بلکھاتی ہوئی
وہ گرزتی جارہی ہے مست بادل کی طرح
بڑھتی جاتی ہے سروں کا مینھ برساتی ہوئی
گولیوں کی سنسناہٹ ہو کہ توپوں کی گرض
گیت آزادی کا ہر اک ساز پر گاتی ہوئی
مارتی ہے قہقہ خونی فرشتے کی طرح
ظالموں کے خون سے شمشیر نہلاتی ہوئی
ویرتا کو دیکھ کر ، گمبھیرتا کو دیکھ کر
موت آ آ کر پلٹ جاتی شرماتی ہوئی
فتح کرکے مسکرائی ہر فرنگی گھات پر
مالوے کی رات لے کر چھا گئی گجرات پر

بھارتیندو ہریشچندر کا تعلق بنارس سے تھا۔ یہ ہندی کے مشہور شاعر تھے۔ ہندی ادب کو اس معیار تک پہنچانے والوں میں ان کا نام سرفہرست ہے۔ انھوں نے اس بات کی پوری کوشش کی کہ نثر میں سنسکرت، عربی اور فارسی کے الفاظ نہ آئیں۔ ہریشچندر ایک ڈرامہ نگار تھے بلکہ یہ کہنا غلط نہ ہوگا کہ ہندی ادب میں ڈرامہ نگاری کا آغاز انھیں کے ذریعہ ہوا۔ اس کے علاوہ انھوں نے اردو میں بھی شعر کہے۔ ان کی انھیں خوبیوں کی بنیاد پر لوگوں نے ان کو بھارتیندو (بھارت کا چاند) کا خطاب دیا۔ نذیر نے ان کو اپنے اشعار کے ذریعہ کچھ اس طرح خراج عقیدت پیش کیا ہے:

درد سے بھر دے جو انسانوں کے دل
ہم کو اس کوئل کی کو کو چاہئے
جن سے جن سے دیش کی آئے گمک
ہم کو ان پھولوں کی خوشبو چاہئے
ٹوٹے رشتے جوڑنے کے واسطے
آج پھر اک بھارتیندو چاہئے
جس میں سب کا درد شامل ہو نذیر
آج آنکھوں میں وہ آنسو چاہئے

''ناموران ہند کو نذیر بنارسی کا خراج عقیدت'' میں نذیر بنارسی کے ذریعہ جن جن شخصیات کا ذکر کیا گیا ہے، ان میں ۱۸۵۷ء کے شہیدوں کے علاوہ دیگر نام بھی ہیں جو کہ اہمیت کے حامل ہیں، اس کے علاوہ یہ مضمون اس لیے بھی اہمیت رکھتا ہے کیوں کہ اتنے سارے تاریخی ناموں کو یکجا کرنے کی مثال اردو میں کم شاعروں کے ہاں ملتی ہے۔

حکیم وسیم احمد اعظمی۔لکھنؤ

# اقبال اور دبستان شبلی: ایک مطالعہ

علامہ شیخ محمد اقبال (9 نومبر 1877ء---21 اپریل 1938ء) اور علامہ شبلی نعمانی (4 جون 1857ء ---18 نومبر 1914ء) کی عمر میں بیس سال سے زیادہ کا تفاوت تھا،لیکن دونوں ایک دوسرے کی علمی سرگرمیوں سے واقف اور ایک دوسرے کے قدرداں اور مداح تھے۔شبلی شناس جانتے ہیں کہ علامہ اقبال کی پہلی کتاب 'علم الاقتصاد' کی زبان و بیان کی اصلاح علامہ شبلی نعمانی نے کی تھی،انہیں 1911ء کی ایک کانفرنس میں 'ترجمان حقیقت' کا خطاب شبلی نے ہی دیا تھا اور شبلی ہی وہ پہلے اقبال شناس تھے،جنھوں نے اُن کے ایک بڑے شاعر ہونے کی پیش قیاسی کی تھی اور بتایا تھا کہ آزاد اور حالی کی خالی ہونے والی کرسیاں بھرنے والے یہی اقبال ہوں گے اور ان کا موازنہ غالب سے کیا جائے گا۔شبلی کو اللہ تعالیٰ نے مردم شناسی اور مردم سازی کے وصف سے متصف کیا تھا۔وہ طبعاً خرد نواز تھے،ان کی زندگی کا مقصد یقیناً مردم سازی ہی تھا۔علامہ اقبال اُن کی شخصیت اور اُن کے علم و فضل سے بے حد متاثر تھے۔

ماہر شبلیات ڈاکٹر محمد الیاس الاعظمی نے اپنی اِس کتاب 'اقبال اور دبستان شبلی' میں دبستان شبلی سے اقبال کے تعلق کو اپنی تلاش و تحقیق کا موضوع بنایا ہے اور مختلف عناوین کے تحت اپنی تحقیق کو متحقق کیا ہے۔مشمولات کی فہرست درج ذیل ہے:

1۔مقدمہ 2۔اقبال اور دبستان شبلی 3۔اقبال اور شبلی 4۔اقبال اور دار المصنفین 5۔اقبال اور سید سلیمان ندوی 6۔اقبال بنام سید سلیمان ندوی 7۔اقبال اور اقبال سہیل 8۔اقبال اور مولانا عبد الماجد دریا بادی 9۔اقبال اور شاہ معین الدین احمد ندوی 10۔اقبال اور سید صباح الدین عبد الرحمن 11۔اقبال اور یحییٰ اعظمی 12۔اقبال اور ماہ نامہ معارف 13۔کتابیات

علامہ اقبال کی شبلی نعمانی سے شیفتگی اور اُن کی وفات کے بعد دار المصنفین ،معارف اور دبستان شبلی سے ان کا علمی،فکری اور تہذیبی ربط و تعلق علم و ادب کا ایک روشن باب ہے۔دبستان شبلی کے پروردہ افراد بھی اقبال کی عظمت کے اعتراف میں پیش پیش رہے۔شبلی نعمانی کے اوّلین جانشین مولانا سید سلیمان ندوی نے بھی شبلی کی روایت کو قائم رکھا اور علامہ اقبال سے اُخوت ،مودت اور محبت کا معاملہ رکھا اور اُن کی وفات پر خون دل میں اپنی انگلیاں ڈبو کر ان کا ایسا پُرسوز اور جاں گداز مرثیہ لکھا کہ رثائی ادب کی تاریخ میں اس ایسی نظیر شاذ ہی ملتی ہے۔مولانا سید سلیمان ندوی نے اعتراف اقبال کے ہر لمحے کو یادگار بنا دیا تھا۔خود علامہ اقبال نے بھی شبلی کے ہر آثار کو حرزِ جاں بنایا اور ان کے اوّلین جانشین مولانا سید سلیمان ندوی کو بے حد عزیز رکھا۔ان دونوں دانشوروں کے ربط و تعلق کو معارف کے صفحات اور ان کے خطوط کے تناظر میں دیکھا اور محسوس کیا جا سکتا ہے۔شبلی کے ایک اور لائق شاگرد مولانا عبد السلام ندوی نے 'اقبال کامل' لکھ کر دبستان شبلی کی اس روایت کو قائم رکھا،بعد کے ادوار میں شاہ معین الدین ندوی،اقبال سہیل،سید صباح الدین عبد الرحمن ، دار المصنفین سے وابستہ یحییٰ اعظمی اور مستفیدین شبلی میں مولانا عبد الماجد دریابادی نے ربط و تعلق کی اس روایت کو مزید استحکام بخشا۔علامہ اقبال اور شبلی میں کچھ رشتہ ہی ایسا تھا کہ ہر صاحبِ نظر پر واضح ہو جاتا تھا،سید افتخار حسین شاہ نے اپنی کتاب 'اقبال اور پیروی شبلی' میں بالکل سچ لکھا ہے:

''میں شبلیات اور اقبالیات کا مطالعہ کرنے کے بعد اس نتیجے پر پہنچا ہوں کہ اقبال اپنی زندگی اور نظریات کے اعتبار سے مجموعی صورت میں اردو و فارسی کے اپنے پیش رو شاعروں اور نثر نگاروں

میں سب سے زیادہ جس کے قریب نظر آتے ہیں وہ مولانا شبلی ہیں''۔ (اقبال اور پیروئ شبلی، ص 11-10)

دبستان شبلی کے پروردہ افراد نے شبلی سے ذہنی اور فکری قربت رکھنے والے اس اقبال کو اپنی پلکوں پر سجا کر اور اپنی آنکھوں میں بسا کر اس تعلق کے اظہار میں کوئی دقیقہ نہیں اُٹھا رکھا تھا۔

ڈاکٹر محمد الیاس الاعظمی نے 'تلاش شبلی' کو اپنی زندگی کا نصب العین بنا لیا ہے، انہوں نے شبلی کے حوالہ سے یافت، باز یافت اور دریافت کا ایک لامتناہی سلسلہ شروع کیا ہے۔ زیر نظر کتاب 'اقبال اور دبستان شبلی' بھی سلسلۃ الذہب کی ایک سنہری کڑی ہے۔ اس میں شامل مضامین کے مطالعے سے مصنف کے تحقیقی مزاج، فکرِ صالح اور دقتِ نظر کا پتہ چلتا ہے۔ اُنہوں نے اس موضوع کو ایک نئی بلندی عطا کی ہے اور فکر و نظر کے بہت سے نئے دریچے کھولے ہیں، جس سے اس نہج سے اور اس منہج پر بہت کچھ کیے جانے کے امکانات پیدا ہو گئے ہیں، جن کو برتنے سے دبستان شبلی کے دائرۂ کار اور دائرۂ اثر، دونوں میں مزید وسعت، تازگی، حرارت اور توانائی آئے گی۔

مقدمہ اور راس الکتاب مضمون 'اقبال اور دبستان شبلی' کے حوالے سے یہاں ڈھیر ساری باتیں ہوئیں۔ کتاب کا دوسرا مضمون 'اقبال اور شبلی' اقبال اور شبلی کے علمی، فکری اور تہذیبی رشتوں پر بیش قدر اطلاعات فراہم کرتا ہے۔ اقبال کے دورِ طالب علمی میں ہی شبلی نیک نام ہو چکے تھے۔ الفاروق، مسلمانوں کی گذشتہ تعلیم، المامون، سیرۃ النعمان، الجزیہ اور کتب خانہ اسکندریہ وغیرہ کو سر سید احمد خاں، ڈپٹی نذیر احمد، منشی ذکاء اللہ دہلوی، خواجہ الطاف حسین حالی اور مولانا عبدالحلیم شرر لکھنوی کا اعتبار حاصل ہو چکا تھا۔ ترکی حکومت سے 'تمغۂ مجیدیہ' مل چکا تھا، اقبال بھی شبلی کی تحریروں اور ان کی فکر سے متاثر تھے۔ ڈاکٹر محمد الیاس الاعظمی بقول:

''غالباً یہی زمانہ ہے، جس میں اقبال علامہ شبلی سے متاثر ہوئے اور ان کے قریب آئے۔'' (اقبال اور دبستان شبلی، ص 13)

شبلی نے سر رشتۂ علوم و فنون، حکومتِ حیدر آباد سے وابستگی کے دوران 'سلسلۂ کلامیہ' کا آغاز کیا اور الغزالی، علم الکلام، الکلام اور سوانح مولانا روم جیسی معرکۃ الآرا کلامی کتابیں لکھیں، جو 1902ء سے 1906ء کے درمیان شائع ہوئیں۔ اقبال اُن دنوں میونخ یونیورسٹی جرمنی سے ڈاکٹریٹ کر رہے تھے۔ انہوں نے اپنے مقالہ میں شبلی کی دو کتابوں الغزالی اور علم الکلام کا حوالہ دے کر شبلی شناسی ثبوت پیش کر دیا تھا اور بقول ڈاکٹر محمد الیاس الاعظمی:

''انگریزی زبان میں لکھی جانے والی یہ پہلی کتاب تھی جس میں علامہ شبلی کی کسی کتاب کا حوالہ دیا گیا۔ اس طرح جرمن اہل علم کے سامنے شبلی کا نام غالباً سب سے پہلے علامہ اقبال کے ذریعہ پہنچا''۔ (اقبال اور دبستان شبلی، ص 14)

علامہ اقبال کا یہ مقالہ " The Development of Metaphysics in Parsia " کے نام سے 1908ء میں لوزک اینڈ کمپنی لندن نے شائع کیا اور اس طرح شبلی کا کلامی اردو ادب انگریزی ادب کا حصّہ بنا۔ بعد کے ادوار میں ادبیاتِ شبلی کا دنیا کی متعدد زبانوں میں ترجمہ ہوا۔

علامہ اقبال نے کلامی ادب کے ساتھ ہی شبلی نعمانی کی بیشتر کتابوں کا تقابلی اور تجزیاتی مطالعہ کیا تھا، خواہ وہ سابق میں مذکور کتابیں ہوں یا پھر شعر العجم جیسی شاہکار کتاب۔ چنانچہ جب ظہور الدین مہجور نے جب علامہ اقبال سے کشمیر کے شعرائے فارسی کا تذکرہ لکھنے کا ارادہ ظاہر کیا تو اُنہوں نے شبلی کی شعر العجم کے نہج پر لکھنے کا مشورہ دیا تھا۔ ڈاکٹر محمد الیاس الاعظمی نے اس واقعہ کو اپنے تبصرہ کے ساتھ 'اقبال اور پیروئ شبلی' کے حوالہ سے اس طرح نقل کیا ہے:

''----یہ تذکرہ ضرور لکھئے مگر حروفِ تہجی کے اعتبار سے نہ لکھئے گا، بلکہ شعر العجم کی طرح شعرائے فارسی کی شاعری کا ناقدانہ جائزہ ہونا چاہئے''۔ یہ اقبال کی زبان سے عظمتِ شبلی کے اعتراف کا ایک نمونہ ہے۔'' (اقبال اور پیروئ شبلی، ص 33، سید افتخار حسین شاہ، بحوالہ اقبال اور دبستان شبلی، ص 14)

اقبال اور شبلی کی ملاقات کے واقعہ اور اقبال کے اعزاز میں منعقد تہنیتی اجلاس میں شبلی کی تقریر کو ڈاکٹر محمد الیاس الاعظمی نے عظمتِ رفتہ (ضیاء الدین برنی)، اقبالیات اور قرۃ العین حیدر (عبد الواحب معینی) اور اقبال اور پیرویٔ شبلی (سید افتخار حسین شاہ) کے حوالے سے اس طرح لکھا ہے:

''اب تک ملّت کے ان دونوں حدی خوانوں میں ملاقات نہیں ہوسکی تھی، چنانچہ صدی کے دوسرے دہے کے آغاز (1911ء) میں جب شبلی کے علم وکمال کا شہرہ نصف النہار پر اور عظمتِ اقبال کے اعتراف کا سلسلہ قائم ہو چکا تھا۔ محمڈن ایجوکیشنل کانفرنس کے اجلاس دہلی میں دونوں کی پہلی اور شاید آخری ملاقات ہوئی۔ اس اجلاس کی صدارت مولانا شاہ سلیمان پھلواروی (م:1 جون1935ء) نے کی تھی۔ علامہ اقبال اس میں نہ صرف شریک ہوئے بلکہ ایک اجلاس کی صدارت بھی کی۔ ایک مختصر تقریر اور اپنی نظم بلادِ اسلامیہ کا وہ حصّہ جو مدینہ منورہ سے متعلق ہے، پڑھ کر سنایا۔ اسی اجلاس میں علامہ محمد اقبال کانفرنس کی طرف سے 'ترجمان حقیقت' کا خطاب دیا گیا۔ اس کانفرنس میں سجاد حیدر یلدرم، جو علی گڑھ میں علامہ کے شاگرد رہ چکے تھے، ان کی خواہش پر علامہ شبلی نے علامہ اقبال کو پھولوں کا ہار پہنایا اور ایک مختصر تقریر کی۔ یہی وہ پہلا موقع ہے جب شبلی نے اقبال کو دوسرے غالبؔ ہونے کی بشارت دی تھی''۔

(بحوالہ اقبال اور دبستان شبلی، ص 16)

شبلی کے احوال و آثار کو اپنی تحقیق کا موضوع بنانے والوں نے شبلی کے نام اقبال کا مورخہ 12 جنوری 1912ء کا ایک خط بھی دریافت کیا ہے، جواب تک کی تحقیق کے مطابق شبلی کے نام اُن کا پہلا اور آخری خط ہے۔ دراصل یہ شبلی کے وقف علی الاولاد سے متعلق ایک خط کا جواب نامہ ہے اور کلیات مکاتیبِ اقبال مطبوعہ اردو اکادمی دہلی 1991ء میں شامل ہے۔ ڈاکٹر محمد الیاس الاعظمی نے یہاں اس کو نقل کر کے اس ربط و تعلق کا احساس کرایا ہے۔

علامہ اقبال شبلی نعمانی کی کتابوں کے شیدائی تھے اور سیرۃ النبی کو اُن کے اعجازِ کمال سے تعبیر کرتے تھے۔ اپنے ایک خط میں وہ لکھتے ہیں:

''مولانا مرحوم نے مسلمانوں پر بہت بڑا احسان کیا ہے، جس کا صلہ دربارنبوی ﷺ سے عطا ہوگا''۔ (مشاہیر کے خطوط، ص99 بحوالہ اقبال اور دبستان شبلی، ص 20-19)

فکرِ اقبال میں فکرِ شبلی کے اثرات کی تلاش محققین کا ایک پسندیدہ عمل رہا ہے۔ ماہر شبلیات ڈاکٹر محمد الیاس الاعظمی نے بھی اس روایت کا التزام کیا ہے، لیکن اس کے لیے اُنھوں نے ڈاکٹر سید افتخار حسین شاہ جیسا اسلوب نہیں اختیار کیا ہے اور جزرسی سے احتراز کرتے ہوتے اہم مماثلت کو ہی آشکار کیا ہے، وہ لکھتے ہیں:

''شبلی اور اقبال کی شخصیت کی نشو ونما اور تعلیم وتربیت میں بڑی یکسانیت پائی جاتی ہے، ذوق ومزاج اور فکر وخیال میں بڑی ہم آہنگی ہے۔ ان کے مطالعے سے اندازہ ہوتا ہے کہ دونوں کا مقصدِ حیات ایک اور غور وفکر کا طرز واسلوب بھی ایک تھا اور علامہ اقبال نے انہی قدروں کو ترقی دی، جو دل شبلی کی آرزو تھیں۔

اس لئے محققین اور اہل قلم نے اقبال اور کو پیروئے شبلی قرار دیا اور بلا شبہ شبلی کے افکار ونظریات کی مکمل عکاسی کلام اقبال سے ظاہر ہوتی ہے''۔

(اقبال اور دبستان شبلی، ص 20)

ڈاکٹر محمد الیاس الاعظمی نے اقبال کی شاعری میں بھی فکرِ شبلی کی اثر پذیری کی نشان دہی کی ہے، لیکن انہوں نے اپنے بیانیے میں سچ اور حق کو ہی جگہ دی ہے۔ وہ تحریر کرتے ہیں:

''علامہ اقبال کی شاعری میں فلسفۂ اسلام، کلام وعقائد اور حیاتِ ملّی کے مباحث کو بنیادی حیثیت حاصل ہے۔ اسرارِ خودی اور رموز بے خودی میں بھی یہ مباحث شامل ہیں۔ بالخصوص رموز بے خودی جدید علمِ کلام کی ایک بہترین کتاب ہے۔ اس میں نبوت، توحید، ضرورتِ رسالت، قرآن پر ایمان رکھنے کے اسباب، حاجت قبلہ وغیرہ اعتقادی مسائل ومباحث نہایت مؤثر اور دل

نشیں انداز میں بیان ہوئے ہیں۔فلسفہ و کلام کے یہ مباحث اردو میں علمی انداز میں شبلی نے بلند آہنگی سے پیش کرنے کا سلسلہ قائم کیا تھا۔علامہ اقبال نے ان مباحث کو بڑی وسعت و جامعیت کے ساتھ اپنی شاعری میں پیش کیا مگر شبلی کے تخیل سے اقبال کی پرپرواز بہت اعلیٰ، ارفع اور بلند ہے، تاہم نقش اوّل شبلی ہی قلم کا اعجاز ہے''۔ (اقبال اور دبستان شبلی، ص 22)

اردو میں مذہبی اور تاریخی نظموں کا جائزہ ایک بڑا سرور آگیں عمل ہے۔اقبال اور شبلی کی فکریات میں اوّلیت اور مماثلت تلاش کرنے والوں نے اس زاویۂ نظر پر بھی خوب خامہ فرسائی کی ہے۔اس موضوع پر ڈاکٹر محمد الیاس الاعظمی کی بھی اپنی ایک رائے ہے۔وہ لکھتے ہیں:

'' اردو میں مذہبی، تاریخی اور واقعاتی نظم گوئی کے آغاز کا افتخار علامہ شبلی کے سر ہے، جس کی علامہ اقبال نے بڑی تحسین وستائش کی ہے اور زور دیا ہے کہ یہ سلسلہ قائم رہنا چاہئے۔ دانستہ نہ سہی شبلی کی اس روایت کو خود اقبال نے بڑی ترقی دی۔'' (اقبال اور دبستان شبلی، ص24-23)

ڈاکٹر محمد الیاس الاعظمی مزید لکھتے ہیں:

''حقیقت یہ ہے کہ شبلی اور اقبال کی یہ سیاسی، حادثاتی اور واقعاتی نظمیں اردو میں ایک نیا تجربہ تھیں۔البتہ ان میں فکری لحاظ سے قدرے فرق واقع ہوا ہے۔

شبلی تڑپتے ہیں، آنسو بہاتے ہیں اور دوسروں کو بھی اس غم میں شریک کر لیتے ہیں اور ان کی شاعری کی پوری فضا غم انگیز بلکہ ماتم زار ہوجاتی ہے۔لیکن اقبال کی حدی خوانی ملّت کے اس غم سے غمگین ہونے کے ساتھ مایوسی کا شکار نہیں ہوتی بلکہ وہ آہوں، آنسوؤں اور سسکیوں کے درمیان ان کا حل اور روشن و تابناک مستقبل کی کرن تلاش کرتے ہیں اور قوم کو حوصلہ شکنی سے بچاتے ہوئے زندگی کی نئی علامتیں پیش کرتے ہیں۔شبلی اور اقبال کے عہد پر اگر نظر رکھی جائے تو دونوں عوامل اپنے اپنے عہد کی غمازی کرتے ہیں۔بہر حال اس میدان میں اقبال کا تاریخی شعور شبلی سے پختہ تر ہوسکتا ہے مگر اوّلیت اور انفرادیت کا دعویٰ نہیں کرسکتا، یہ افتخار شبلی کے سر ہے''۔ (اقبال اور دبستان شبلی، ص 27)

ڈاکٹر محمد الیاس الاعظمی نے شبلی اور اقبال کے عہد کو دو عہد قرار دیا ہے۔ہمیں شبلی اور اقبال میں فکری لحاظ سے اس فرق کو اس طور پر دیکھا جانا چاہئے کہ اقبال کی انتہائی تعلیم بیرون ملک میں ہوئی ہے اور اُنہیں مزاج عالم کے سمجھنے کے عملی مواقع زیادہ ملے ہیں۔شبلی کی منتہیات کی تکمیل یہیں، اِسی ملک بلکہ ایک ہی صوبے میں ہوئی ہے اور انہیں دنیا کی سیر کے عملی مواقع بھی نسبتاً بہت کم ملے ہیں مزید اُنہوں نے 'موازنۂ انیس دبیر' لکھ کر شعوری یا غیر شعوری طور پر رثائی ادب کے اثرات نزیادہ قبول کیے ہیں، اسی لیے شبلی کی شاعری کی پوری فضا ماتم زار ہوجاتی ہے اور اقبال مایوسیوں کے درمیان تابناک مستقبل کی کرن تلاش کرتے اور زندگی کی نئی علامتیں پیش کرتے ہیں۔شبلی جب تک علی گڑھ اور حیدر آباد میں رہے۔خوب نکھرے اور نیک نام ہوئے، لیکن جب ندوۃ العلماء سے وابستہ ہوئے اور بعض روایتی مولویوں سے واسطہ پڑا تو اُن کی ساری توانائی الندوہ کے اجراء اور نصابِ تعلیم کی اصلاح اور اس کے نفاذ کی درخواستوں اور گذارشوں میں صرف ہونے لگی۔علی گڑھ میں جسے برسوں پہلے اڈیٹری کی ذمہ داری دی گئی ہو، وہ ان مولویوں کی نظر میں الندوہ کی ادارت کے قابل یا کم از کم پہلی پسند نہ ہو اور وہ اپنا درد اُن مولانا حبیب الرحمن خاں شروانی سے بیاں کر رہا ہو، جو ادارت جیسے بڑے کام کے لیے ان مولویوں کی پہلی پسند ہوں، ایں چہ بوالعجبیست۔مولوی عبدالحلیم شرر لکھنوی نے شبلی کو ان ممکنہ مصائب اور متوقع آلام سے آگاہ بھی کیا تھا۔دار العلوم ندوۃ العلماء، نصابِ تعلیم کے نفاذ اور الندوہ کے اجراء کے حوالے سے شبلی نے اپنے ہم عصروں، بالخصوص مولانا حبیب الرحمن خاں شروانی کو جو خطوط لکھے ہیں، اور ان کے نفاذ کی راہ میں اپنی جو توانائیاں صرف کی ہیں، وہ حیرت میں ڈال دینے والی ہیں۔کسی مصلحت کے بغیر میں یہ لکھنے میں خود کو حق بجانب سمجھتا ہوں کہ شبلی اگر بروقت ان الجھنوں سے خود کو الگ کر لیتے تو قوم

کے لیے اور بھی معرکۃ الآرا علمی آثار چھوڑ جاتے۔ افسوس کی بات ہے کہ دار العلوم ندوۃ العلماء کے ترجمان جس الندوہ کے اجراء کے لیے شبلی نے مسلسل کئی سال تک اپنے ندوی صاحبوں اور مصاحبوں کے حضور درخواستیں گذارشیں اور بڑی منّت وسماجت کے بعد مولانا حبیب الرحمٰن خاں شروانی اور اُن کی ادارت میں اگست 1904ء نکل سکا، اسی سے مئی 1912ء میں وہ مستعفی ہوگئے اور پھر دنیا نے دیکھا کہ کچھ دن کے بعد یہ رسالہ آسمان صحافت سے معدوم ہوگیا۔

شبلی نے دار المصنفین کے قیام کا منصوبہ دار العلوم ندوۃ العلماء میں ہی دیکھا تھا، لیکن مشیت خداوندی کچھ اور تھی اور ندوہ سے علاحدگی کے بعد وہ اپنے وطن اعظم گڑھ تشریف لائے اور شہر میں اپنی آبائی حویلی، باغات اور آراضی کے ساتھ ہی اپنے اعزا کی زمینوں پر دار المصنفین کے قیام کا منصوبہ بنایا اور اللہ تعالیٰ نے اُن کے اس ارادے شرف قبولیت سے نوازا اور آج دار المصنفین شبلی اکیڈمی کا شمار ایشیاء کے عظیم اسلامی اداروں میں ہوتا ہے اور الندوۃ کی ادارت سے علاحدگی کے بعد انہوں نے جس ’معارف‘ کے اجراء کے خطوط متعین کئے تھے وہ جولائی 1916ء سے کسی التواء کے بغیر انہیں خطوط پر مسلسل عامل اور جاری ہے۔ شبلی کو ندوۃ العلماء سے اپنی وابستگی کے خسارے اور اپنی توانائی کے ضیاع کا احساس تھا، جس کا اظہار انہوں نے اپنے احباب سے بھی کیا ہے۔

ہم بات کررہے تھے اقبال کی شاعری پر شبلی کی فکریات کی اثر پذیری کی، اُن کی تعلیم، ماحول اور معاشرت کی اور بات پہنچ گئی قیام دار المصنفین اور اس کے ترجمان معارف تک۔ ڈاکٹر محمد الیاس الاعظمی نے صحیح لکھا ہے:

”--- تقسیم ہند کے وقت دونوں (شبلی اور اقبال) موجود نہیں تھے۔ تاہم تقسیم ہند کے بعد غالباً مسلم لیگ کی شدید مخالفت کی بنا پر (پاکستان میں) شبلی کی طرف وہ توجہ نہیں دی گئی جس کے وہ مستحق تھے، البتہ علامہ اقبال پاکستان کے قومی شاعر تسلیم کئے گئے اور ان کے افکار وخیالات کے مطالعہ پر اس قدر توجہ دی گئی کہ اقبالیات کا ایک بڑا ذخیرہ تیار ہوگیا۔ اس کے برعکس شبلی پر حکومت ہند نے بھی کبھی نگاہ غلط انداز نہیں ڈالی اور جس طرح وہ اپنی زندگی میں مظلوم رہے اسی طرح بعد از مرگ بھی مظلوم ہیں“۔ (اقبال اور دبستان شبلی، ص 31)

کتاب کا تیسرا مضمون ’اقبال اور دار المصنفین‘، دراصل ان ہردو کے ربط وتعلق کا اظہاریہ ہے۔ اقبال کو شبلی، آثار شبلی اور متعلقات شبلی سے بڑی شیفتگی تھی دار المصنفین اور اس کے ترجمان معارف کو وہ بے حد عزیز رکھتے تھے اور دونوں کی بقاء اور ارتقاء کے لیے مفید مشورے دیتے رہتے تھے۔ ڈاکٹر محمد الیاس الاعظمی تحریر کرتے ہیں:

” وہ دار المصنفین کی پہلی مجلس انتظامیہ کے رُکن نامزد ہوئے اور پھر تاحیات اس پر فائز رہے۔ اُنہوں نے متعدد ایسے مشورے دیئے، جن سے دار المصنفین کے وقار میں اضافہ ہوا مثلاً تاریخ فقہ اسلامی اور حکمائے اسلام جیسی اہم کتابیں اُنہیں کے مشورہ سے دار المصنفین میں لکھی اور شائع کی گئیں۔“ (اقبال اور دبستان شبلی، ص34)

دار المصنفین کے رسالہ ماہ نامہ معارف کے بارے میں علامہ اقبال کے تاثرات کا جائزہ لیتے ہوئے ڈاکٹر الیاس الاعظمی مزید لکھتے ہیں:

” ---خاص طور سے مجلس دار المصنفین کے ماہوار رسالہ معارف سے اُنہیں بڑی دلچسپی تھی اور وہ اس کے مشتاق رہتے تھے۔“ (اقبال اور دبستان شبلی، ص 34)

ڈاکٹر محمد الیاس الاعظمی کی تصانیف میں ’دار المصنفین کی تاریخی خدمات‘ کو خاص امتیاز حاصل ہے۔ اِس ادارہ کے بارے میں وہ جو بھی لکھتے ہیں، اس کی حیثیت سند کی ہوتی ہے۔ اس ادارہ کے قیام کے اغراض ومقاصد کے بارے میں لکھتے ہیں:

”علامہ شبلی کے نزدیک اس کے قیام کا بنیادی مقصد مخالفین

اسلام کی ہرزہ سرائیوں کا مدلل اور مسکت جواب ، زمرۂ مصنفین کی دائمی خدمت، اہل قلم کی تربیت، بلند پایہ کتابوں کی تصنیف وتالیف وترجمہ اور ان کے طبع واشاعت کا سامان کرنا تھا۔اور بلاشبہ دار المصنفین کے اہل قلم اور مصنفین نے مختلف اسلامی علوم وفنون پر دو سو سے زائد بلند پایہ علمی وتحقیقی کتابیں لکھ کر اور تصنیف وتالیف کے لئے متعدد افراد کی تربیت کر کے اپنے ہدف کو پورا کیا۔یہی نہیں بہت سے اہل قلم اس کے گوشۂ عزلت وعافیت میں پل کر جوان ہوئے اور ملک کے مختلف حصّوں میں علم وادب کے چراغ روشن کئے، جس کی برصغیر کی تاریخ میں کوئی دوسری مثال نہیں ملتی۔''

(اقبال اور دبستان شبلی، ص 33)

کتاب چوتھا مضمون 'اقبال اور سید سلیمان ندوی' ہے۔شبلی کے علمی منصوبوں کو عملی جامہ پہنانے میں ان کے جن شاگردوں اور شیدائیوں نے شب و روز ایک کردیئے، ان میں مولانا حمید الدین فراہی، مولانا سید سلیمان ندوی، مولانا عبدالسلام ندوی، مولانا مسعود علی ندوی اور مولوی شبلی متکلم کا شمار السابقون الاوّلین میں ہوتا ہے۔اس کی دوسری قطار میں شاہ معین الدین ندوی، صباح الدین عبدالرحمٰن اور مولانا ضیاء الدین اصلاحی آتے ہیں۔

اقبال اور سید سلیمان ندوی میں بڑے گہرے مراسم تھے۔ذاتی ملاقات، وفد میں ساتھ ،علمی مراسلت، اور دار المصنفین اور معارف کے بارے میں مشاورت وغیرہ۔اس حوالہ سے ڈاکٹر محمد الیاس الاعظمی لکھتے ہیں:

'' اقبال شناسی میں جانشین شبلی مولانا سید سلیمان ندوی (1884-1953ء) کا حصّہ بہت اہم ہے۔وہ معاصر اور اُن کے استاذ کے ممدوح تھے۔خط وکتابت کا سلسلہ شبلی کی وفات 1914ء کے بعد قائم ہوا۔دونوں ایک دوسرے کے فضل وکمال کے بھی بڑے معترف ومداح تھے۔ماہنامہ معارف کے شذرات میں سید صاحب نے اقبال کا ذکر اُن کی زندگی ہی میں متعدد بار کیا۔رموزِ بے خودی کا تعارف وتجزیہ سب سے پہلے انہیں کے قلم سے نکلا''۔ (اقبال اور دبستان شبلی، ص 35)

علامہ اقبال بھی سید سلیمان ندوی کی دانشوری کے معترف اور ان کے بے حد مداح تھے۔وہ سید صاحب کو اپنے ایک خط میں لکھتے ہیں:

'' مولانا شبلیؒ کے بعد آپ استاذ الکل ہیں، اقبال آپ کی تنقید سے مستفید ہوگا''۔ (مشاہیر کے خطوط، ص98)

ایک جگہ لکھتے ہیں:

'' آج سید سلیمان ندوی ہماری علمی زندگی کے سب سے اُونچے زینے پر ہیں۔وہ عالم ہی نہیں امیر العلماء ہیں، مصنف ہی نہیں رئیس المصنفین ہیں۔ان کا وجود علم وفضل کا ایک دریا ہے، جس سے سیکڑوں نہریں نکلتی ہیں اور ہزاروں سوکھی کھیتیاں سیراب ہوتی ہیں''۔

(اقبال اور سید سلیمان ندوی، ص19، طاہر تونسوی بحوالہ اقبال اور دبستان شبلی، ص36)

سید صاحب کی سیرتِ عائشہؓ کے بارے میں لکھا کہ:

'' سیرتِ عائشہ کے لیے سراپاس ہوں۔یہ ہدیۂ سلیمانی نہیں بلکہ سرمۂ سلیمانی ہے۔اس کتاب کو پڑھنے سے میرے علم میں بہت مفید اضافہ ہوا''۔ (مشاہیر کے خطوط، ص112)

علامہ اقبال ایک دور میں شبلی نعمانی کو لاہور بلانے میں کسی وجہ سے ناکام رہے تھے۔پھر اُنہوں نے سید سلیمان ندوی کی خدمات اورینٹل کالج لاہور کے لیے چاہیں، سید صاحب اسے پسند نہیں فرمایا، اُنہوں نے سید صاحب کو اپنے مکتوب مورخہ 12 نومبر 1916ء میں لکھا:

''اللہ تعالیٰ دار المصنفین کے کام میں برکت دے اور آپ کا وجود مسلمانوں کے لئے مفید ثابت کرے''۔

(مشاہیر کے خطوط، ص 96 بحوالہ اقبال اور دبستان شبلی، ص 45)

ڈاکٹر محمد الیاس الاعظمی نے اپنے اس مضمون میں سید سلیمان ندوی کے نام علامہ اقبال کے ستر (70) خطوط بھی شامل کئے ہیں، جو ان دونوں کے کثیر المقاصد ربط وتعلق کے مظہر ہیں۔

شبلی نعمانی کے دوسرے چہیتے شاگرد اور دبستان شبلی کے

ترجمان مولانا عبد السلام ندوی بھی اقبال شناس اور اُن کے شیدائیوں میں تھے۔ اِس کتاب میں شامل مضمون 'اقبال اور عبد السلام ندوی' اسی حکایت کو بیاں کرتا ہے۔ ڈاکٹر محمد الیاس الاعظمی کے لفظوں میں:

''آزاد ہندوستان میں اقبال کی حیات اور فکر و فن پر پہلی کتاب 'اقبال کامل' انہی کے قلم سے نکلی''۔ (اقبال اور دبستان شبلی، ص121)

مولانا عبد السلام ندوی نے اس کتاب کی تالیف میں تلاش و تحقیق کا ایک معیار پیش کیا ہے، اُس وقت تک کلام اقبال کا مطالعہ ایک خاص نہج اور منہج پر ہی ہوتا تھا، جس میں نقد و احتساب کا تصور بے حد مضمحل تھا۔ مولانا عبد السلام ندوی نے شخصی احترام اور فکری صالحیت کے ساتھ اُس روش کے متوازی ایک راہ نکالی تھی۔ وہ لکھتے ہیں:

'' چوں کہ کسی نے اُن کی غلطیوں اور خامیوں کو تفصیل سے نہیں دکھایا ہے، اس لئے ہم خود اس ناگوار فرض کو ادا کرتے ہیں''۔

(اقبال کامل، ص 249، بحوالہ اقبال اور دبستان شبلی، ص 124)

ڈاکٹر محمد الیاس الاعظمی لکھتے ہیں:

''واقعہ یہ ہے کہ اقبال کے فلسفۂ شاعری اور فلسفیانہ اشعار کی توضیح و تفہیم میں مولانا عبد السلام ندوی نے یہی انداز اختیار کیا ہے اور یہی وجہ ہے کہ 'اقبال کامل' حیات اقبال کے ساتھ فکر اقبال کی تفہیم کا خوب صورت ذریعہ بنی اور بلاشبہ مصنف نے اس میں بڑی دیدہ ریزی اور کد و کاوش سے کام لیا ہے۔ یہ حقیقت ہے کہ 'اقبال کامل' ذخیرۂ اقبالیات میں سنگ میل کا درجہ رکھتی ہے''۔ (اقبال اور دبستان شبلی، ص125-124)

اقبال سہیل علامہ شبلی عزیز شاگرد، قادر الکلام شاعر اور بوجوہ اُن کی روایتوں کے امین تھے۔ ڈاکٹر محمد الیاس الاعظمی نے اس کتاب میں 'اقبال اور اقبال سہیل' کے عنوان سے یہ مضمون لکھ کر احساس دلایا ہے کہ دبستان شبلی کے افراد علامہ اقبال سے صرف عقیدت اور محبت کا معاملہ ہی نہیں رکھتے تھے، بلکہ فکریات کے تصادم میں احتساب بھی اسی شدت کا کرتے تھے۔ علامہ اقبال نے شیخ الاسلام مولانا حسین احمد مدنی ؒ (1957-1879ء) کے اس نظریہ پر کہ 'قومیں وطن سے بنتی ہیں'، شعری زبان میں سخت دار و گیر کی اور جس میں حفظ مراتب کا ذرا بھی پاس و لحاظ نہیں رکھا گیا تھا۔ اقبال سہیل کو علامہ اقبال کا یہ انداز بے حد ناگوار گذرا اور اُنہوں نے اس کا منظوم جواب لکھا، جس میں قوم و وطن کے نظریہ کا اسلامی تعلیمات کی روشنی میں جائزہ لیتے ہوئے نقد اقبال کو اُنہیں کے لب و لہجہ میں بلکہ اس سے کچھ سوا لوٹایا گیا تھا۔ اقبال سہیل کی یہ نظم جب علامہ اقبال تک پہنچی تو اسے پڑھ کر انہوں نے فرمایا:

''مجھے خوشی ہے کہ میرا جواب دینے والا بھی 'اقبال' ہی ہے''۔

علامہ اقبال اور اقبال سہیل کی یہ نظمیں دینی اور ادبی حلقے میں دہائیوں تک موضوع بحث رہیں۔ ڈاکٹر محمد الیاس الاعظمی نے ان دونوں نظموں کو نقل کر کے ماضی کے مطالعے کو تازہ کر دیا ہے۔

اقبال اور دبستان شبلی میں ایک مضمون 'اقبال اور مولانا عبد الماجد دریابادی' بھی ہے۔ مولانا عبد الماجد دریابادی 'دبستان شبلی' میں کیوں شمار کیے گئے؟ خود اُنہی کے لفظوں میں ملاحظہ کریں:

''اِس سطور کے بے علمے راقم کو اردو لکھنا پڑھنا تھوڑا بہت جو کچھ بھی آیا وہ بڑی اور بہت بڑی حد تک فیض انہیں حضرت شبلی کا ہے۔ فیض الندوہ کے ایڈیٹر کا، موازنہ اور شعر العجم کے فن کار کا، اور الفاروق، الکلام، سیرۃ النبی کے مصنف کا، اس ذات کا جس میں بیک وقت ایک شاعر و سخن سنج، ایک مؤرخ و محقق، ایک مبصر و ناقد، ایک عالم و معلم، ایک ادیب و انشاپرداز، ایک مصنف و اہل قلم کے کمالات تھے''۔ (ادیب، شبلی نمبر، ص7، بحوالہ اقبال اور دبستان شبلی، ص 131)

اسی 'جو کچھ بھی آیا وہ بڑی اور بہت بڑی حد تک' کے اعتراف نے انہیں دبستان شبلی کا ایک ممتاز فرد بنانے کا جواز پیدا کیا تھا اور اسی پر بس نہیں، بقول ڈاکٹر محمد الیاس الاعظمی:

''علامہ شبلی کی وفات کے بعد جب دار المصنفین کی مجلس

انتظامیہ کا انتخاب عمل میں آیا تو مولانا دریابادی اس کے رکن نامزد ہوئے، بعدازاں انہیں مجلس انتظامیہ کی صدارت تفویض کی گئی، جس پر وہ آخری سانس تک فائز رہے۔ پھر ماہ نامہ معارف کی مجلسِ ادارت کا انہیں رکن منتخب کیا گیا۔ مولانا سید سلیمان ندوی وفدِ خلافت کے رکن منتخب ہوکر جب انگلینڈ روانہ ہوئے تو معارف کی ادارت کے فرائض انہیں کو سونپ گئے تھے، گویا وہ کلی طور پر دبستانِ شبلی ہی کے فرد رہے اور اسی گہری وابستگی اور ذہنی ہم آہنگی کے سبب انہیں اس کتاب میں بھی شامل کیا گیا ہے''۔ (اقبال اور دبستان شبلی، ص 132-131)

مولانا عبدالماجد دریابادی کو ابتداء میں اقبال سے ذرا بھی عقیدت و موانست نہ تھی بلکہ وہ بھی ان کے مخالفین کے سُر میں سُر ملا کر اُن کی زبان و بیان پر نقد کیا کرتے تھے۔ لیکن یہ اُن کا یہ عمل کسی نظری مطالعے اور فکری رویے کی وجہ سے نہیں تھا، بلکہ اس کے پس پردہ طفلانہ دانشوری اور اس کی زیریں لہر کے طور پر شوقِ خودنمائی تھا، جس کا ذکر خود اُنھوں نے بھی اقبالیاتِ ماجد میں کیا ہے۔ وہ لکھتے ہیں:

''جب سن اور آیا اور شعر سمجھنے کی تھوڑی بہت تمیز آچلی، وہ بھی زیادہ تر شبلی اور حضرت اکبرالہ آبادی کے فیضِ صحبت سے، تو اپنی اس طفلانہ عادت پر خود بڑی نفریں کی اور اقبال کا کلام بڑے لطف و عقیدت سے پڑھنے لگا''۔ (اقبالیات ماجد، ص 8، بحوالہ اقبال اور دبستان شبلی، ص 132)

بعد کے اَدوار میں علامہ اقبال اور مولانا دریابادی کی لکھنؤ اور حیدرآباد میں ملاقاتیں ہوئیں، خط و کتابت رہی، نظریات اور فکریات کے تبادلے ہوئے اور مولانا دریاباری نے

اپنے رسالوں سچ، صدق اور صدق جدید اور ان کے علاوہ دوسرے مجلّات میں فکرِ اقبال کی تفہیم و تشہیر کا فریضہ بھی انجام دیا ،اقبال اور اقبالیات پر اس قدر لکھا کہ 'اقبالیاتِ ماجد' اقبال شناسی کا باب الداخلہ قرار پائی۔ ڈاکٹر محمد الیاس الاعظمی نے اپنے اس مضمون میں اقبال، مولانا عبدالماجد دریابادی اور دبستان شبلی کی اس تثلیثیت کا بھرپور جائزہ پیش کیا ہے۔

اقبال اور دبستان شبلی کے حوالہ سے 'اقبال اور شاہ معین الدین ندوی' بھی ایک جامع اور دخولِ غیر سے مانع مضمون ہے۔ شاہ معین الدین احمد ندوی (1974-1903ء) دار العلوم ندوۃ العلماء کے نامور فرزند اور مولانا سید سلیمان ندوی کے تربیت یافتہ تھے۔ 1924ء میں ندوہ سے فراغت کے بعد بحیثیت رفیق دارالمصنفین سے وابستہ ہوئے اور سید صاحب کی پاکستان ہجرت کے بعد 1950ء میں اس کے ناظم مقرر ہوئے اور اپنے تارِ نفس کے ٹوٹنے تک اسی کے ہو رہے۔ ان کے دور میں اقبال کی شخصیت اور فن پر ایک خاص ٹھپہ لگ چکا تھا۔ اُنھوں نے ماہنامہ معارف کے جنوری -- فروری 1950ء کے شمارے میں 'کیا اقبال فرقہ پرست شاعر تھے؟' کے عنوان سے ایک طویل مضمون لکھا اور اس الزام کی علی رؤس الاشہاد تردید کی تھی۔ اقبالیاتی ادب میں یہ مضمون بے حد اہم تصور کیا جاتا ہے۔ اُنھوں نے 'اقبال کی تعلیمات پر ایک نظر' کے عنوان سے بھی ایک طویل مضمون لکھا تھا، جو ماہنامہ معارف میں بالاقساط شائع ہوا۔ اس حوالہ سے یہ قابل افسوس پہلو یہ ہے کہ شاہ صاحب کے یہ دونوں مضامین گرچہ مستقل کتاب کی حیثیت رکھتے تھے، لیکن ہنوز کتابی شکل میں نہیں آسکے۔ دارالمصنفین اور اقبال شناسوں کو اس طرف توجہ دینی چاہئے۔

'اقبال اور دبستان شبلی' میں شامل مضمون 'اقبال اور سید صباح الدین عبدالرحمن' بھی اہم ہے۔ شاہ معین الدین احمد ندوی کی وفات (1974ء) کے بعد سید صباح الدین عبدالرحمن دار المصنفین کے ناظم منتخب ہوئے۔ یہ بھی سید سلیمان ندوی کے تربیت یافتہ اور فکرِ اقبال سے متاثر تھے اور 1933ء میں ایک تعلیمی سفر میں میکلوڈ روڈ، لاہور میں اُن کی کوٹھی پر شرفِ ملاقات حاصل کر چکے تھے۔ جس کا ذکر وہ بڑی سرشاری سے کیا کرتے تھے۔ سید صباح الدین عبدالرحمن اور دبستان شبلی والے علامہ اقبال کو کس نظر اور نظریے سے دیکھتے تھے۔ اس بارے میں سید صباح

الدین عبدالرحمٰن لکھتے ہیں:

''ہم دارالمصنفین والے علامہ محمد اقبال کوفکرِ اسلام، اسرارِ الٰہی کا محرمِ راز، شریعت کا آشنا، کاروانِ ملّت کا حدی خواں اور فلسفۂ اسلام کا ترجمان سمجھتے تھے، اگر کوئی ان کے نہاں خانۂ زندگی میں جھانک کر ان کو مجروح کرنا چاہتا ہے تو ہم میں ویسا ہی اشتعال پیدا ہوتا ہے جیسے ہمارے کسی مذہبی پیشوا پر حملہ آور ہوکر کوئی اُن کی توہین کرے۔ مجلس کے دیگر رفقاء نے اپنی معروضیت پسندی کی وجہ سے ہماری اس رائے کو انتہا پسندی پر محمول کیا مگر ہم اپنی رائے میں تبدیلی کرنے تیار نہیں ہوئے۔''

(معارف، شذرات، دسمبر 1983ء)

ڈاکٹر محمد الیاس الاعظمی اسی تناظر میں لکھتے ہیں:

''یہی ماحول تھا جس میں سید صباح الدین صاحب و دیگر رفقاء کے ذہن ومزاج میں ذکرِ اقبال، فکرِ اقبال، فلسفۂ اقبال اوران کے شاعرانہ کمالات کی صد آفریں صدائیں بلند رہیں اور وہ اس کی روشنی سے معمور رہے۔'' (اقبال اور دبستان شبلی، ص 159)

ڈاکٹر محمد الیاس الاعظمی نے ان نظموں اور ثائی کلام کو اپنے مضمون نقل کر کے شبلی شناسی کی تجدید کے سامان فراہم کئے ہیں۔

سید صباح الدین عبدالرحمٰن نے اقبالیاتی ادب میں بیش قدر اضافے کئے ہیں۔ ان کے مقالہ 'موجودہ ہندوستان میں اقبال' کی علمی ادبی خوب پذیرائی ہوئی اور اقبال سے متعلق متعدد کتابوں پر اُن کے دیباچے، تقدمے اور تعارف وتبصرے بھی پسند کئے گئے۔

اقبال اور دبستانِ شبلی کے حوالہ سے ایک نام یحیٰ اعظمی (1906-1972ء) کا بھی ہے۔ ان کے بارے میں ڈاکٹر محمد الیاس الاعظمی لکھتے ہیں:

''دبستانِ شبلی کے ممتاز اور منفرد لب ولہجے کے شاعر تھے۔ اقبال سہیل سے اصلاح سخن لی اور مدۃ العمر دادِ سخن دی۔

(اقبال اور دبستان شبلی، ص 164)

یحیٰ اعظمی کو علامہ اقبال اُنس وشیفتگی تھی، وہ ان کے افکار و نظریات سے بے حد متاثر تھے۔ کلام اقبال پر اُن کی گہری نظر تھی اور لسانی توقیت میں اس کو استشہاد کے طور پر پیش کرتے تھے۔ اقبال کی وفات سے اُنہیں سارا ہندوستان اُداس اور سُونا نظر آتا تھا۔ وہ اپنے ایک خط میں ابوعلی اثری کو اقبال پر اُن کے مضمون کی اشاعت پر لکھتے ہیں:

'' آپ کی تحریر کے بعض حصّوں سے بے حد متاثر ہوا، خصوصاً اقبال صاحب مرحوم کی عقیدت کے سلسلہ میں آپ نے جو کچھ لکھا ہے اسے پڑھ کر میری آنکھوں سے آنسو نکل آئے۔ شاید ہی کوئی دن ایسا گذرتا ہو کہ وہ مجھے نہ یاد آئے ہوں، مجھے تو اب سارا ہندوستان سونا نظر آتا ہے''۔

(گاہے گاہے باز خواں، ص 65، بحوالہ اقبال اور دبستانِ شبلی، ص 165)

یحیٰ اعظمی نے اپنے شعری مجموعہ 'نوائے حیات' میں علامہ اقبال پر پانچ منظومات ومراثی، ماتمِ اقبال، آہ! اقبال، غمِ اقبال، خطاب بہ شاعر حکیم ہند اور شاعر مشرق اور فلسفۂ حیاتِ ملّی لکھ کر اُن سے اپنے تعلق کا اظہار کیا ہے۔

دبستانِ شبلی اور دارالمصنفین کے ترجمان ماہنامہ معارف نے اقبال اور تفہیم اقبال میں بڑا اہم کردار ادا کیا ہے۔ معارف سے اقبال کے ربط وتعلق کا ذکر سابق میں آچکا ہے۔ ڈاکٹر محمد الیاس الاعظمی نے 'اقبال اور دبستانِ شبلی' میں شامل اپنے آخری مضمون 'اقبال اور ماہنامہ معارف' میں تلاش و تحقیق کا ایک منہج اور معیار متعین کیا ہے۔ اُنہوں نے معارف میں اقبال، آثارِ اقبال اور متعلقاتِ اقبال پر شائع ہونے والی جملہ تحریروں کو چھ مختلف زمروں میں تقسیم کر کے ایک مفید اشاریہ مرتب کیا ہے، جو علمی وفکری تغذیہ بھی فراہم کرتا ہے اور تلاش وتحقیق سلیقہ بھی سکھاتا ہے۔ وہ لکھتے ہیں:

''معارف کی اقبال شناسی کے درج ذیل پہلو ہیں:

1۔ کلامِ اقبال کی اشاعت 2۔ مکتوباتِ اقبال کی اشاعت 3۔ تجاویز اور مشورے 4۔ تصانیفِ اقبال اور فکرِ اقبال

پر مضامین و مقالات کی اشاعت 5۔اقبالیات پر پر لکھی جانے والی کتابوں کا مطالعہ و تجزیہ 6۔منظوم خراج عقیدت اوّل الذکر عنوان کے تحت اقبال کے ان شعری کلام کی نشان دہی کی گئی ہے،جن کو خود علامہ اقبال نے اوّلاً ماہنامہ معارف کے لیے ہی برائے اشاعت بھیجے تھے۔ان کا پہلا کلام 'ترانۂ اقبال' کے عنوان سے جون1918ء میں معارف میں طبع ہوا،جو دو اشعار کے اضافہ کے ساتھ بعد میں 'بانگِ درا' میں 'میں اور تو' کے نام سے شامل ہوا۔اقبال کا دوسرا کلام معارف کے اکتوبر1919ء کے شمارہ میں 'پولٹیکل گداگری' کے نام سے شائع ہوا،جس کو نام بدل کر بانگ درا میں 'دریوزہ خلافت' کے نام سے شامل کیا گیا۔اسی طرح اگست1923ء کے شمارے میں ایک کلام 'نغمۂ ساربان حجاز' اور فروری1924ء کے شمارے میں 'خلافت اور ترک وعرب' کے عنوان سے ایک تضمین شائع ہوئی۔اس طرح ان چاروں کی اوّلین اشاعت کا شرف ماہنامہ معارف کو حاصل ہوا۔

علامہ اقبال نے دارالمصنّفین کے ناظم اور ماہنامہ معارف کے مدیر کو ستر (70) خطوط لکھے ، جو شبلی ، دبستان شبلی ،سید سلیمان ندوی، دارالمصنفین اور معارف سے ان کے ربط وتعلق مظہر ہیں۔اسی طرح معارف نے اپنے شذرات میں اقبال شناسی کی ذہن سازی کی اور مطالعۂ اقبال کے مزاج کی تکوین میں نمایاں کردار ادا کیا اور تصانیفِ اقبال اور فکرِ اقبال پر ایک سو ساٹھ سے زائد مضامین اور مقالات شائع کر کے اقبالیاتی ادب کی سمت اور رفتار متعین کی۔ڈاکٹر محمد الیاس الاعظمی کا یہ اعتراف مبنی بر حقیقت ہے:

''----معارف کے مذکورہ مقالات کے جس قدر اثرات اقبال شناسی پر مرتب ہوئے وہ شاید ہی دنیائے ادب اردو کے کسی اور رسالے کے حصے میں آئے ہوں''۔

(اقبال اور دبستان شبلی،ص 192)

اقبال شناسی کے دور آغاز سے اب تک اقبال کے احوال وآثار اور فکر ونظر پر جو کتابیں لکھی گئی ہیں یا مجلّات کے خصوصی شمارے شائع ہوئے ہیں،ان کے جائزے اور نقد وتبصرے کے لیے بھی معارف کے صفحات مختص رہے ہیں اور یہ اقبال شناسی کی ایک نئی تعبیر رقم کرتے ہیں۔ڈاکٹر محمد الیاس الاعظمی نے اپنے مضمون میں اس زمرہ کی چورانوے تحریروں کی تفصیلات نقل کی ہیں۔

علامہ اقبال کی وفات (21اپریل1938ء) انسانی اور علمی دنیا کا ایک بڑا سانحہ رہی ہے۔چناں چہ اُن کو منظوم خراج عقیدت پیش کرنے ایک سلسلہ شروع ہوا۔ یہاں بھی ماہنامہ معارف کی اقبال شناسی اور معارف پروری سب پر مقدم تھی۔اس میں اقبال کی شخصیت اور فن پر متعد شعراء کی نظمیں شائع ہوئیں۔ڈاکٹر محمد الیاس الاعظمی نے مہ وسال کی تفصیلات کے ساتھ ان کی تعداد بارہ شمار کی ہے۔

'اقبال اور دبستان شبلی' کے آخری پیراگراف میں اختتامیہ کے انداز میں ڈاکٹر محمد الیاس الاعظمی لکھتے ہیں:

''دبستان شبلی کے اہل قلم نے فکر ونظر کی ہم آہنگی کے سبب اقبال کو ہمیشہ اپنا خیال کیا اور بانی دارالمصنفین سے نظریاتی ہم آہنگی کی وجہ سے علامہ اقبال اُن کے محبوب رہے۔اگر بنظر غائر دیکھا جائے تو علامہ اقبال دبستان شبلی ہی کے ایک فرد معلوم ہوتے ہیں۔شیخ محمد اکرم نے علامہ شبلی کو سرسید تحریک کے ردِعمل کا نتیجہ قرار دیا تھا۔

اگر یہ سچ ہے تو اقبال اس ردِعمل کا اصل نتیجہ قرار دیئے جانے کے مستحق ہیں''۔ (اقبال اور دبستان شبلی،ص 197)

ڈاکٹر محمد الیاس الاعظمی کی یہ کتاب تیس(30)معتبر اور مستند کتابوں اور متعدد مجلّات سے کا اختصار یہ ہے،جس میں ڈاکٹر اعظمی کے خون جگر کی حرارت،دقتِ نظر اور فہم وفراست کو بھی بخوبی محسوس کیا جا سکتا ہے۔ 200 صفحات پر مشتمل یہ کتاب اُتر پردیش اردو اکادمی لکھنؤ کے مالی اشتراک سے 2015ء میں شائع ہوئی ہے اور اقبالیاتی ادب کا اعلیٰ معیار پیش کرتی ہے۔

اسریٰ تسنیم۔ایم فل یونیورسٹی آف حیدرآباد

# حیدرآباد کی چند مشہور خواتین شعراء

برسوں پہلے خواتین کو تعلیم سے دور رکھ کر روایتوں پر انحصار سلوک روا رکھا جاتا تھا، اب خواتین کے توقیر کا زمانہ ہے، معیار زندگی میں برابر کی شریک سمجھا جاتا ہے، اعلیٰ تعلیم کے لیے تمام در کھول دینے ضروری سمجھا ہے۔ سرزمین دکن ابتداء ہی سے خوشبوؤں کی مہک سے سرشار ہے، علوم وفنون سے آراستہ یہاں کی خواتین کو یہ اعزاز رہا ہے کہ وہ برابر مردوں کے شانہ بہ شانہ چلتی آرہی ہیں۔ اردو ادب سے والہانہ لگاؤ ان کے شعری ادبی خدمات کو بلندیوں پر پہنچایا۔

## لطف النساء امتیاز

تحقیق نے یہ ثابت کردیا ہے کہ اردو کی پہلی صاحب دیوان شاعرہ مہ لقا چندا بائی نہیں بلکہ لطف امتیاز ہیں، جنہوں نے اپنا دیوان مرتب کیا تھا اس دیوان میں قریباً تمام اصناف غزلیات، قصائد مخمس، مسدس، رباعی، قطعہ، مثنوی اور مناقب ملتے ہیں۔ امتیاز نے اپنی ایک مثنوی میں جنہوں نے اپنے شوہر میر امد علی خان تمنا کے انتقال پر لکھی گئی تھی، اس میں جدائی غم کو انداز میں بیان کیا ہے۔ یہ مثنوی ۲۰۳ راشعار پر مشتمل ہے ۔

مہتاب کے آکے محفل میں ہو جلوہ گر
ترے بن تو ویراں ہے دل کا شہر

## مہ لقا چندا بائی

صاحب دیوان شاعرہ تھیں دیوان مرتب کیا تھا، بڑی باغ و بہار شخصیت تھیں۔ شگفتہ طبیعت اور حاضر جوابی میں یکتا تھیں، ان کے کلام میں آمد ہی آمد ہے۔ مہ لقا چندا بائی کو حضرت علیؓ سے بے پناہ محبت تھی۔ انہوں نے اپنی ۱۱۹ رغزلیات کے مقطعوں میں حضرت علیؓ سے دین ودنیا سے آسودگی کی التجا کی ہے۔ اپنی شاعری میں تصوف اخلاق اور نصیحت آمیز مضامین بھی شامل ہے۔ انہوں نے اپنی شاعری میں جذبات کے ساتھ ساتھ گہرائی و گیرائی بھی ہے ۔

کچھ کچھ نظر جو آتی ہے سیماب میں تڑپ
سیکھی ہے طرز دل سے میرے اضطرار کی
حاضر ہے ہم بھی گر ہو ارادہ بیاں کا
رکھتا ہو وصف اپنے میں وہ عزوجاہ کا

## ڈاکٹر شمع پروین

ڈاکٹر شمع پروین حیدرآباد کی مترنم شاعرہ رہی ہیں، کل ہند مشاعروں میں بھی اپنا کلام سنا کر داد حاصل کرتی رہیں۔ آپ کی غزلوں کو ساز پر پیش کیا گیا۔ شمع پروین کے کلام میں سادگی وسلاست کے علاوہ نغمگی وشیرینی بھی ہے، رومانی تصورات کے ساتھ عصری آگاہی کا شعور بھی ہے ۔

باد صبا کی طرح وہ آئے تھے خواب میں
پھولوں کو ہم نے چوم لیا تھا جواب میں
جب بے رخی سے پھیر لیں نظریں تو یوں لگا
پانی ملا دیا ہے کسی نے شراب میں

## تہنیت النساء بیگم تہنیت

حیدرآباد کی مشہور ومعروف نعت گو شاعر تہنیت النساء تہنیت، ڈاکٹر محی الدین قادری زورؔ کی شریک حیات تھیں۔ شاعری کا شوق بچپن سے ہی رہا ہے۔ انہوں نے حمد، نعت اور منقبتوں کو ہی ترجیح دی۔ غزل میں طبع آزمائی نہیں کی۔ تین نعتیہ شعری مجموعے ذکر وفکر ۱۹۵۵ء میں صبر وشکر ۱۹۵۶ء اور تسلیم ورضا ۱۹۵۹ء میں شائع ہوکر داد وتحسین حاصل کی۔ خواجہ حسن نظامی نے انہیں طوطی دکن کا خطاب عطا کیا تھا۔ مدینہ منورہ کی حاضری پر تہنیت کے اس شعر نے امجدؔ حیدرآبادی کو بہت متاثر کیا ۔

وقت رخصت ہم پہ جو گزری وہ اب تک یاد ہے
چھوڑتے ہی ان کا در تنہا نظر آنے لگا

## شفیق فاطمہ شعری

برصغیر کی مشہور و معروف شاعرہ رہی ہیں۔ حال ہی میں ان کا انتقال ہوا۔ ان کی شاعری حیدرآباد میں بے حد مشہور و مقبول رہی۔ شفیق فاطمہ کا گھرانہ یعنی ننھیال اور ددھیال ملی جلی تہذیب کی عکاسی کرتا ہے، جن پر تصوف اور شیعیت کا رنگ چڑھا ہوا تھا۔ عربی و فارسی کی تعلیم کے بعد بی اے کیا۔ منظوم تراجیح کے بعد ۱۹۵۱ء سے شاعری شروع کی۔

ممتاز کالج کی لکچرر رہیں، کئی رسائل چھپے، تین مجموعے کلام گلہ صفورا ۱۹۶۵ء میں آفاق نوا ۱۹۸۱ء اور سلسلہ مکالمات بھی شائع ہوئے۔ ایلورہ اجنتا کی نظموں سے دو شعر ملاحظہ ہوں ؎

تیرا نام لے کے سحر جاگتی ہے
تیرے گیت گاتی ہے تاروں کی محفل
تیری خاک پابند کاراز عظمت
تیری زندگی میرے خوابوں کی منزل

## صغریٰ عالم

صغریٰ عالم کی پیدائش ۱۹۳۸ء میں گلبرگہ شریف میں ہوئی، ایم اے تک تعلیم حاصل کی۔ درس و تدریس سے وابستہ رہیں، ادبی و تنقیدی مضامین لکھنے کا بہت شوق رہا۔ شاعری میں دلچسپی ابتداء سے رہی، حسن، خوشبو، درد، کرب اور خوشی و انبساط کو محسوس کرنا اور شاعری میں ڈھالنا مزاج بن گیا۔

آنکھ میں جب درد میرا صورت دل جائے گا
شاخ گریہ پر خوشی کا پھول بھی کھل جائے گا
پھول کی ایک مسکراہٹ میں خدا موجود ہے
درد دل میں صورت وصوت وصدا مل جائے گا
ایک ایک شخص بھی معصوم ہے صغریٰ عالم
آگ شہروں میں لگی کس نے لگائی لکھنا

## امتہ الکریم خورشید

امتہ الکریم خورشید، خورشید نذیر کے نام سے مشہور ہوئیں، نوعمری میں ہی شوہر کا انتقال ہوگیا۔ ان کی زندگی غم والم کے طوفان میں گھر گئی، چونکہ بچپن سے شاعری کا ذوق تھا، یہی ان کی زندگی کا سہارا بن گئی، تلخی حیات نے ان کے کلام سوز و گداز پیدا کر دیا۔ مشاعروں میں بھی شرکت کرتی رہیں وہ تحت اللفظ میں کلام سنایا کرتی تھیں ؎

دل کو میرے تیری الفت کا سہارا نہ ملا
زندگی جس میں ہو رقصاں وہ اشارہ نہ ملا
غرق دریا تو ہوئے کوئی کنارہ نہ ملا
ڈوبتوں کے لیے تنکے کا سہارا نہ ملا

## بشیر النساء بیگم بشیر

بشیر النسا بشیر دکن کی خاتون شعراء میں ممتاز اہمیت کی حامل تھیں۔ انہوں نے اردو شاعری کو ایک نیا رخ عطا کیا۔ نظم طبا طبائی، ابوظفر، عبد الواحد اور صفی سے اصلاح لیتی رہیں۔ ان کا ضخیم شعری مجموعہ ''آبگینہ شعر ۱۹۴۸ء میں شائع ہوکر مقبول ہوا۔ ڈاکٹر زور لکھتے ہیں کہ عہد حاضر کی وہ باکمال خاتون ہیں، جن کا کلام دنیائے ادب میں بڑی قدر کی نگاہوں سے دیکھا جاتا ہے۔ دو شعر ملاحظہ ہوں ؎

میرا ضمیر ہے بے تاب جستجو اس میں
جھلک رہی ہے میرے دل کی آرزو اس میں
بشیر کیا کہوں کیا شئے ہے آبگینہ شعر
میری سرشت ہے خود میرے روبرو اس میں

## لئیق فاطمہ شبنم

لئیق فاطمہ شبنم حیدرآباد کے ادبی حلقوں میں شعر و سخن کی نہایت کامیاب شاعرہ رہی ہیں۔ شبنم کے کلام تجربہ مشاہدہ اور فکر احساس نمایاں نظر آتا ہے۔ یاسیت کے ساتھ ساتھ زندگی کی رنگینیاں اور رعنائیاں اجاگر دکھائی دیتی ہیں۔ غزل ان کی محبوب صنف رہی ہے۔

پروفیسر شاہد نوخیز اعظمی ۔ صدر شعبۂ فارسی مولانا آزاد نیشنل اردو یونیورسٹی، حیدرآباد۔۳۲

# ''شبلی کی معرکتہ الآراء تحقیقی و تنقیدی تصنیف۔ شعرالعجم''

شعرالعجم علامہ شبلی کی معرکتہ الآراء تحقیقی و تنقیدی تصنیف ہے یہ فارسی ادب میں تنقید کی پہلی کتاب ہے اس سے قبل فارسی ادب میں تنقید کا رواج نہیں تھا صرف شعراء کے تذکرے ملتے ہیں جن میں انکے منتخب کلام کے نمونے اور مختصر حالات زندگی لکھے جاتے تھے۔ علامہ شبلی نے شعرالعجم لکھ کر فارسی ادب میں تنقید کی بنیاد ڈالی۔

شعرالعجم پانچ جلدوں پر مشتمل ہے پہلی تین جلدوں میں فارسی کے ممتاز شعراء کے حالات وکلام پر تبصرہ ہے۔ چوتھی اور پانچویں جلد میں فارسی شاعری کی تمام اصناف سخن پر مدلل بحث کی گئی ہے۔شعرالعجم کی چار جلدیں مولانا شبلی کی زندگی میں ہی شائع ہوئیں اور پانچویں جلد انکے وفات کے بعد دارالمصنفین کی طرف سے شائع ہوئی۔شعرالعجم کی تصنیف کا کام ۱۹۰۶ء میں شروع ہوا اسکے متعلق خود شبلی بحوالہ ''مولانا شبلی پرایک نظر'' صفحہ ۳۴ پر لکھتے ہیں:

''۲، مارچ ۱۹۰۶ء کو میں اس عمارت کا سنگ بنیاد رکھا لیکن بیچ بیچ میں موازنہ انیس و دبیر اور الندوہ سد راہ ہوئے یہاں تک کہ ستمبر ۱۹۰۷ء کی چھٹی تاریخ کو دور اول کا پہلا حصہ انجام پذیر ہوا۔''

باقی حصوں کی تالیف اور اشاعت کے متعلق سید سلیمان ندوی کی پانچوی جلد کے دیباچے کے صفحہ۳ پر لکھتے ہیں:

''۱۹۰۸ء میں شعرالعجم کی جلد اول زیر طبع تھی دوسری اور تیسری زیر تصنیف ۱۹۰۹ء کے آخیر میں دوسری اور ۱۹۱۰ء میں تیسری جلد شائع ہوئی۔

شبلی نے جنوری ۱۹۱۰ء کے الندوہ میں مندرجہ ذیل نوٹ لکھا تھا:

''شعرالعجم کا چوتھا حصہ زیر تالیف ہے لیکن وہ اسقدر بڑھ گیا ہے کہ اسکے دو حصے کر دینے پڑے ایک حصہ مطبع میں جا چکا ہے اور چھپ رہا ہے لیکن دوسرے حصہ کو میں نے روک لیا ہے کہ مجھ کو سب سے مقدم مہتمم بالشان کام یعنی سیرۃ النبی کی تالیف میں مصروف ہونا چاہئے اگر یہ کام انجام پا گیا تو شعرالعجم ہوتی رہیگی اسکی کیا جلدی ہے۔

مولانا سید سلیمان ندوی اسی نوٹ کا حوالہ دیکر شعرالعجم جلد پنجم صفحہ۳ پر لکھتے ہیں:

''اب یہی اوراق ممنوعہ چھ برس کے بعد دسمبر ۱۹۱۸ء میں شائع ہو رہے ہیں اور اس طرح سمجھنا چاہئے کہ شریعت حسن عشق کے یہ پانچوں صحیفہ تقریباً ۱۳، برس کے عرصہ میں بتدریج تکمیل کو پہونچے۔

شعرالعجم کی ان پانچوں جلدوں میں کیا ہے اس کی تفصیل خود علامہ شبلی کی زبانی شعرالعجم جلد اول صفحہ ۳ سے ملاحظہ ہو:

''کتاب کی اجمالی ترتیب یہ ہے کہ قدماء متوسطین اور متاخرین کے تین دور ہیں پہلا حظلہ سے لیکر نظامی پر تمام ہوتا ہے دوسرا اسماعیل سے حابی تک تیسرا فغانی سے لیکر ابو طالب کلیم تک کلیم کے بعد شاعری شاعری نہیں رہی جیشاں گرمی بن گئی ان دوروں کے لحاظ سے کتاب تین حصوں میں منقسم ہے چوتھے حصے میں شاعری پر عام ریویو ہے اور یہی حصہ گویا کتاب کی جان ہے اور اسکی روح رواں ہے۔

علامہ شبلی نے پہلے حصہ میں تمہید اور سبب تصنیف ،

شعر العجم کے مآخذ اور شعراء کی حقیقت بیان کرنے کے بعد رودکی، دقیقی، عنصری، فرخی، فردوسی، اسدی طوسی، منوچہری، حکیم سنائی، عمر خیام، انوری، اور نظامی کے حالات پر تبصرہ کیا ہے۔ دوسرے حصہ خواجہ فرید الدین عطار، کمال اسماعیل، شیخ سعدی، امیر خسرو دہلوی، سلمان ساوجی، خواجہ حافظ اور ابن یمین، اور تیسرے حصہ میں فغانی شیرازی، ملک الشعراء فیضی، عرفی، نظیری نیشاپوری، طالم آملی، صائب اصفہانی، اور ابو طالب کلیم کے حالات پر مفصل اور مدلل تبصرہ ہے چوتھے اور پانچویں حصے میں جو اس سلسلے کی جان ہے اور اس کتاب کی روح ہے شاعری کی حقیقت اور ماہیت ہے فارسی شاعری کی عام تاریخ شاعری پر تمدنی حالات اور دیگر اسباب کا اثر وغیرہ بتانے کے بعد فارسی کی رزمیہ شاعری پر ریویو ہے پانچویں حصہ میں بقیہ اصناف سخن یعنی قصیدہ، غزل، عشقیہ، صوفیانہ، فلسفانہ، اور اخلاقی شاعری پر تفریظ و تبصرہ ہے۔

جس زمانے میں علامہ شبلی شعر العجم کی تالیف و ترتیب میں مصروف تھے اسی موضوع پر ہندوستان اور یوروپ کے دو نامور مصنفین بھی مصروف کار تھے ہندوستان میں شمس العلماء مولانا محمد حسین آزاد اور انگلستان میں پروفیسر براؤن کی۔لٹریری ہسٹری آف پرشیا۔ مولانا آزاد کی سخندان پارس شائع ہوئی اور انگلستان سے پروفیسر براؤن کے لٹریری ہسٹری آف پرشیا لیکن علامہ شبلی کا معیار نقد ان دونوں سے الگ اور افضل تھا۔

آزاد کی سخندان پارس کے بارے میں ۶ مئی ۱۹۰۷ء کے ایک خط میں شبلی لکھتے ہیں۔ (بحوالۂ مکاتیب شبلی جلد اول صفحہ ۱۴۷)

''آزاد کا سخندان پارس حصہ دوم نکلا سبحان اللہ میرے شعر العجم کو ہاتھ نہیں لگایا۔''

علامہ شبلی شاعری کو ذوقی اور وجدانی چیز سمجھتے ہیں انکے خیال میں شاعری کی جامع اور مانع تعریف نہیں کی جاسکتی انکے نزدیک شاعری کا منبع ادراک نہیں احساس ہے اور یہی احساس جب الفاظ کا جامہ پہن لیتا ہے تو شعر بن جاتا ہے وہ شعر العجم جلد چہارم صفحہ ۸ پر لکھتے ہیں:

''شاعری اک آگ ہے جو خود بخود مشتعل ہوتی ہے
ایک چشمہ ہے جو خود ابلتا ہے ایک برق ہے جو خود کوندتی ہے۔''

علامہ شبلی کا خیال تھا کہ جو جزبات الفاظ کے ذریعہ سے ادا ہوں وہ شعر ہیں اس سے یہ پتہ چلتا ہے کہ شبلی شاعری میں جزبات کے قائل تھے جزبات کے بغیر شاعری کا وجود نہیں ہوتا جزبات سے مراد ہنگامہ و ہیجان پیدا کرنا نہیں بلکہ جزبات میں زندگی اور جوانی بیدار کرنا ہے۔ انکے خیال میں شاعری فنون لطیفہ میں بلند اور برتر حیثیت رکھتی ہے اور وہ سرخوشی بن کر حواس پر چھا جاتی ہے شبلی محاکات کی تعریف کرتے ہوئے شعر العجم جلد چہارم صفحہ ۸ پر لکھتے ہیں:

''محاکات کے معنی کسی چیز یا کسی حالت کا اس طرح ادا کرنا ہے کہ اس شئی کی تصویر آنکھوں میں پھر جائے۔''

شاعری کیلئے محاکات کی صلاحیت کا ہونا لازمی ہے اسکے لئے تخیل کی بلندی لازمی چیز ہے شاعری میں تخیل جس قدر بلند درجہ کا ہوگا اسی قدر شاعری اعلیٰ درجے کی ہوگی شعر و شاعری کی اہمیت کو واضح کرتے ہوئے شبلی نے تشبیہ و استعارہ کی اہمیت پر زیادہ زور دیا ہے تشبیہ و استعارہ کا حسن اسکی ندرت اور جدت میں ہے اس جدت کو اسلوب و طرز ادا کیا جاتا ہے نئے انداز کے بغیر شاعری میں دلکشی نہیں پیدا ہوتی انداز و اسلوب کی تعمیر میں الفاظ بڑا کام کرتے ہیں کیونکہ الفاظ کا حسن ہی شاعری کو دلکش بناتا ہے۔ شبلی کا خیال ہے کہ:

''شاعری انشاء پردازی کا مدار زیادہ تر الفاظ ہی پر ہے گلستان میں جو مضامین اور خیالات ہیں ایسے اچھوتے اور نادر ہیں لیکن الفاظ میں فصاحت اور ترتیب و تناسب نے ان میں جو سحر بیدار کر دیا انہیں مضامین یا خیالات کو معمولی الفاظ میں ادا کیا جائے تو سارا اثر جاتا رہیگا۔ (بحوالہ دار المصنفین کی ادبی خدمات صفحہ ۱۴۲)

علامہ شبلی نعمانی فارسی کے مشہور شاعر دقیقی کی عظمت کا اعتراف کرتے ہوئے شعر العجم جلد اول ۴۲ پر لکھتے ہیں:

''سب سے پہلے جس نے فارسی زبان کو عربی کی آمیزش سے پاک کر کے مستقل زبان کی حیثیت قائم کی وہ دقیقی ہی ہے اسکے سینکڑوں اشعار پڑھ جاؤ عربی کا لفظ نہیں آتا دقیقی کی بدقسمتی دیکھو کہ فخر کا تاج شہرت کے ہاتھوں نے اسے چھین کر فردوسی کے سر پر رکھ دیا اس نے بعض غزلیں مسلسل لکھیں ہیں اور یہ اس زمانے کے لحاظ سے بالکل نئی بات تھی جس کو لوگ نیچرل شاعری کہتے ہیں فارسی میں غالباً سب سے پہلے اس نے اسکی بنیاد قائم کی۔''

اسی طرح عنصری کے قصیدے کے متعلق شبلی شعر العجم جلد اول صفحہ ۶۲ پر لکھتے ہیں:

''عنصری نے ترجیح شراب میں جو قصیدہ لکھا وہ اس قدر مقبول ہوا کہ تمام شعراء مابعد نے اس کی تتبع میں قصائد لکھے۔''

اسی طرح فرخی کی شاعرانہ عظمت کا اعتراف کرتے ہوئے اسکا درجہ شعر العجم جلد اول صفحہ ۷۷ پر اس طرح متعین کرتے ہیں:

''فرخی اور قاآنی کا موازنہ کرو صاف نظر آئیگا کہ جو بات قاآنی کو ہزار برس کے بعد حاصل ہوئی فرخی کو اس وقت حاصل تھی، فرخی نے سلطان محمود کا جو مرثیہ لکھا وہ نہ صرف پردرد اور پرتاثیر ہے بلکہ اس فن کے تمام اصول اور آئین اسی سے قائم ہوسکتے ہیں۔''

اسی طرح فردوسی کے متعلق شعر العجم جلد اول ۱۷۵ پر رقم طراز ہیں:

''اس کی قدرت زبان دیکھو ساٹھ ہزار شعر لکھ کر ڈال دئے اور عربی الفاظ اس قدر کم ہیں کہ گویا نہیں ہیں شاہنامہ اگرچہ بظاہر رزمیہ نظم معلوم ہوتی ہے لیکن تمام واقعات کے بیان میں تفصّل سے ہر قسم کے حالات آتے جاتے ہیں کہ کوئی شخص چاہے تو صرف شاہنامہ کی مدد سے اس زمانے کی تہذیب وتمدن کا پورا پتہ لگا سکتا ہے اس کو تقدس کا دعویٰ نہیں لیکن حسن وعشق کا کہیں موقع ہوتا ہے تو وہ آنکھیں نیچی کر لیتا ہے اور صرف واقعہ نگاری کے فرض کے لحاظ سے ایک سرسری غلط انداز نگاہ ڈالتا ہوا گزر جاتا ہے عام خیال ہے کہ وہ بزم اچھی نہیں لکھتا لیکن شاہنامہ میں جہاں جہاں بزم کا موقع آیا ہے شاعری کا چمن زار نظر آتا ہے شاعری کا اصل کمال واقعہ نگاری اور جزبات انسانی کا اظہار ہے ان دونوں باتوں میں وہ تمام شعراء کا پیشرو اور امام ہے۔''

اسی طرح اسدی طوسی کی شخصیت کو صرف ایک جاندار جملے میں شعر العجم جلد اول کے صفحہ ۱۵۹ پر اس طرح مقید کرتے ہیں:

''اسدی طوسی اقلیم سخن رزم کا دوسرا تاجدار ہے۔''

اور منوچہری کی عظمت شعر العجم جلد اول ۱۷۵ پر اس طرح بیان کرتے ہیں:

''منوچہری شعراء عرب کی زیادہ تر تقلید کرتا ہے وہ حلیہ نگاری منتخبات کا موجد ہے۔''

اسی طرح رباعی کے مشہور شاعر عمر خیام کے متعلق شعر العجم جلد اول ۲۰۶ پر لکھتے ہیں:

''یہ عجیب بات ہے کہ خیام فلسفہ میں نجوم میں فقہ میں ادب میں تاریخ میں کمال رکھتا تھا لیکن اس کے ستاروں کے ساتھ اسکا افق شہرت بالکل تاریک ہے جس چیز نے آٹھ سو برس تک اسکے نام کو زندہ رکھا وہ چند فارسی رباعیاں ہیں اور یہی اسکی شہرت کے بال و پر ہیں ان رباعیوں کے ساتھ مسلمانوں نے جس قدر اعتنا کیا اس ہزاروں درجے بڑھکر یوروپ نے کیا۔''

علامہ شبلی نعمانی فارسی کے مشہور شاعر انوری کو فردوسی اور سعدی کے ہم پایہ تسلیم نہیں کرتے اسکو شعریت ہجو کا پیغمبر قرار دیتے ہوئے اسکے متعلق شعر العجم جلد اول ۱۴۸ پر لکھتے ہیں:

''ایران میں تین شاعر پیغمبر سخن تسلیم کیے گئے فردوسی، انوری اور سعدی لیکن اس سے بڑھ کر کیا ظلم ہوسکتا ہے کہ فردوسی اور سعدی کے پہلو میں انوری کو جگہ دی گئی وہ قصیدہ گوئی

کا پیغمبر سمجھا جاتا ہے جس طرح فردوسی اور سعدی مثنوی اور غزل میں یکتا تھے لیکن قصیدہ کا جو انداز چلا آتا تھا اس پر انوری نے کچھ اضافہ نہیں کیا انوری کے پیغمبری کے ثبوت میں کوئی معجزہ موجود نہیں ہے انوری کا سرمایہ فخر ہجو ہے۔ کچھ شبہ نہیں کہ اگر ہجو گوئی کی کوئی شریعت ہوتی تو وہی اسکا پیغمبر ہوتا۔''

مثنوی کے مشہور شاعر نظامی گنجوی کے متعلق شعرالعجم جلد اول ۲۵۵ پر فرماتے ہیں:

''نظامی نے پانچ مختلف بحروں میں مثنویاں لکھیں جس کی تقلید اس وقت سے آج تک تمام بڑے بڑے شعراء کرتے آئے ہیں وہ پہلے شخص ہیں جنہوں نے ترکیبوں میں چستی اور کلام میں زور بلندی اور شان وشوکت پیدا کی انکی قوت تخیل بڑی اور زبردست ہے شعر کے سینکڑوں انواع ہیں لیکن بڑی قسمیں یہ ہیں رزمیہ، عشقیہ، فلسفیانہ، اخلاقی، جزبات انسانی کا اظہار اور مناظر کی تصویر ان میں ہر نوع کو نظامی نے لیا اور معراج ترقی تک پہونچا دیا، جزبات انسانی کی شاعری کو جس رتبہ پر نظامی نے پہونچا دیا فردوسی بھی اس خصوصیت میں اسکی ہمسری کا دعویٰ نہیں کرسکتا۔''

شبلی صوفیانہ شاعری میں فرید الدین عطار کے مرتبے کے متعلق شعرالعجم جلد اول ۱۰۰ پر لکھتے ہیں:

''صوفیانہ شاعری کے چار ارکان ہیں سنائی، اوحدی، مولانا روم اور فرید الدین عطار خواجہ صاحب نے تصوف کے جو خیالات ادا کئے ہیں وہ حکیم سنائی سے زیادہ دقیق نہیں لیکن زبان اس قدر صاف ہے کہ اس وصف کا گویا ان پر خاتمہ ہوگیا ہر قسم کے خیالات اس بے تکلفی، روانی اور سادگی سے ادا کرتے ہیں کہ نثر میں بھی اس سے زیادہ صاف ادا نہیں ہوسکتے اسکے ساتھ قوت تخیل بھی اعلیٰ درجے کی ہے بہت سے نئے مضامین پیدا کئے اور جو پہلے بندھ چکے تھے انکو ایسے نئے پہلو سے ادا کرتے ہیں کہ بالکل نیا مضمون معلوم ہوتا ہے۔''

فارسی کے مشہور ترین شاعر سعدی شیرازی کے متعلق علامہ شبلی نعمانی شعرالعجم جلد دوم صفحہ ۹۵ پر رقم طراز ہیں:

''وہ پہلے شخص ہیں جنہوں نے غزل میں زاہدوں اور واعظوں کا پردہ فاش کیا ان کے بعد اگر چہ غزل میں بہت ترقی ہوئی خواجہ حافظ نے اس عمارت کو اس قدر بلند کردیا کہ طائر خیال بھی وہاں تک نہیں پہونچ سکتا لیکن غور سے دیکھو تو اکثر مضامین اور طرز خیال کی داغ بیل شیخ نے ڈالی تھی وہ فطرتاً شاعر تھے زبان خداداد تھی ان باتوں نے مل کر انکی غزل میں یہ اثر پیدا کیا کہ تمام ایران میں آگ لگ گئی۔''

اسی طرح امیر خسرو کے متعلق شعرالعجم جلد اول ۱۴۱ پر لکھتے ہیں:

''ہندوستان میں چھ سو برس سے آج تک امیر خسرو کے درجے کا جامع کمالات پیدا نہیں ہوا اور سچ پوچھو تو اس قدر گوناگوں اوصاف کے جامع ایران اور روم کی خاک نے بھی ہزاروں برس کی مدت میں دو چار ہی پیدا کئے۔''

فارسی غزل کے بادشاہ حافظ شیرازی کی شاعری پر تبصرہ کرتے ہوئے علامہ شبلی شعرالعجم جلد دوم صفحہ ۲۱۹ پر لکھتے ہیں:

''حافظ شیرازی کو شاعری کے تمام اصناف پر قدرت حاصل تھی انکے قصیدے بھی کم نہیں مثنوی میں جو صفائی لطافت اور زور ہے کہ نظامی اور سعدی کا دھوکہ ہوتا ہے لیکن ان کا اصلی اعجاز غزل گوئی ہے یہ عموماً مسلم ہے کہ عالم وجود میں آج تک کوئی شخص غزل میں انکا ہمسر نہیں ہوسکا۔''

اسی طرح شعرالعجم کی تیسری جلد میں ہندوستان کے باکمال شعراء کا ذکر کرتے ہوئے عرفی شیرازی کے متعلق اپنی رائے شعرالعجم جلد سوم صفحہ ۹۷ پر اس طرح قائم کرتے ہیں:

''زور کلام جس کی ابتداء نظامی نے کی، اس کی کمال کے درجے تک پہونچا دیا اس نے سینکڑوں نئی نئی ترکیبیں اور نئے نئے استعارے پیدا کئے جن سے جدت اور طرفگی کے علاوہ نفس مضمون پر خاص اثر پڑا دوست اور دشمن دونوں نے اسکی

مضمون آفرینی اور نازک خیالی کا اقرار کیا اسکا ہر شعر جدت کی ایک نئی مثال ہے اسکا زور طبع اور فصاحت و بلاغت اور سوز وہاں نظر آتا ہے جہاں وہ قصائد میں کوئی مسلسل مضمون ادا کرتا ہے۔''

اسی طرح نظیری کے متعلق شعرالعجم جلد سوم ۱۲۹ پر لکھتے ہیں:

''الفاظ کے تراشنے کی شریعت کا اولوالعزم پیغمبر نظیری ہے۔''

اسی طرح فارسی کے مشہور شاعر صائب کا تذکرہ شعرالعجم جلد سوم صفحہ ۱۸۱ پر کرتے ہیں:

''ایران کی شاعری رودکی سے شروع ہوئی اور مرزا صائب پر ختم ہوگئی اسکا خاص انداز تمثیل ہے تمثیل کا طریقہ پہلے بھی تھا لیکن صائب نے اس کثرت سے اسکو برتا کہ اسکی چیز ہو گئی اسکو اس نے اخلاقی مضامین کیلئے خاص کر دیا۔''

علامہ شبلی ابو طالب کلیم کی شاعری پر تبصرہ کرتے ہوئے اس طرح شعرالعجم جلد چہارم صفحہ ۷۷ پر غور وفکر کی دعوت دیتے ہیں:

''اس نے قصائد میں عرفی اور نظیری کی پیچیدہ اور مشکل بندشیں صاف کر دیں مبالغہ اور حسن تعلیل کو وسعت دی لیکن اسکے ساتھ قصیدہ کی متانت زور اور بلندگی کم ہوگئی اور غزلیت کا رنگ غالب آ گیا اسکا اصل کمال غزل گوئی ہے لیکن اسکا خاص رنگ مضمون بندی اور خیال آفرینی ہے۔''

شعرالعجم کی چوتھی جلد میں شعر و شاعری کی عظمت ایران میں شاعری کیونکر پیدا ہوئی فارسی شاعری کا اثر عرب پر وغیرہ جیسے عنوانات کے علاوہ لطافت الفاظ حسن ترکیب لطافت خیال اور پھر فردوسی کے شاہنامہ پر علامہ شبلی نے بہت ہی ناقدانہ و فاضلانہ تبصرہ کیا ہے شاعری پر آب وہوا اور سرسبزی و شادابی کے جو جو خیالات رونما ہوتے ہیں انکے متعلق علامہ شبلی شعرالعجم جلد پنجم صفحہ ۱ پر لکھتے ہیں:

''ملک کی آب وہوا سرسبزی وشادابی کا اثر خیالات پر پڑتا ہے اور اس ذریعے سے انشاء پردازی اور شاعری تک پہونچتا ہے عرب جاہلیت کا کلام دیکھو تو پہاڑ صحرا جنگل بیابان دشوار گزار راستے ببولوں کے جھنڈ پہاڑی جھاڑیاں یہ چیزیں انکی شاعری کا سرمایہ ہیں لیکن یہی عرب جب بغداد میں پہونچے تو انکا کلام چمنستان اور سنبلستان بن گیا۔''

شعرالعجم کی پانچویں جلد میں شاعری کے تمام اصناف پر مدلل تبصرہ ہے اور ہر صنف کے ارتقاء اور خصوصیات پر تبصرہ اور نقد بھی کیا ہے۔

قصیدہ کے باب میں شبلی شعرالعجم جلد پنجم صفحہ ۲ پر رقم طراز ہیں:

''جس زمانہ میں شاعری کا آغاز ہوا عرب شاعری مدحیہ قصائد پر محدود تھی اسلئے ایرانی شعراء نے بھی انہیں کی تقلید کی ہے اسکے ساتھ صلہ اور انعام کی توقع صرف قصیدہ سے ہوسکتی ہے یہ اسباب تھے کہ ایران نے سب سے پہلے قصیدہ گوئی سے ابتداء کی۔''

فارسی قصیدہ نگاری کی بنیاد چونکہ مادی نفع پر پڑی اس لئے اس سے وہ کام نہیں لیا جاسکا جو اس سے لیا جاسکتا ہے اس سلسلے میں شبلی نے بڑی خوبی سے تجزیہ شعرالعجم جلد پنجم صفحہ ۳۲ پر کیا ہے:

''قوموں کا بننا ابھرنا انکے جزبات کا تازہ اور مشتعل ہوتے رہنا اس بات پر موقوف ہے کہ انکے اوصاف کی صحیح داد دی جائے ان کے کارنامے نمایاں اور اجاگر کئے جائیں انکا ہر کام تاریخی صفحات پر چمکا دیا جائے۔''

آگے چل کر پھر قصیدہ کی خصوصیات واضح کرتے ہوئے علامہ شبلی شعرالعجم جلد پنجم صفحہ ۳۲ پر لکھتے ہیں:

''عرب شعراء نے جن لوگوں کا ذکر قصیدہ میں کر دیا ہے انکا نام آج تک زندہ ہے ایرانی شعراء نے اپنے ممدوحوں کی شان میں زمین اور آسمان کے قلابے ملا دئے لیکن ان کا نام بھی کوئی نہیں جانتا۔''

شبلی نے فارسی کے مشہور قصیدہ نگاروں مثلاً انوری، ظہیر فاریابی، خاقانی، کمال اسماعیل، محتشم کاشی، سنجر کاشانی، عرفی، قدسی، مشہدی، قاآنی، غالب، وغیرہ کے قصائد پر سنجیدہ اور متوازن تبصرہ کیا ہے۔

شبلی غزل کے باب کی ابتداء شعرالعجم جلد پنجم صفحہ ۵۲ پر میں اس طرح کرتے ہیں:

''عشق و محبت انسان کا خمیر ہے اس لیے جہاں انسان ہے عشق بھی ہے اور چونکہ کوئی قوم شاعری سے خالی نہیں اسلئے کوئی قوم عشقیہ شاعری سے خالی نہیں ہوسکتی۔''

آگے چل کر غزل اور قصیدہ کا موازنہ کرتے ہوئے شعرالعجم جلد پنجم صفحہ ۳۵ پر لکھتے ہیں:

''غزل کو ایک مدت تک قصیدہ کے مقابلے میں عروج حاصل نہ ہوسکا کیونکہ شروع میں غزل کا اصلی عنصر قصیدہ ہی تھا قصیدہ میں ممدوح کی تعریف کی جاتی ہے اور غزل میں معشوق کی غزل کی تحریک عشق و محبت کے جزبات سے ہوتی ہے لیکن ایران میں مدت تک جنگی جزبات کا زور رہا۔''

غزل کی ترقی کے اسباب سے بحث کرتے ہوئے شبلی شعرالعجم جلد پنجم صفحہ۲ پر لکھتے ہیں:

''غزل کی ترقی کی تاریخ تصوف سے شروع ہوتی ہے تصوف کا تعلق تمام تر واردات اور جزبات سے ہے اور اسکی تعلیم کی پہلی ابجد عشق و محبت ہے تصوف کی ابتداء اگرچہ تیسری صدی میں ہوئی ہے لیکن پانچوی صدی اسکے اوج شباب کا زمانہ ہے اور یہی زمانہ غزل کی ترقی کا پہلا نوروز ہے۔''

فارسی غزل کا تزکرہ کرتے ہوئے علامہ شبلی نے رودکی، دقیقی، سنائی، اوحدی، مراغی، عطار، روم، عراقی، سعدی، سلمان، خواجو، حافظ، فغانی نظیری، ظہوری، طالب آملی، کلیم، ناصر، اور بیدل کی غزلیہ شاعری پر بہت ہی جامع تبصرہ کیا ہے۔

شعرالعجم کی اہمیت، عظمت، اور مخالفت

علامہ شبلی کا تنقیدی و تحقیقی شعور بہت نکھرا ہوا تھا عربی اردو اور فارسی ادبیات میں انہیں عبور حاصل تھا انہیں شعر و ادب سے بہت لگاؤ تھا انہوں نے تنقید کے عملی و نظری دونوں پہلوؤں کی طرف توجہ کی انکا خاص میدان شاعری کی تنقید ہے انہوں نے شاعری کے اصولوں پر بحث کیا اصناف سخن کے اصول وضع کئے اور شاعری پر عملی تنقید بھی کی انکی معرکتہ الآراء تنقیدی تصنیف شعرالعجم اس لحاظ سے خصوصیت کے ساتھ اہمیت رکھتی ہے انکی اس تصنیف کو سامنے رکھکر انکے انداز تنقید کا صحیح اندازہ لگایا جا سکتا ہے انہوں نے اسمیں جو تنقیدی نظریات پیش کئے ہیں اور انمیں سے ہر ایک پر بصیرت افروز اور خیال انگیز بحث کی ہے وہ قابل داد ہے انکا انداز بحث منطقی اور استدلالی ہے انہوں نے جو باتیں بھی کہی ہیں دلیل کے ساتھ کہی ہیں یہی وجہ ہے کہ انکی یہ بحث مشکل، خشک اور بے مزہ نہیں ہے۔ وہ شعرالعجم کی ابتداء اس شاعرانہ اور خطیبانہ انداز سے کرتے ہیں۔

''اسلام ایک ابر تھا اور سطح خاک کے ایک ایک چپے پر برسا۔''

علامہ اقبال 'ادیب' علیگڑھ ۱۹۶۰ء کے صفحہ ۱۳۲ پر شبلی اور شعرالعجم کے متعلق لکھتے ہیں:

''میرے نزدیک شبلی میں ایسی نادر صفات موجود ہیں جنہوں نے انکو شعرالعجم کے مصنف بننے کا اہل بنایا اوّل تو انکی تاریخ دانی دوم انکی عربی دانی سوم شعر و سخن کا صحیح مذاق اور خود شاعر ہونا۔''

شعرالعجم کے متعلق مہدی افادی بحوالہ دارالمصنفین کی ادبی خدمات صفحہ ۱۹۲ پر لکھتے ہیں:

''شعرالعجم تنقید عالیہ (ہائی کریٹسزم) کا بہترین نمونہ ہے بلکہ انہیں اصرار ہے کہ صرف اردو لٹریچر میں نہیں بلکہ مشرق کی کسی زبان میں اس پایہ کی تصنیف موجود نہیں اور یہ دنیا کی شیریں زبان کی جزباتی لٹریچر کا ایک خوبصورت مرقع ہے۔''

شعرالعجم کی تاریخی غلطیوں اور واقعات کے عدم صحت کے بعض ناقدین نے گرفت کی ہے جسمیں محمود شیرانی کا

نام قابل ذکر ہے انہوں نے اپنی کتاب تنقید شعر العجم میں شبلی کی بعض تاریخی غلطیوں کی نشاندہی کی ہے لیکن کئی جگہ پر انکا قلم غیر محتاط ہوگیا ہے اور انکی تحریروں سے شبلی کی مخالفت کی بو آتی ہے پروفیسر کلیم الدین شبلی کی تنقید نگاری کے بارے میں اردو تنقید پر ایک نظر میں صفحہ ۱۰۷ پر لکھتے ہیں:

''کہنا پڑتا ہے کہ شبلی کا زاویہ نظر شبلی کی تنقید کا ساز و سامان شبلی کا اسلوب انکی سب چیزوں میں پرانی تنقید کی صاف کارفرمائی ہے نئی تنقید کے اصول نئی تنقید کا زاویہ نظر نئی تنقیدی تکنیک یہ سب چیزیں کہیں نہیں ملتیں۔''

ان سب تنقیدوں کے باوجود مولانا شبلی کی فضیلت علمی مسلم ہے مولانا کا اصل شاہکار شعر العجم کا چوتھا اور پانچواں حصہ ہے اور انہیں حصوں سے مولا شبلی کی جامعیت دقت نظری بلندی مزاق فارسی زبان کے صحیح ذوق اور قوت انشاء پردازی کا صحیح اندازہ ہوتا ہے انکا اصل مقصد تذکرہ الشعراء لکھنا نہیں تھا جہاں تک محمود شیرانی اور اسلم جیراجپوری کی تنقید کا سوال ہے یہ حقیقت ناقابل تردید ہے کہ شبلی علم وادب کے جن جن میدانوں سے ایک شہ سوار کی طرح فاتحانہ انداز میں گزر جاتے ہیں انمیں سے اکثر و بیشتر میدانوں میں جیراجپوری اور شیرانی قدم بھی نہیں رکھ سکتے اس سلسلے میں مولانا سید سلیمان ندوی کی یہ رائے بالکل درست ہے کہ شعر العجم صحیفہ حسن وعشق ہے واقعات کی کھتونی نہیں۔

سید صباح الدین عبدالرحمان شعر العجم کی تقدس میں اضافہ کرتے ہوئے اسکے متعلق مولانا شبلی پر ایک نظر کے صفحہ ۹۶ پر لکھتے ہیں کہ:

''یہ جلدیں اردو زبان و ادب کی تو نہیں لیکن اردو زبان وادب میں تنقید نگاری کی زبور اور توریت کی حیثیت رکھتی ہیں جنکے ذریعہ سے شعر فہمی کی آیات معلوم ہونگی۔''

محمود شیرانی اپنی کڑی تنقیدوں کے باوجود شبلی اور شعر العجم کی عظمت کا اعتراف کرتے ہوئے اردو ادب میں فن سوانح نگاری کا ارتقاء کے صفحہ ۱۵ پر لکھتے ہیں کہ:

''علامہ شبلی زمانہ حال کے ان چند مستند فاضل میں سے ہیں جن کا وجود مسلمانوں کیلئے ہمیشہ مایہ ناز رہیگا انکی متعدد تصانیف نے آسمان علم پر انکو آفتاب بن کر چمکایا اب تک فارسی اور اردو میں جسقدر کتابیں لکھی گئی ہیں شعر العجم انمیں بغیر کسی استنباد کے بہترین تالیف مانی جاسکتی ہے۔''

ابو ہریرہ یوسفی۔ پورہ معروف مئو یوپی

# سوشل میڈیا کا صحیح استعمال استفادہ کا بہترین ذریعہ

سوشل میڈیا ایک ایسا آلہ کار ہے، جو استعمال کرنے والوں کو تصاویر ویڈیوز اشتراک کرنے، اظہار رائے، تبادلہ خیال اور ایک دوسرے سے تعلقات قائم کرنے کی کھلی آزادی دیتا ہے، یہی وجہ ہے کہ اس کی مقبولیت میں روز افزوں اضافہ ہوتا چلا جا رہا ہے اور دورِ جدید میں اس کا استعمال بھی بکثرت ہونے لگا ہے، ہر خاص و عام اور چھوٹے بڑے، حتی کہ کم سن بچوں کے بھی اوقات فیس بک اور وہاٹس ایپ پر صرف ہونے لگے ہیں اور اب تو انتہائی مصروف ترین انسان بھی اپنا کچھ نہ کچھ وقت سوشل میڈیا پر دینے لگا ہے۔

سوشل میڈیا کی بدولت پوری دنیا انگلی کی جنبش پر آ چکی ہے، گویا پوری دنیا مٹھی میں ہوگئی ہے، ہم جب چاہیں دنیا کے کسی بھی ملک کے حالات و اخبار پر سیکنڈوں میں نظر رکھ سکتے ہیں اور دنیا کے کسی بھی شخص سے اپنا رشتہ قائم کر سکتے ہیں۔

ویسے سوشل میڈیا کو یکسر نقصانات کا باعث نہیں قرار دیا جا سکتا ہے اور نا ہی مکمل فوائد کا ذریعہ کہا جا سکتا ہے، تاہم اس کا استعمال خود پر منحصر ہے، جس طریقے سے ہم استعمال کریں گے، اسی کے مطابق اس کے ثمرات ظاہر ہوں گے، اس کے ذریعہ اچھے مقاصد بھی حاصل کیئے جا سکتے ہیں، چنانچہ دیکھا جا رہا ہے کہ اس وقت سوشل میڈیا میں وہ نیک بندے بھی دلچسپی لینے لگے ہیں، جن کے بائیں کندھے پر بیٹھے فرشتے کو برائی لکھنے کا موقع ہی نہیں ملتا، ایسے نیک لوگ سوشل میڈیا کا استعمال کرتے ہیں، پھر بھی وہ گناہوں سے مبرا رہتے ہیں، اس لئے کہ وہ اچھے طریقے سے استعمال کرتے ہیں، ایسے افراد کو دوست نہیں بناتے ہیں، جو غلط تصاویر اور ویڈیوز شیئر، پسند اور اس پر تبصرہ کرتے ہیں، وہ لایعنی پیج کو لائک نہیں کرتے ہیں، کسی فرضی یا لڑکی کے نام اکاؤنٹ سے آئی درخواست کی توثیق نہیں کرتے ہیں اور فحش مواد پر مبنی سائٹس پر نہیں جاتے ہیں، اس طریقے سے سوشل میڈیا استعمال کرنے والوں کے لئے فائدہ مند ہے، تاہم ایسے لوگوں کی تعداد آٹے میں نمک کے برابر ہے، زیادہ تعداد ان لوگوں کی ہے، جو صرف وقت کے ضیاع کے علاوہ کچھ حاصل نہیں کرتے ہیں، وہ محض ذاتی اور دوسروں کی تصاویر ہی شائع کرتے ہیں، بعض مرتبہ کم تعلیم یافتہ نوجوان بلا تحقیق فرضی خبریں اور فرضی احادیث حضور صلی اللہ علیہ وسلم کی طرف منسوب کر کے پوسٹ کرتے ہیں، ایسی حرکت کرنے والے اپنے لیے آخرت میں جہنم تیار کرتے ہیں۔

مسلم سماج کی نئی نسل ایسی بھی ہے، جو عریاں تصاویر زنا کاری کی ویڈیوز لائک اور اشتراک کرنے میں ذرا بھی شرم محسوس نہیں کرتے، ایسی ناشائستگی کرنے والے جان لیں کہ یہ ایسا گناہ ہے، جس کا سلسلہ خدا جانے کب تک جاری رہے گا، اس لئے کہ ہماری شیئر کی ہوئی چیزیں اپنے اکاؤنٹ تک محدود نہیں رہتی ہیں، بلکہ اس کی شیئرنگ کا دائرہ شبانہ روز وسیع ہوتا چلا جاتا ہے، بے شمار لوگ ہماری پوسٹس کو دیکھتے ہیں، پھر وہ بھی شیئر کر دیتے ہیں، اگر ہم اس کو حذف کرنا بھی چاہیں تو انتہائی مشکل ہے، ذاتی آئی ڈی سے تو ختم کرنا آسان ہے، لیکن ان

سیکڑوں اور ہزاروں لوگوں کے اکاؤنٹ سے کس طرح حذف کرنا ممکن ہے، جنہوں نے ہماری پوسٹ کو محفوظ کر کے شائع کیا ہے، لہٰذا ہم ذاتی طور پر گناہ کے مرتکب ہوئے ہی، دوسری طرف ان لاتعداد لوگوں کے گناہوں کا بوجھ بھی ہمارے سر آئے گا اور اس سنگین گناہوں کا سلسلہ نہ جانے کب تک جاری رہے گا، اس لئے ہمیں فحش اور گناہ کی موجب چیزیں سوشل میڈیا پر اشتراک کرنے سے ہر ممکن گریز کرنا چاہئے اور اس کا استعمال صحیح اور محتاط انداز میں کرنا چاہئے۔

مشاہدے سے یہ بات واضح ہے کہ سوشل میڈیا کے ذریعہ بہت سارے فتنے بھی ابھر رہے ہیں، چنانچہ آج کل فیس بک اور وہاٹس ایپ پر ایسے لوگ بھی ہیں، جن کا مشغلہ دوسرے مکتبہ فکر کے خلاف تحریریں ارسال کر کے ملت میں انتشار پھیلانا ہے، نتیجہ یہ ہوتا ہے کہ اپنے مسلک کے حامی حضرات اس کے خلاف تبصرہ کرتے ہیں اور یہ سلسلہ تبصرہ طول پکڑتے پکڑتے گالی گلوج کے ساتھ ساتھ بعض مرتبہ اسلافِ دین اور مذہبِ اسلام کی توہین تک پہنچ جاتا ہے، بعض مرتبہ دانستہ طور پر کسی مذہب اور اس کے پیشوا کے خلاف نازیبا الفاظ اور قابلِ اعتراض تصاویر کے ذریعہ لوگوں کو مشتعل کیا جاتا ہے اور بات فساد کی صورت اختیار کر جاتی ہے۔

سوشل میڈیا پر ایک اور فتنہ تیزی سے وائرل ہو رہا ہے، بہت سے لوگ بحوالہ حدیث لکھ کر بھیجتے ہیں اور اس کے نیچے لکھا رہے گا کہ نبی کریم صلی اللہ علیہ وسلم نے فرمایا ہے کہ جو شخص اس حدیث کو شیئر کرے گا، دوسروں تک پہنچائے گا، اس کے اوپر جنت واجب ہے، واضح رہے کہ کسی بھی حدیث کے نیچے اس طرح کے لکھے جملے منقول نہیں ہیں۔

دوسری طرف کلمہ طیبہ یا کچھ عربی کلمات لکھ کر بھیجا تا ہے اور اس کے اوپر یا نیچے لکھا رہے گا کہ اگر آپ نے اس کو سات یا دس لوگوں تک پہنچایا تو آپ کے گھر میں خوش حالی آئے گی، نوکری لگ جائے گی اور ہر تمنا کی تکمیل ہو جائے گی اور ایک شخص نے اس کو دیکھنے کے باوجود نظر انداز کر دیا، جب صبح اٹھا تو اس بیٹا مر گیا، شام ہوئی تو اس کی بکری مر گئی۔ افسوس اس وقت ہوتا ہے، جب تعلیم یافتہ لوگ ایسی باتیں شوسل میڈیا کے حوالے کرتے ہیں، اس لئے ہمیں ایسی باتوں پر توجہ نہیں دینی چاہئے اور نا ہی اس پر اعتماد کر کے شیئر کرنی چاہئے۔

آج کل ایسی علمِ غیب اور مستقبل کی خبریں دینے والی مختلف قسم کی سائٹس بھی منظر عام پر آ رہی ہیں، جس میں لکھا رہے گا کہ اس لنک پر کلک کریں اور جانیں کہ آپ کب کیسے اور کس حال میں مریں گے، مزید کتنے سال زندہ رہیں گے، آپ کی شادی کس غنی لڑکی سے ہوگی، آپ کس عمر میں انتہائی مالدار ہوں گے، آئندہ آپ کی کس بڑی شخصیت اور حکمراں سے ملاقات ہوگی، آپ کس قابل شخصیت کے مالک ہیں، آپ کے اندر کون کون سی صلاحیت موجود ہے، کس بنیاد پر آپ کے دوست آپ کو پسند و ناپسند کرتے ہیں۔ اس طرح کے بے شمار اردو میں لکھے جملے بطور نجومی سوشل میڈیا پر نظر آتے ہیں، جس پر تیزی سے ہمارے ایمان والے بھائی بہن سرچ کرتے ہیں اور ہم اپنا مستقبل جاننے کے لئے اس پر یقین کرتے ہیں، جب کہ مستقبل اور غیب کا علم صرف اللہ کو ہے اور جو ایسی باتیں بتانے کا دعویٰ کرے، پھر اس پر کسی مسلمان کا اعتبار کرنا، حدیث میں اس کی ممانعت آئی ہے اور یہ ایمان کے لئے خطرہ بھی ہو سکتا ہے، لہٰذا ہمیں اس طرح کی سائٹس کو ناقابل اعتبار سمجھنا چاہئے اور اس کی تردید بھی کرنی چاہئے، مگر بسا اوقات مذہبی تعلیم یافتہ لوگ بھی ایسی کفریہ سائٹ پر اپنا مستقبل معلوم کرتے ہیں اور اس کو فیس بک پر شیئر بھی کر دیتے ہیں۔

اس تناظر میں اگر دیکھا جائے تو سوشل میڈیا کے فوائد کم اور نقصانات زیادہ سامنے آ رہے ہیں، نئی نسل کا مستقبل سوشل میڈیا تنزلی کی طرف لے جا رہا ہے، ان کے قیمتی اوقات زیادہ تر اسی پر ضائع ہو رہے ہیں، پیسے کی بربادی، تعلیمی معیار میں کمی، مطالعہ کتب سے دوری، اخلاق میں گراوٹ، مذہبی

اعمال میں کوتاہی، بڑوں کی بے ادبی، والدین کی طرف بے توجہی جیسے بے شمار مسائل نسلِ جدید میں دن بدن پیدا ہو رہے ہیں، حالانکہ شوسل میڈیا کی ایجاد سے قبل اس طرح کے تباہ کن مسائل کے اوسط بہت کم تھے، اس لئے شوسل میڈیا کے غلط استعمال پر قدغن لگانا ضروری ہے، اس میں سب سے بڑی ذمہ داری والدین پر عائد ہوتی ہے، لیکن اکثر گھروں کے سرپرست سوشل میڈیا سے لاعلم ہیں، جس کی وجہ سے اپنے بچوں کی شوسل میڈیا پر جاری سرگرمیوں پر نظر رکھنا مشکل ہے، ایسی صورت میں انہیں بھی کچھ معلومات حاصل کرنی چاہئے، تاکہ تربیت میں آسانی پیدا ہو سکے۔

سوشل میڈیا کو معلومات اور دوسرے استفادات کا ذریعہ تو کہا جا سکتا ہے، تاہم کمسن بچوں اور طالب علموں کے لئے سراسر مضر اور زہر ہلاہل سے کم نہیں ہے، قابل تشویش بات یہ ہے کہ ہم میں سے اکثر لوگ اس سے بجائے فائدہ اٹھانے کے برائیوں کو فروغ دے کر گناہ کے مرتکب ہو رہے ہیں، اس سے تشویش ناک بات تب ہو جاتی ہے جب ہم شوشل میڈیا کو دوسروں کی دل آزاری اور دل شکنی کا سبب بنانے لگتے ہیں، ہم نے بارہا اور بہت سے لوگوں کو دیکھا ہے کہ وہ اکثر و بیشتر اپنے ہی محلے اور گاؤں کی بہنوں کی تصاویر فیس بک پر شائع کرتے رہتے ہیں، پھر کچھ منچلے نوجوان اس کو شیئر کرنے لگتے ہیں، اور معاملہ صرف یہیں تک نہیں رہتا ہے بلکہ اس تصویر پر غیر مہذب تبصرے بھی ہونے لگتے ہیں اور کچھ تو اس لڑکی کی تصویر باقاعدہ اپنے فون میں محفوظ کر لیتے ہیں، پھر اس کو اپنے دوستوں کے واٹس ایپ پر تیزی سے ارسال کرنے لگتے ہیں۔ ایسی حرکت کرنے والے نوجوانوں کے لئے ڈوب مرنے کا مقام ہے کہ اپنے ہی محلے اور پڑوسی کی بہنوں کی عزت تار تار کرنے سے ذرا سا بھی خوف نہیں کھاتے، جو لڑکی کبھی بے پردہ باہر نہیں نکلی، آج اس کی تصویر شوشل میڈیا پر گھوم کر رہی ہے۔ ہمارے علاقے کے نوجوان اور بچے اس طرح کی حرکات کرنے سے پہلے ذرا سا بھی غور نہیں کرتے کہ جس لڑکی کی تصویر شیئر کی گئی ہے، اس کے بھائی اور باپ کی نظر اس پر پڑتی ہوگی، یا پھر وہ کسی سے سنتا ہوگا کہ تمہارے بہن کی تصویر فیس بک اور واٹس ایپ پر گشت کر رہی ہے، تو ہم خود غور کریں کہ اس کے دل پر کیا گزرتی ہوگی، اگر یہی حرکت کوئی ہماری بہن یا بیٹی کے ساتھ کرے تو یقیناً ہم اس کو جلد از جلد مارنے کو ہی ترجیح دیں گے، اس لئے ہمیں چاہئے کہ اپنی دینی بہن یا کسی بھی صنف نازک کی تصاویر شیئر نہ کریں، سوشل میڈیا کو دینی و دنیاوی معلومات، دیگر جائز استفادات اور امر بالمعروف نہی عن المنکر کا ذریعہ بنائیں۔

اسریٰ تسنیم ۔ حیدرآباد

# مولانا ابوالکلام آزاد کی تحریروں میں عصری معنویت

اس بات سے بہت کم لوگ واقف ہیں کہ مولانا آزاد کا اصل نام محی الدین احمد تھا۔ ۱۱؍نومبر ۱۸۸۸ء کو مولانا آزاد کی پیدائش مکہ معظمہ میں ہوئی۔ ان کا بچپن سرزمین حجاز میں گزرا۔ ابتدائی تعلیم دینی ماحول میں ہوئی، بعد میں دنیاوی تعلیم کی طرف راغب ہوئے، لیکن روایتی انداز میں کسی اسکول میں پڑھائی نہیں کی، پھر بھی کم عمری میں وہ ریاضی، فلسفہ اور دیگر علوم پر مہارت حاصل کرتے رہے، انہیں بچپن سے مطالعہ کا بڑا شوق تھا، جیب خرچ کے لیے جو پیسے ملتے تھے، اس سے وہ کتابیں خرید کر پڑھتے تھے۔ گھر پر ہی تعلیم کی تمام سہولیتیں فراہم کردی گئی تھیں۔ نمازوں کی پابندی لازمی تھی اور بہتر تربیت ہی ان کے حق میں مفید ثابت ہوئی۔ مادری زبان تو عربی تھی، لیکن جب وہ والدین کے ساتھ ۱۸۹۵ء میں ہندوستان آگئے تو یہاں اردو سے مکمل وابستگی اس طرح رہی کہ ان کا اوڑھنا بچھونا اردو ہوگیا، پھر وہ انگریزی میں مہارت حاصل کی۔ مولانا آزاد نے ایک ایسے دور میں زندگی گزاری، جس وقت ہندوستان انگریزوں سے آزادی کے لیے جدوجہد کررہا تھا اور گاندھی جی کے بشمول کئی قائدین لوگوں میں آزادی کی تحریک پروان چڑھا رہے تھے، اس وقت لوگوں تک اپنی بات اور اپنے خیالات پہنچانے کا اہم ذریعہ اخبار یا رسالے تھے۔ قلم کی طاقت کو استعمال کیا گیا تھا اور لوگوں کی سوچ میں تبدیلی لائی گئی تھی۔ چنانچہ مولانا آزاد نے بھی قلم کی طاقت کو جانا اور ہندوستانیوں میں جذبۂ آزادی پیدا کرنے اور خواب غفلت میں ڈوبی قوم کو جگانے کے لیے اخبار اور رسالے نکالے۔ قومی یکجہتی کے مضامین لکھے اور ان کے کلمات بھی عوام کے لیے مشعل راہ ہیں۔ آج ہندوستان میں ہندو مسلم کلچر کو بانٹا جارہا ہے، جبکہ مولانا آزاد نے اپنے تجربے سے ایسی تحریریں چھوڑی ہیں جو عصر حاضر میں معنی رکھتی ہیں۔

مولانا آزاد اپنے وقت کے نامور ادیب، صحافی، عالم دین، سیاست داں، دانشور، مصلح قوم، مفسر اور آزاد ہندوستان کے پہلے وزیر تعلیم رہے۔ ہر سال ہندوستان میں ۱۱؍نومبر کو ان کی تاریخ پیدائش کے موقع پر ''یوم اردو'' منایا جاتا ہے۔ کہا جاتا ہے کہ تاریخ ماضی کا مطالعہ، حال میں، مستقبل کو بہتر بنانے کے لیے ہوتا۔ وہ قوم ترقی نہیں کرسکتی جو اپنے ماضی سے ناواقف ہو اور اسے اپنی ترقی کی بنیاد نہ بناتی ہو۔ ماضی کے سرمائے میں اسلاف کے کارنامے ہوتے ہیں۔ ہمارے اسلاف میں مثالی زندگی لوگوں کو متاثر کرنے والی بے شمار شخصیات ہیں لیکن ان میں ایک اہم نام مولانا ابوالکلام آزاد کا ہے، جنہیں ہم عظیم ہندوستان کا معمار کہہ سکتے ہیں۔

مولانا آزاد کی تحریروں نے اپنے وقت کے صحافیوں، دانشوروں، علماء اور عوام ذہن سازی کی اور ملک کی آزادی کے جذبے کو پروان چڑھایا۔

آج کل کے نوجوانوں کو اخبارات کے مطالعے کا شوق نہیں، نصابی کتابیں مشکل سے پڑھتے ہیں، تیار مواد پڑھ کر امتحانات کامیاب کرتے ہیں، کھیلوں اور فلموں میں ہی دلچسپی رکھتے ہیں اور ٹی وی پر بھی صرف تفریحی پروگرام دیکھتے ہیں، جبکہ انٹرنیٹ پر کافی معلومات ہوسکتی ہیں۔ ہمیں مطالعہ کا شوق

مولانا آزاد کی عادت سے پیدا ہوسکتا ہے، جس سے کتب بینی عام ہوسکتی ہے، انہوں نے صرف بارہ سال کی عمر میں ہی شعراء کے کلام کے انتخاب پر مشتمل ''گلدستہ'' تیار کیا تھا، اس بنا پر آج کے نوجوانوں کو یہ سبق مل سکتا ہے کہ وہ اپنی صلاحیتوں کو پہچانیں اور انہیں پروان چڑھائیں۔ مختلف زبانوں کو سیکھنے کا ذوق پیدا کریں، جس طرح مولانا آزاد نے سیکھا تھا اور اپنے شعور کو بلند کیا تھا۔ ذرائع ابلاغ یعنی میڈیا کے ذریعہ انہوں نے سیاسی تبصرے کیے اور عوام کو توانائی بخشی، سوئی ہوئی قوم کو جگانے کے لیے اور ہندوستانیوں میں جذبہ آزادی پیدا کرنے کے لیے رسالے اور اخبار نکالے۔

الہلال، المصباح، لسان الصدق، اور البلاغ جیسے اخبارات کے ذریعہ انہوں نے صحافت اور سیاست کو متاثر کیا۔ ہفتہ وار الہلال میں بہت سی خاص باتیں تھیں، ادبی صحافت کی اصطلاح مولانا آزاد کے لیے مخصوص کردی گئی۔ ادبی اسلوب کی دل نشینی اور تہہ داری بھی اپنے طور پر کارفرما رہے، اس قدر عجیب وغریب اور مشکل کام مولانا کے بعد کوئی دوسرا شخص اختیار نہ کرسکا، اس بات کی آج ضرورت ہے۔ الہلال بازار میں آتا تو لوگ اس پر ٹوٹ پڑتے تھے، اس کے نثر کے جوش وخروش منطق واستدلال اور دعوت وتبلیغ نے اردو داں معاشرے میں ایک زلزلہ برپا کردیا۔ اس کے طرز بیان کی خطابت نے قارئین کے رگ وپے میں بجلیاں دوڑادیں۔ اس اخبار میں مذہب، سیاست، معاشیات، نفسیات، جغرافیہ، تاریخ، عمرانیات، سوانح ، ادب اور حالات حاضرہ پر اعلی معیار کے مضامین شائع ہوتے تھے۔

ہر عہد میں مسائل کے حل کے لیے دانشور حضرات قلم کا استعمال کرتے ہیں۔ چنانچہ نوجوانوں کے لیے ضروری ہے کہ وہ مسائل سے نہ گھبرائیں، معیاری تحریروں سے اپنے لیے حل تلاش کریں۔ مولانا آزاد کی تحریروں میں یہ بات شامل تھی کہ وہ آج کے مسائل کے لیے بھی کارآمد ثابت ہوسکتے ہیں۔ آج کے نوجوان بھی اپنے عہد کے حالات کا جائزہ لیں اور انہیں دور کرنے کے لیے تحریک چلائیں۔ بری عادتوں کو ترک کریں، گندی سیاست کو پہچانیں، سماجی برائیوں سے دور رہیں، بے روزگاری کے مسائل کا حل نکالیں۔ جس طرح مولانا آزاد نے سیاست میں حصہ لیا اور ایک بڑی پارٹی کے کم عمر صدر بنے، نوجوانوں کو بھی چاہئے کہ وہ اپنے اندر قائدانہ صلاحتیں پیدا کریں۔ اس دور میں مولانا جیل کی صعوبتیں جھیلیں، لیکن جیل میں رہ کر وہاں سے انہوں نے تصنیف وتالیف کا کام کیا۔ لوگوں کو خط لکھے۔ ان کا مجموعہ ''غبار خاطر'' کی شکل میں محفوظ ہے، جس میں انہوں نے زندگی سے متعلق کام کی باتیں کہی ہیں۔ انہوں نے اپنے خطوط میں لکھا ہے کہ وقت کو ضائع نہ کریں، ایک لمحہ بھی نہ گنوائیں بلکہ کچھ تعمیری کام کرتے رہیں۔ مولانا آزاد کی دانشوری اور ہندوستان کے قائدین کی جدوجہد کی وجہ سے ہندوستان کو آزادی ملی اور وہ ہندوستان کے پہلے وزیر تعلیم بنے۔ انہوں نے اپنی دوراندیشی سے قومی تعلیمی پالیسی مرتب کی۔ اس دور کے اثرات آج بھی ہندوستان کو ایک عظیم تعلیمی طاقت کے روپ میں قائم ہیں۔ بچوں کی لازمی تعلیم، یونیورسٹی گرانٹس کمیشن کا قیام، ساہتیہ اکیڈمی جیسے اداروں کا قیام بھی مولانا آزاد کے تبحر علمی کا نتیجہ ہیں۔ اسی لیے آج ہم مولانا آزاد کی زندگی کے اس پہلو سے یہ روشنی حاصل کرسکتے ہیں کہ مستقبل کے ہندوستان کی تعمیر کے لیے ہمیں کیا کرنا ہوگا۔ صحت، تعلیم، کھیل کود، سائنس وٹیکنالوجی میں دنیا کی ترقی سے قدم ملاکر چلنے کے لیے ہمیں آج بھی مولانا آزاد کی عصری بصیرت کام آسکتی ہے۔ اس کی جستجو سے ہمیں مولانا آزاد کی شخصیت اور کارناموں میں ہی عصری معنویت ملتی ہے، حالانکہ وہ کسی کالج یا اسکول کے فارغ التحصیل نہیں تھے، بلکہ اپنی ذاتی استعداد اور قابلیت سے ترقی کی۔ آج کے نوجوانوں کے لیے بھی ضروری ہے کہ وہ مطالعہ کریں، غور وفکر کریں اور مسائل کی آگہی اور حل کے لیے راستے تلاش کریں۔

ماہنامہ 'صدائے شبلی' (حیدرآباد)

کے منتخب مضامین کا ایک اور مجموعہ

# علم وادب کے روشن مینار

مرتبہ : ڈاکٹر محامد ہلال اعظمی

بین الاقوامی ایڈیشن جلد منظر عام پر آرہا ہے